高校体育管理理论与实践研究

刘申申 著

吉林摄影出版社
·长春·

图书在版编目（CIP）数据

高校体育管理理论与实践研究 / 刘申申著． --长春：吉林摄影出版社，2023.4

ISBN 978-7-5498-5781-4

Ⅰ．①高… Ⅱ．①刘… Ⅲ．①体育教学－教学管理－研究－高等学校 Ⅳ．①G807.4

中国国家版本馆 CIP 数据核字（2023）第 069612 号

高校体育管理理论与实践研究
GAOXIAO TIYU GUANLI LILUN YU SHIJIAN YANJIU

著　　者：刘申申
出 版 人：车　强
责任编辑：岳青霞
封面设计：刘　芸
开　　本：787mm×1092mm　1/16
字　　数：320 千字
印　　张：13
版　　次：2023 年 4 月第 1 版
印　　次：2023 年 4 月第 1 次印刷

出　　版：吉林摄影出版社
发　　行：吉林摄影出版社
地　　址：长春市净月高新技术产业开发区福祉大路 5788 号
邮　　编：130118
电　　话：总编办：043181629821
　　　　　发行科：043181629829
印　　刷：北京银祥印刷有限公司

ISBN 978-7-5498-5781-4　　　定　价：48.00 元
版权所有　侵权必究

前　言

随着体育事业的不断发展和壮大,体育的各项相关工作都受到了高度的重视,体育管理就是其中非常重要的一个方面。不论什么样的事物,其发展都离不开科学的管理。可以说,科学管理是事物发展的重要指引和保证,体育事业的发展也不例外,体育管理在体育事业发展过程中的地位和作用是不可替代和忽视的。我国对体育事业的管理在很早之前就已经展开了,但进一步强调体育管理的重要性,更加深入地挖掘体育管理的作用以促进体育事业的发展则是从2008年北京奥运会的举办开始的,这在一定程度上为体育管理的实施与发展提供了绝佳的实践机会。

高校体育管理是运用科学的管理理念,遵循学校办学规律,调动整个学校从领导、体育管理部门、其他有关部门、体育教师到学生的积极性,优化整合学校管理资源,以尽可能少的人力、物力和财力,采用最佳手段和方法,对体育课程教学进行组织、指导、检查、评定,促进基础建设,完善内部管理,规范教学行为,强化过程管理,提高教学质量,使学校体育课程教学形成制度化、规范化的一整套科学体系。

本书从高校体育管理概论入手,研究了高校体育管理理论,介绍了高校体育管理系统和高校体育管理职能,然后分别对高校体育教学管理、高校体育师资管理、高校体育活动管理、高校体育文化管理、高校体育竞赛管理、高校体育科研管理、高校体育场馆器材管理、高校体育经费管理进行了阐述。本书通过简洁凝练的语言、系统清晰的结构以及丰富的知识点,对高校体育管理进行了全面且深入地分析和研究,具有科学性、系统性、实用性、针对性和时效性等显著特点。

在编写本书的过程中,笔者查阅和借鉴了大量的相关资料,在此向其作者表示诚挚的感谢。此外,本书在编写的过程中,得到了相关专家和同行的支持与帮助,在此一并致谢。由于水平有限,书中难免出现纰漏,恳请广大读者指正。

目 录

第一章 高校体育管理概论 1
    第一节 管理的概述 1
    第二节 高校体育管理 7

第二章 高校体育管理的理论研究 14
    第一节 高校体育管理的方法研究 14
    第二节 高校体育管理的过程与职能 29

第三章 高校体育管理系统 40
    第一节 学校体育管理系统 40
    第二节 体育教学部 42
    第三节 学生体育部 45
    第四节 学生体育协会 49

第四章 高校体育管理职能 52
    第一节 计划职能 52
    第二节 组织职能 54
    第三节 控制职能 59

第五章 高校体育教学管理 61
    第一节 高校体育教学管理的概况 61
    第二节 高校体育教学管理的具体工作 68
    第三节 体育课堂教学的组织与评价管理 72
    第四节 高校体育教学管理改革 75

第六章 高校体育师资管理 84
    第一节 体育教师的个人质量 84
    第二节 体育教师的整体质量 90
    第三节 建立健全约束、激励机制 93

第七章 高校体育活动管理 96
    第一节 课余体育活动管理 96
    第二节 课余训练管理 109

第八章　高校体育文化管理 …… 116
　第一节　高校体育文化的管理与构建 …… 116
　第二节　高校体育科研与信息管理 …… 121
　第三节　高校体育知识管理 …… 124

第九章　高校体育竞赛管理 …… 147
　第一节　高校运动训练管理 …… 147
　第二节　高校体育竞赛组织管理 …… 163

第十章　高校体育科研管理 …… 171
　第一节　体育科学研究 …… 171
　第二节　科研方法 …… 179
　第三节　数理统计法 …… 181
　第四节　撰写论文 …… 184
　第五节　发表论文 …… 186

第十一章　高校体育场馆器材管理 …… 187
　第一节　体育场馆建设 …… 187
　第二节　体育场馆管理 …… 190
　第三节　体育器材管理 …… 191
　第四节　场地器材管理队伍建设 …… 198
　第五节　建立健全各项管理制度 …… 199

参考文献 …… 203

第一章 高校体育管理概论

管理是人类历史上极为重要的社会实践活动。高校体育管理的产生是随着我国高等教育事业的迅速发展、管理科学以及科学技术的发展而逐步形成的。研究高校体育管理在于寻求高校体育实践的客观规律，加快高校体育改革的步伐，以便更好地实现人才培养目标，保证我国高等教育又快又好地健康发展。

第一节 管理的概述

一、管理的产生与发展

管理就是在一定的环境下，为达到组织的目标，对组织所能支配的资源进行有效的计划、组织、领导和控制的社会活动过程。从认识发展的规律来看，总是先有实践才有认识，一般来说，人们总是先认识事物的外延，然后在经验感受的基础上，进行抽象思维，按照一定的逻辑，才能确定其内涵。管理也不例外，人类进行了大量的实践，然后才从一系列的活动中逐渐发现了管理的内涵，明确了管理到底是什么。

管理是人类社会实践中最重要的活动之一。最初，人类在面对大自然、面对自身生存发展等诸多难题时，单个个体几乎无法应付，于是人们不得不形成一个个群体来对抗大自然的威胁，以谋求个人无法获得或实现的生存与发展的机会、条件和目标。后来，人类在实践中逐渐发现，许多人在一起工作能够实现个人所无法实现的目标，于是慢慢地产生了各种社会组织。在组织内，为了解决意见分歧，协调每个人的行动，使大家共同服从于组织目标，就产生了管理。

现代意义上的管理产生于18世纪下半叶的产业革命。技术进步取代家庭生产、手工业作坊制度而建立了工厂制度，人们不再对土地完全依赖，不再仅以血缘或地域为联系的纽带，而以生产组织的形式结合起来，并带来了有效组织生产的问题。在这一时期，技术革新和科技革命为生产提供了技术力量，培训技术工人的缺乏成为工厂迫切需要解决的问题，雇佣劳动制为资本家物色管理人员提供了可能，自由竞争的产生与加剧要求管理人员发挥更大的创造力，用更好的方法管理组织，使人们对个人利益的追求同实现组织目标有机结合起来，今日的人类已掌握了强大的科学技术，且在自然界、社会文化等方面的知识积累已相当丰富,工业化带来的社会分工可以提高生产效率的理念已深入人类社会的各个领域,筹划未来、协调社会成员的行为、挑战新问题已成为人类社会发展的必要环节。管理则更是为了求生存、谋发展,不断完善适应环境急剧变动、减少风险的组织方式及技术手段。

二、现代管理的概念

现代意义上的管理是指通过一定方式整合资源,以实现组织目标的活动。理解与把握现代管理的这一概念,需注意以下几点。

1. 管理的"载体"是"组织"

管理总是存在于一定的组织之中。"组织"与"管理"是相互依存、不可分割的两个概念,组织是完成管理活动的有力工具,是管理活动的实体,是管理活动实现的场所。缺少了组织,管理就缺少了"用武之地";缺少了管理,组织就失去了生存和发展的内在机制,就会消亡。

2. 管理的对象是资源

资源包括人、财、物、时间、信息等类型,其中对人力资源的管理是现代管理活动的核心,组织所需的资源不仅包括属于组织所拥有的各种组织内部资源,还包括不属于组织所有但可以为组织所调动的其他组织资源或组织外部资源。为使资源发挥作用,促使组织目标的实现,需要不断培育、开发及配置各种稀缺资源,需要通过有效的方式来发挥资源利用的最大价值,亦即对各种资源进行系统、有效的整合。

3. 资源作用的最大程度发挥需要借助于有效的资源整合方式

资源的整合方式不仅包括计划、组织、控制等属于管理职能的内容,还包括各种管理的知识、技能、方法、手段、工具等,也可以把为实现管理目标,而对资源的整合过程所采取的各种知识、技能、方法、手段、工具以及步骤、途径等统称为管理方式。

4. 目标是管理活动的出发点和最终归宿

制定不同层次的管理目标最终是为实现组织的既定目标服务。任何群体或组织都有社会赋予的既定目的,而既定目的的达成,均需建立在一系列子目标实现的基础之上,并且每个子目标的实现均需要资源的保障。管理目标的制定,管理资源的获取、协调及合理利用正是管理工作的根本任务。

三、管理的特点

1. 科学性

管理活动大致可以分成两大类:一是常规性活动。所谓常规性活动,就是指有章可循、照章运作便可取得预想效果的管理活动;二是非常规性活动。所谓非常规性活动,就是指无章可循、需要边运作边探讨的管理活动。这两类活动虽然不同,但却是可以相互转化的,实际上,现实的程序性活动就是以前非程序性活动转化而来的,这种转化的过程实际上是人们对这类活动规律性的科学总结,这就是管理的科学性。因此,任何管理模式都需要不断探索,都需要符合现实情况,不存在"放之四海而皆准"的管理模式。

2. 艺术性

管理活动既是一门科学,又是一门艺术。这是由于管理对象的不同环境、不同状态等条件导致了对每一个具体管理对象的管理没有唯一的完全有章可循的模式,特别对那些非程序性的、全新的管理对象更是如此,这造成了具体管理活动的绩效与管理主体、管理技巧的发挥程度相关性很大。事实上,一方面,管理主体对这种管理技巧的运用与发挥,体现了管理主体设计和操作管理活动的艺术性;另一方面,由于在达成组织目标过程中可供选择的管理方式、手段多种多样,而在众多可选择的管理方式中选择一种合适的方法和手段,体现了管理者管理工作的艺术性、灵活性和实效性。

3. 动态性

管理的动态性主要表现在管理活动需要在变动的环境与组织本身的变化调整中进行,为实现组织的目标,需要不断消除管理过程中的各种不确定性。事实上,由于组织所处的客观环境与具体的工作环境不同,各个组织的目标与从事的行业不同,组织所具有的资源也不同,从而导致了每个组织中管理过程的不同性,这种不同性在现实的管理之中就表现出一定的动态性。

4. 经济性

经济性亦即管理成本的节省性、最小化。管理是需要付出成本的,管理者总是试图以最小的代价获取最大的回报。这不仅反映在资源利用的成本上,而且还反映在管理模式、管理方法的选择上。

5. 创造性

管理的艺术性特征实际上已经与管理的创造性紧密相关。管理既然是一种动态活动,既然对每一个具体的管理对象没有唯一的完全有章可循的模式可以参照,那么欲达到既定的组织目标,就需要有一定的创造性。正因为管理是一种创造性的活动,才注定会有成功与失败的存在,试想如果按照程序便可管好,如果有某种统一模式可以参照,那么岂非人人都可成功、人人都可成为有效的管理者?管理的创造性根植于动态性之中,又与科学性和艺术性相关,正是这一特性的存在,使得管理创新成为一个人们永远追求的主题。

四、管理系统及其要素之间的关系

(一)管理系统

1. 管理系统的要素

管理实践活动是以系统的形式而存在的。管理系统包括管理主体、管理客体、管理中介以及管理环境等要素。

(1)管理主体

管理主体是指管理活动的支配者。管理的主体是人,因为只有人才可能去组织调动资源以达成组织的目的。管理者包括作为个体的人和作为集团的人。按管理者所负责的组织活动范围分类,可分为直线管理者、职能管理者;按管理者在组织中所处的层次分类,可分为高层管理人员、中层管理人员、基层管理人员。管理主体的基本任务是制定目标和组织资源。虽然社会给每个组织规定了基本目的,但是基本目的是由一系列清晰可见的组织目标的达成来实现的。组织目标制定之后,如何组织人、财、物、信息和时间等各种资源,确保目标的实现就成为管理工作的另一基本任务。如果说制定目标体现了管理者的战略管理能力,那么,组织资源体现了管理者的战术及战术管理能力,这又表现为对稀缺资源的获取和对各种资源的合理利用两个方面。管理主体需要通过有效的行动、高超的方法促使各种资源得以最大程度的开发利用,以顺利达成组织的目标。

(2)管理客体

管理客体是管理主体支配的对象,即组织所需的各种资源。任何一个组织若要维持自己的生存发展,首先需要拥有一定的资源,其次是要能够对有限的资源进行合理整合以达到最佳的使用效果。任何一个组织尽管其存续的目的不同、形态不同,但都必须拥有一些资源,否则就无法维持组织的存续。组织所使用的资源并非单指具有组织所有权的各种资源,还包括其他组织的资源。组织的发展壮大,需要源源不断的资源支持。因此,管理者需要不断研究如何培育新的资源、如何开发现有资源的潜力、如何合理配置资源以及如何高效利用资源等问题。

(3)管理中介

管理中介是对实现管理系统目标的方法、手段、工具、措施等的总称。管理的手段和方法是随着社会经济发展的变化而变化的,采用不同的管理手段与方法,可以导致不同的管理效果。

(4)管理环境

管理系统总是处于一定的环境中,管理环境是指影响管理系统运行和发展的一切要素的总和。社会政治、经济、文化等外部环境是管理活动赖以发生、发展的空间,这些因素对管理活动具有重要的约束、导向等作用。管理的组织环境则是管理活动赖以存在和发展的基础。环境的变化对组织资源的开发利用有很大影响。组织环境的变化是绝对的,而且随着时代的发展、科学技术的进步,变化的速率会愈来愈快,程度也会愈来愈大。组织环境的变动特性可体现为不确定性和复杂性。不确定性是指环境变动难以预先确切知道,复杂性是指组织的外部环境是由政治、经济、社会、技术、文化等方面组成的综合体,各种变量互相交织,难以迅速辨明。组织所面临的复杂性通常在影响决策的因素中表现出来,如生产的产品、提供的服务数量、消费者类型、组织所在的地理区位等。随着复杂性程度的提高,组织变革的程度和它的适应能力也要随之提高。一般来说,组织在对付复杂性方面的能力要比对付不确定性方面的能力强。

2. 管理资源

资源是人类赖以生存和发展的物质基础,任何社会活动的开展和活动目标的实现,都是人、财、物等资源投入的结果。一般认为,资源是对人类社会发展所需要的各种要素及条件的总称,是自然界和人类社会中可以用以创造财富的客观存在物。一切有利用价值且能够为人类所用的各种自然的、经济的、社会的条件及要素都属于资源的范畴。一般而言,管理资源具有如下特性。

(1)生成性

任何资源均是在一定的自然和社会条件下形成的,即使通常被认为是天然的资源也是如此。资源的生成性这一特征对于管理的发展有着十分重要的意义,它启示人们,管理的资源是可以培育的,任何管理都不能以消极的态度等待资源的出现,而后再加以利用。而应通过各种有效的方式及手段,积极、合理地创造各种培育条件和发展资源,以满足管理发展的需要。

(2)过程性

资源作为一种客观存在,是由各种发展过程组合而成的,展开在时间轴上,便呈现为一个连续不断的运动过程。因此,任何管理资源的存在和变化都是有条件的,对于任何一个过程,一定的条件具备了,就会出现并展开自身的运动,一定的条件消失了,这种存在物就会随之消失或归于完结。这决定了管理对资源的开发和利用是有代价的,对它的培育更要讲求条件,要取得开发、利用、培育资源的最佳效果,关键在于创造相应的条件,条件成熟了,目的便能达到。其次,任何管理资源都具有时效性,超过了一定时限,资源便会失去应有的效应。

(3)社会性

资源的社会性是就资源反映出的社会关系而提出的,无论何物,一旦成为资源,便同人和社会发生了关系,也便具有了社会性特征。在市场经济条件下,资源的社会性是通过资源的商品性具体体现出来的。资源的商品性是指资源中体现的人们之间的利益关系,在市场上通过资源这种商品的交换得到协调和实现,从而实现资源的配置和效用。这就意味着管理资源的调控要考虑成本问题,为了得到某一类型的资源,就必须支付相应的价值。如果对管理活动本身的资源消耗不重视,认为是小事、无所谓,那么管理就很有可能失去资源优势,进而丧失与同类组织相比的竞争优势。

(4)稀缺性

每个管理所拥有的资源尽管在数量、质量、种类上不尽相同,但一定是稀缺的。资源的稀缺性不仅体现为资源存在形式上的客观稀缺,还体现在人类对资源认识能力和创造能力的稀缺,也正因如此,才会有"可持续发展"的理论。管理资源的稀缺性对管理目标有很大的影响,管理目标的确定必须以管理的有限资源为考虑的出发点,以管理可调动的资源为限。管理的可调动资源是指管理在实现既定目标中可调动的所有资源。可调动的资源可能大于管理自己拥有的资源,也可能小于管理自己拥有的资源。当一个管理拥有与其他管理的密切合作关系,且在考虑自己偿还能力的条件下,可向其他管理借用或利用它们的资源来实现本管理目标的配置,此时,管理可调动的资源大于管理自己拥有的资源,此时,管理目标就可以确定得更高一些,从而使管理获得更快更好的发展。反之,当管理所拥有的有限资源中还有一些成为滞存的、无法支用的资源,且管理又无法获得其他管理的支撑时,那么它可调用的资源就比它名义上拥有的有限资源还要少,此时,管理目标的确定需要谨慎小心。

(5)连带性

资源的连带性是指不同资源在使用上的相互连带、相互制约的关系。一方面,管理中的各种资源都是以具体的形式存在并发挥作用的,其间不仅存在着密切联系,而且在发挥作用的过程中,也是相互依存、相互制约的;另一方面,任何一种资源的使用都是以另外一种资源的投入或损耗为代价的。这些资源之间存在着既相互依赖又相互抵触的关系。因此,就管理资源的整合而言,必须认识到资源的存在是一个整体,会连带地产生,也会连带地存在。这就要求管理者必须对资源的功能、价值及效果等方面进行综合考虑。

(二)管理要素间的关系

管理系统要素的有机结合构成了管理的完整系统结构。正确认识管理要素间的关系,对于科学把握管理活动的规律具有重要意义。

1. 管理要素之间的整体性

正确理解和把握管理系统各要素的作用,前提是必须将它们视为一个整体,要从整体上去认识和理解不同要素的作用和功能。大量事实说明,孤立、静止地看待管理的不同要素,将难以抓住工作重点,更不可能发挥不同要素相互协同、整合的作用。

2. 管理要素之间的独立与统一

管理各要素虽共同构成了有机整体,但各要素间却相对独立,作用各异,它们是整体和部分的辩证统一。坚持整体的观念是正确理解和充分发挥各要素作用的首要前提,把握和深入研究各个要素的作用和规律则是提高管理整体效能的基础,只强调整体而看不到整体中的各个部分,也就看不清整体的结构和格局。如果认识上存有模糊,工作上就难免会分不清主次。

3. 正确处理各管理要素间的关系

实际工作中的管理,需要处理好各管理要素间的种种关系,从不同的角度来看,这些关系不仅包括要素间的直接关系、间接关系,还包括要素整体与部分的关系、部分与部分的关系等。隐形的直接或间接关系有时甚至比有形的关系更为重要。

4.把握管理要素间的动态变化

管理各要素的作用及其相互间的关系并非是固定不变的,而是随着管理活动的进行而不断发展和变化的,那些认为只要了解了各要素的作用及其相互关系便可一劳永逸的观点,是难以适应现代管理的要求的。因此,作为管理者,不仅要把握各因素的作用,处理好其间的关系,还必须及时捕捉其发展变化的征兆和信息,以此调整自己的行为和工作重点,达到动态管理的目的。

第二节　高校体育管理

高校体育管理既是高等教育管理的组成部分,又是体育管理的重要分支。高校体育管理应具有管理的基本含义、特征和性质,同时又具有高校体育管理的自身实际和特点。高校体育管理是指高校体育组织中的管理者,对高校体育管理客体通过实施计划、组织、协调、控制等职能,协调他人的活动,发挥各种资源的作用,实现预定高校体育目标的活动过程。高校体育管理的目标是通过对高校体育资源的有效整合,实现高校体育的既定目标。高校体育管理的基本内容包括体育教学过程、课外体育锻炼、课余运动训练与竞赛、体育师资、学生体质与健康、学校体育经费、体育场地设施、体育科研等方面。

一、高校体育管理的目标

我国高校体育的根本目标是增强学生体质,促进学生身心健康,培养学生的终身体育意识及能力,使其成为德、智、体全面发展的社会主义事业的建设人才。高校体育目标可以划分为一定的层次,在高校体育总目标下,根据各项体育工作的特点与要求,可以分解成下一个层次的目标,如体育教学目标、课外体育锻炼目标、课余运动训练目标、课余运动竞赛目标、科学研究目标等。高校体育目标的结构及层次反映出高校体育的目标体系,不同目标共同配合,以实现高校体育的总目标。而通过对高校体育各项工作的管理,就可以逐步实现上述高校体育的不同目标。因此,进行高校体育管理,其重要目标及任务就在于通过各种管理职能,合理调控资源,发挥资源利用的最大价值,以保证各项高校体育目标的实现。

二、高校体育管理的任务

我国高校体育管理的任务包括:明确高校体育工作开展的指导思想和高校体育发展目标;建立和健全高校体育的各级管理机构,制定一整套管理制度并明确各有关管理机构和人员的管理职责;科学地制订高校体育管理的各种计划和文件,使之适应高校体育发展的需要;合理地组织管理高校体育各方面、各环节的活动,确保各项活动低耗、高效地顺利实施;协调高校体育各管理部门和高校体育内、外部的各种关系,为高校体育工作的顺利开展提供必要的物质基础以及创造良好的育人环境;定期和不定期地对高校体育管理工作进行检查评估,促进体育教学质量的不断提高和学生体质的不断增强。

三、高校体育管理体制

高校体育管理体制是高校体育的管理机构设置、权限划分和管理制度等的总称。建立与健全高校体育管理体制是保证政令畅通、充分发挥各方面积极性的重要措施,也是为高校体育提供组织保证的重要措施。我国高校体育管理体系作为学校管理体系的重要分支,可分为高校体育外部管理系统(政府行政部门、社会体育组织)和高校体育内部管理系统两个方面。

(一)高校体育外部管理系统

1. 各级教育行政部门

国家教育部体育卫生与艺术教育司是全国各级各类学校体育工作的最高行政领导机构,负责领导、监督、检查高校体育工作,其具体职责是:制定高校体育总体发展规划和目标;制定高校体育工作的方针、政策及有关的规章制度、管理办法,督促检查贯彻落实情况;领导和组织全国学生运动会,组织参加世界性学生体育竞赛;组织高校体育发展战略研究,开展国际性体育学术交流等。

各级教育行政部门均设有相应的体育管理机构,省、直辖市、自治区教育部门设有体卫艺处以对高校体育进行宏观管理。

2. 国家有关局、部、委及各级地方局、委主管学校体育管理的部门

国家体育总局群体司设有专门的学校体育管理部门,协同领导和组织全国学校体育教育工作。其他有关部委也设有专门管理高校体育工作的机构和人员。各级地方体育局、委也相应地设有学校体育工作的机构和人员,负责管理高校体育工作。

3. 社会体育组织

我国高校体育的社会组织是由学术研究团体和学生体育团体构成的。社会学术团体是中国教育学会学校体育研究会及中国体育科学学会学校体育专业委员会。前者属于教育部门的社会团体组织,后者属于体育部门的社会团体组织。各省、直辖市、自治区,地、市、县教育部门或体育部门一般也都设有相应的高校体育的研究组织。它们负责开展高校体育学术交流活动;组织有关高校体育现状及发展的重点科研课题的研究,普及和宣传高校体育工作,开展高校体育工作的调查研究,向教育、体育行政管理部门提供咨询材料及合理化建议,举办各种培训班及学习班,组织出版和推广有关学校体育的书刊及科学研究成果,开展高校体育国际学术交流活动等。

学生体育团体主要指全国大学生体育协会。全国各地也相应地建立了大学生体育协会,其基层组织是大学生体育协会或学生体育俱乐部。学生体育团体的任务是:组织全体学

生参加体育锻炼,增强学生体质;选拔有条件的学生参加课余体育训练,发现和培养优秀的体育后备人才及优秀的体育人才。大学生体育协会还组织全国性大学生体育竞赛,进行高校课余体育训练工作的评估及培训;承接世界大学生体育协会有关比赛任务,参加世界性大学生体育比赛和体育交流等。

此外,我国各社会团体(工会、共青团、妇联、青联、学联等)和体育组织(中华全国体育总会及所属各单项运动协会、中国体育科学学会等)均设有对体育教育进行指导、研究和协助管理高校体育工作的机构或组织。这些团体在全国也都有相应的机构,它们接受上级的领导,在全国和各地的高校体育工作中发挥自己的作用。

(二)高校体育内部管理系统

1.高校体育管理的领导系统

校长或副校长对高校体育工作全面负责。其具体职责:提出学校体育工作的总目标,制订高校体育工作计划;加强对体育学院(部)和体育教师的领导;经常深入实际,检查体育教学和课外体育活动;根据高校的规模与结构、配备体育教师。关心体育教师的生活,帮助他们提高政治思想和业务水平;加强宣传体育,明确体育在高等教育中的地位和作用,动员全体教职工关心学生健康;对高校的体育工作提供必要的物质保障。

教务处的具体职责:在校长授权下,管理全校体育教学工作,安排全校的体育教学和课外体育活动;督促检查日常体育教学工作,研究教改措施;安排体育教师进修,不断提高教师的思想水平,组织学生进行体质健康监测。

财务处、后勤处、设备处的具体职责:合理安排体育经费,购置必要的体育设施和器材,负责场地建设和维护、设备维修;教育后勤人员支持体育工作,做到服务育人。

2.高校体育管理的组织实施系统

(1)体育学院(部)具体负责全校的体育工作,其主要职责如下。

①根据党的教育和体育方针以及上级部门的体育工作计划、文件精神,结合高校的工作计划以及高校的具体情况,会同学校有关部门制定必要的规章制度,制订体育工作计划并提交校领导审批,定期向学校领导汇报工作。

②组织好教研室的政治、业务学习,认真开展教研活动,督促教师认真备课,定期检查教师的教学工作。积极组织教师从事体育教学改革,热情关心他们,充分调动其积极性。

③认真组织和领导早操及课外体育活动,积极推行《国家学生体质健康标准》,开展对学生的身体机能、素质的测定工作,建立学生健康卡片,不断改进高校体育工作。

④组织开展课余体育训练和校内外各项体育竞赛活动。

⑤协助后勤、设备部门做好场地器材的修建、选购、维修和保管工作,教育学生爱护体育设施。

⑥做好体育的宣传教育工作,积极培养开展学校体育工作的骨干力量。

（2）体育教师是高校体育工作的具体执行者，其主要职责如下。

①认真学习国家的教育、体育方针，忠诚党的教育事业；热爱高校体育工作，掌握增进学生身心健康的手段和方法，圆满完成高校体育教学任务。

②根据上级对体育工作的有关指示及学校体育工作计划，认真研究教学大纲和教材。

③深入了解学生和教学实际情况，制订好各种体育教学工作计划。

④认真备课，努力上好体育课，并加强自身业务学习及科研训练，不断提高教学质量。切实组织好早操，积极推行《高等学校体育工作基本标准》，搞好运动队训练工作和校内外各项体育竞赛工作。

⑤以身作则，教书育人，全面关心学生的成长。及时总结工作中的经验教训，定期向领导汇报情况，积极提供合理化建议。

（3）学生体育活动组织是开展高校体育工作的基本活动单位，其主要职责和任务如下。

①根据学校及体育教师的有关工作安排，积极组织学生参加各种体育锻炼及训练活动。

②积极做好高校体育的宣传工作。

③在体育教师的指导下，组织各种丰富多彩的体育活动，开展学院之间的体育竞赛并热情为同学们服务。

④选拔学生组织中的体育优秀人才担任体育干部，积极参加学生体育的组织、管理工作，以发挥体育组织的骨干作用和模范作用。

四、高校体育管理的特点

（一）教育性

高校体育具有教育的重要功能，因此，对人的教育与管理要特别突出"以人为本"，充分调动教师、学生及各级各类管理干部的积极性，这是提高管理效率的重要环节。在制定与执行各种体育管理制度的同时，思想教育要始终贯穿于高校体育管理的全过程，特别是对学生体育的管理工作，更应将"育人"放在首位。

（二）系统性

高校体育教育是一个复杂的、多变的动态系统，在运行中出现的各种问题如不及时解决，就会干扰高校体育工作的健康发展。要使该系统运转协调，就必须不断提高高校体育的管理效能。为此，需要建立一个强有力的调控系统，完善各种制度及控制手段，不断获得各种管理信息并及时反馈，以维持高校体育管理系统动态、良性发展。

（三）方向性

方向性是指高校体育管理必须以贯彻落实"四个全面"精神为指导，贯彻党的教育方针，为实现高校教育的总目标服务。因此，高校体育各个层次的工作人员都要明确高校的基本目标任务是培养合格的适应社会主义现代化建设需要的"四有"人才，要摆正体育在高校教育中的位置,正确处理体育与其他教育活动之间的关系,使之通力合作,以实现整合效应。

(四)阶段性

首先,不同年龄阶段的学生具有其成长的阶段性特点;其次,高校工作是按学期或学年来安排的,上、下两学期的体育教学内容具有一定的差异,从而每学期的工作需要保持一定的独立性。因此,对于不同学期、不同年龄段学生的管理,应体现出阶段性的特点,在管理方式上应有所区别。

五、高校体育管理的原则

高校体育管理必须依据国家的教育方针、国家各时期的教育改革和发展规划、《学校体育工作条例》、有关部门对高校体育工作的要求、规定及高校工作规划等方针政策,对高校体育工作实行系统管理。高校体育管理的原则主要包括整体性原则、计划性原则、导向性原则、可控性原则。

(一)整体性原则

高校体育管理是高等教育管理的一个组成部分,高校体育管理首先要为实现高校管理目标服务,培养学生成为德、智、体全面发展的社会主义建设人才是高校教育的目标。高校体育管理应该建立在这一目标上,开展各种工作,这样才能真正摆正高校体育管理的位置。既要防止片面夸大体育在高等教育中的作用,又要充分发挥体育在发展学生身体、增强体质、培养学生意志品质、形成良好校风、活跃校园文化生活中的独特作用,还要从整体上协调好高校体育工作的各方面关系,正确处理体育教学、课余体育训练、体育锻炼及运动竞赛之间的相互联系、相互制约的关系,要充分发挥它们各自的作用,根据各个时期高校的任务及实际,有所侧重地突出重点,使之能始终围绕完成高等教育目标、高校体育目标开展工作。

(二)计划性原则

高校体育计划是指对高校体育工作的具体安排及规划。高校体育计划管理要求对高校体育整个系统做出全面的部署,从宏观管理到微观管理,统一计划,统一实施。在宏观上要以《学校体育工作条例》和《高校体育基本标准》为准则,提出实施细则,明确完成任务的具体措施。在微观上要明确高校体育各方面的具体任务及责任,根据高校的实际情况及高校整体管理的要求,制订全面实施计划并加以贯彻落实。计划是管理过程的首要环节,制订哪一方面的计划都应遵循规律。例如体育教学工作计划,先是制订全年教学工作计划,其次是制订学期教学工作计划,再制订单元教学计划,最后编写教案,然后才能执行和实施。可以说,没有计划,就无法完成任务。无论哪一项工作计划,在实践中必须不断地接受检验,及时修改与调整。

(三)导向性原则

高校体育管理的目标在于完成国家赋予的"育人"的重要任务。国家对青少年一代提出了德、智、体全面发展的目标,根据这一目标,高校应结合各个时期的工作重点,提出不同阶段的工作目标。因此,作为子系统的高校体育管理系统,必须依据各级政府及有关部门所制订的阶段发展规划,结合每一时期(阶段)本地区高校体育发展水平,制定出相应的措施及办法。

(四)可控性原则

可控性原则就是指在实施目标过程中,通过不断地检查、评估和控制,保证整个系统顺利地开展工作。高校体育管理的控制主要通过检查、评估去执行,通过检查、评估发现在实施目标过程中哪些工作得到了贯彻落实,哪些工作在执行中出现了问题,需要作哪些方面的修改或促进。评估结果及意见反馈到决策部门后,要对出现的问题加以修正,使原定目标更能切合实际。例如在体育教学中,教师应按预定的方法组织学生练习,在练习过程中,教师通过学生的练习作初步评价,根据学生掌握情况及时调整或改变教学方法,以便能更好地完成预定的教学目标。

六、高校体育管理的内容

高校体育管理工作涉及的内容很多,归纳起来,主要包括以下几个方面。

(一)体育教学工作管理

在高校体育的微观行政管理中,虽然管理的内容是多方面的,但既要有管理的全面性,又要注意管理的重点。高校体育任务的完成,主要是通过体育课教学实现的,体育课是高校体育教学的主要形式,体育教学是高校体育的中心环节、硬性指标,占有显著的位置。高校体育教学的管理主要包括各种教学文件的制订,体育课的准备、实施、分析与评价,对学生体育课成绩进行考核,教学工作总结,这些工作都是相互衔接的。

(二)课外体育活动的管理

课外体育活动是高校体育工作的重要组成部分,包括群众性体育活动、代表队训练和运动竞赛等工作。

(三)体育科研工作管理

高校体育科研管理的范围很广,涉及组织机构、目标、人、财、物、效果等许多因素。加强高校体育科研管理的目的在于有效地组织开展高校体育科研活动,提高科研管理水平,调动广大体育教师从事科研的积极性,提高科研效率,获得最佳的研究成果。

(四)体育社团的管理

为了完成高校体育任务,必须建立一支由学生体育干部和积极分子组成的业余体育社团或协会。在体育社团中培养体育骨干的组织能力、带领和辅导学生进行锻炼以及独立组织小型竞赛活动的能力,发挥社团在课余体育的独特作用。

(五)大学生体质监测工作的管理

大学生体质监测是促进学生体质增强的重要措施。为使监测工作规范化、制度化、经常化,充分发挥监测结果的作用,必须把体质监测作为高校体育管理工作的一项重要内容。对体质监测的资料应加强管理,建立搜集、整理、统计、分析系统,发挥其信息存储和反馈作用,建立健全学生体质档案。

(六)体育经费、场地、器材的管理

体育经费、场地、器材是开展高校体育工作的物质保证。应根据高校的规模和条件,合理使用经费,规划和设置体育场地、器材、设备,建立必要的管理制度。

第二章 高校体育管理的理论研究

第一节 高校体育管理的方法研究

体育管理方法是指在体育管理活动中,为实现体育管理职能和管理目标,保证管理活动顺利进行所采取的各种手段和途径。它是管理理论的自然延伸和具体化,是实现体育管理目标的具体手段和措施。使用适当的管理方法能有效地发挥体育管理系统的功效,管理方法是管理理论、管理原理的具体化、实际化,它是管理原理指导管理活动的必要中介和桥梁。体育管理方法与体育管理原理是相互联系、相互作用的。体育管理原理必须通过管理方法才能在管理实践中发挥作用。目前,应用于体育管理领域的方法有许多,我们可以将这些方法归纳为两大类,即任何体育管理活动都适用的一般方法和适用于具体管理问题的特殊方法,其中后者又常常与某些特定的技术相联系,因此,又可称之为管理的技术方法。应用于管理领域的现代技术方法包括定性方法和定量方法两大类,而又以定量分析方法居多。这些方法往往是以系统论、控制论、信息论为基础的现代化管理方法,如价值工程、网络技术、线性规划、滚动计划法、管理信息系统等。本书对这类方法暂不进行研究。本章将重点分析在管理领域适合于任何管理活动的一般方法,即高校体育管理的基本方法。

一、行政的方法

(一)行政方法的内涵

一般认为,从哲学的意义上讲,行政方法本质上是主观与客观的统一,是行政主体作用于行政客体,是行政管理思想转变为行政管理实践的具体体现,体现了人们通过发挥主观能动性,对行政生态环境、行政事务和行政行为本质的、必然联系的把握、总结和概括,即行政中规律性的东西。从实证的意义上讲,行政方法是目标和结果的统一,是架设于行政目标与行政绩效之间的桥梁和通道。只有通过一定的行政方法,才能将假定的行政目标经由一定的系统转换输出为行政绩效。

概括地讲,所谓行政方法,也叫行政管理方法,就是国家行政机关和国家公务员在行政管理过程中为履行行政职能、开展行政工作、完成行政任务、实现行政绩效而采用的各种管理手段、措施、办法、工具、技术、路径的总和。行政方法的程序通常分为发布命令、贯彻实施、检查督促、调节处理四个阶段,具体的表现形式为:命令、决议、指示、规定以及其他各种行政性文件。这些文件集中体现了上级机构和领导者的意见和决策，成为下级管理部门进行工作的依据。行政方法的实质是通过行政组织中的职务和职位来进行管理，它特别强调职责、职权、职位，而非个人的能力或特权。任何部门、单位总要建立起若干行政机构来进行管理，且这些行政机构都有着严格的职责和权限范围。由于在任何行政管理系统中，各个层次所掌握的信息绝对是不对称的，所以才有了行政权威。上级指挥下级完全是由高一级的职位所决定的，下级服从上级也是对上级所拥有的管理权限的服从。

（二）行政方法的特点

行政方法作为沟通行政理念、行政价值选择与行政目标、行政政策措施的通道和桥梁，在行政管理学和行政理念实践中都具有极其重要的地位和功能，方法就是规律，方法就是捷径。

行政方法实际上就是行使政治权威，它的主要特点有以下几点。

1. 权威性

行政方法所依托的基础是管理机关和管理者的权威。管理者权威越高，他所发出的指令接受率就越高。提高各级领导的权威，是运用行政方法进行管理的前提，也是提高行政方法有效的基础。管理者必须努力以自己优良的品质、卓越的才能去增强管理权威，而不能仅仅依靠职位带来的权利来强化权威。

2. 强制性

行政权力机构和管理者所发出的命令、指示、规定等，对管理对象具有程度不同的强制性。行政方法就是通过这种强制性来达到指挥与控制的目的。但是，行政强制与法律强制是有区别的：法律的强制性是通过国家机器和司法机构来执行的，而行政的强制性是要求人们在行动的目标上服从统一的意志，它在行动的原则上高度统一，但允许人们在方法上灵活多样。行政的强制性是由一系列的行政措施（如表扬、奖励、晋升、任务分配、工作调动及批评、记过、降级、撤职直至开除等）作为保证来执行的。

3. 垂直性

行政方法是通过行政系统、行政层次来实施的。因此基本上属于"条条"的纵向垂直管理。行政指令一般都是自上而下，通过纵向直线下达的。下级组织和领导人只接受一个上级的领导和指挥，对横向传来的指令基本上是不理睬的。因此，行政方法的运用，必须坚持纵向的自上而下，切忌通过横向传达指令。

4. 具体性

相对于其他方法而言，行政方法比较具体。不仅行政指令的内容和对象是具体的，而且在实施过程中的具体方法上也因对象、目的和时间的变化而变化。所以，任何行政指令往往在某一特定的时间内对某一特定对象起作用，具有明确的指向性和一定的时效性。

5. 无偿性

运用行政方法进行管理，上级组织对下级组织的人力、财力、物力等的调动和使用不讲等价交换的原则,一切根据行政管理的需要,不考虑价值补偿问题。

(三)行政方法的作用

(1)行政方法的运用有利于组织内部统一目标、统一意志、统一行动,能够迅速有力地贯彻上级的方针和政策,对全局活动实行有效的控制。尤其是对于需要高度集中和适当保密的领域,更具有独特的作用。

(2)运用行政方法可以强化管理作用,便于发挥管理职能。没有行政命令就没有权威,没有服从,管理就不复存在,更谈不上管理职能的发挥。从这个意义上讲,行政管理对任何一种管理都是必需的。

(3)行政方法是实施其他各种管理方法的必要手段。在管理活动中,经济方法、法律方法、宣传教育方法等要发挥作用,必须经由行政系统的中介,才能具体地组织与贯彻实施。

(4)行政方法便于处理特殊问题。由于行政方法其时效性强的特点,它能及时地针对具体问题发出命令和指示,从而较好地处理特殊问题和管理活动中出现的新情况。比如,当环境突然变化,组织需要作出迅速的反应和及时的调整时,采用令行禁止的行政方法,可以迅速排除阻力,有效地解决问题,如体育组织中进行人事调整、运动项目的重新部署、组织机构的改革等,行政方法的这一特点是其他方法所不及的。

(四)行政过程中应坚持的原则

行政原则是行政过程中固有的客观规律的反映和要求,是行政过程中需要遵守的准则。人们对客观规律认识的程度不同,因此对客观规律和原则的认识需要一个逐步提高的过程。行政人员要努力掌握马克思主义的世界观方法论,提高认识水平,自觉按客观规律要求进行行政实施,减少失误。

1. 信息原则

在通常情况下,信息越全面、越准确、越及时,决策准确性就越高,出现的失误也就越少。其实领导实施管理的过程,就是信息的搜集、加工和变换的过程。行政实施如果没有信息,那将是无源之水。

2. 预测原则

预测是决策的前提。决策是对未来行动所做的一种设想,是事情在发生以前的一种预先分析和抉择,它有明显的预测性。凡事预则立,不预则废。

预测不是臆测,它是建立在唯物辩证基础之上的决策,是具有科学依据的决策。现代社会科技和经济的高速发展,社会生活各方面急剧变化和激烈竞争,人们迫切需要掌握和利用科学的预测,高瞻远瞩,尽量作出正确的预测,避免决策失误。

3. 系统原则

系统性是决策的重要特点之一。马克思主义认为客观物质世界,各种物体都相互联系着,人们的思维也应表现出相应的相互联系性。所以应先对整体与局部、内部条件与外部环境、当前利益与长远利益、主要目标与次要目标,以及它们的相互关系、相互作用进行综合分析,然后再进行决策,这是遵循决策对象本身固有的规律性的一个体现。行政管理的范围广泛,涉及许多相关的科学领域,越是高层次的决策,这种综合性越强,越应坚持系统性原则。

当前体育学科的发展已经不单是体育领域所能涵盖的,很多学科已经穿插在一起,因此更加要用系统的观点来分析问题。在进行某些决策的时候,要考虑的因素很多,应从整体的利益出发。

4. 创新性原则

俗话说创新是一个民族的灵魂,对于决策来说也同样如此。决策总是要改变现在,展望未来,为了缩小现在与期望之间的差距。在面对一些非常规性决策的时候,面临新情况,没有常规可循,往往要当机立断,这时更要勇于创新。在现代社会科技迅猛发展的形势下,创新精神在决策中尤为重要。创新能力强的人,决策的能力就强,作出英明的决策是取得成功的前提。

5. 可行性原则

决策是为了实施,要实施就得具备实施决策的现实条件。决策是否可行,取决于主观客观的许多因素,要认真分析比较,从人力、物力、时间、技术各方面都得到保证。超出现实条件,片面地追求高指标、高速度,再好的决策也只是水中月、镜中花。行政决策必须讲求社会效益、经济效益,因而必须从这些方面进行可行性论证。

6. 择优原则

决策总是在几个方案中进行选择。如果只有一个方案,没有选择,无从优化,不追求优化,就难以作出最好的决策。初拟方案要越多越好,经过筛选至少留下两个方案,本着择优精神,权衡利弊,全面对比,最后择优确定。

(五)行政方法的使用范围和局限性

1. 行政方法的使用范围

行政方法是最有效、最直接的管理方法。它的使用范围是最广的,无论是社会管理、军事管理、经济管理,还是科研、文化和教育管理,都离不开行政方法。可以说行政方法是任何管理所必不可少的手段。但是由于种种局限性,在管理活动中不能单一地、过分地使用它,要根据具体的事情采用适当的管理方法,在有些场合可能宣传教育的方法比行政方法更为有效,行政方法暂时只能起到辅助的作用,所以在对待具体情况时,必须将各种方法综合起来运用,达到最佳的管理效果。

2. 行政方法的局限性

(1)管理效果为领导水平所制约。由于行政方法更多的是人治,而不是法治,这样,行政命令的指向效果的管理优劣很大程度上取决于领导人和执行人的知识、能力、领导艺术和修养等。

(2)不便于分权管理。由于行政方法采用的是指示、命令等强制性方式,管理系统中各子系统的自主权较少,不容易实行分权管理。分权往往会破坏它的统一性。

(3)不便于发挥子系统的积极性。行政方法以集权为主,子系统往往成为被动的执行系统,难以发挥子系统的积极性、创造性,子系统与子系统之间也难以沟通,不容易协调。

(4)信息传递迟缓、易失真。由于行政层次的繁杂,会增加管理程序,所以沿垂直方向逐级传递信息较迟缓,容易失真,影响工作效率,甚至造成人为的隔阂,妨碍系统、部门、单位间的联系和必要的协作。

(六)科学决策在行政管理中的作用

(1)在行政管理的过程中,决策执行往往是一再决策、一再执行、反复循环的。行政决策是行政领导最根本的任务,也是行政人员最经常进行的、最大的活动。作为下级要为上级的指示制定贯彻落实的计划措施而进行决策。在行政管理过程中的计划、组织、领导、协调、控制等职能都以决策为基础,为实现决策目标服务,各项职能本身也有需要采取行动的问题,有各自的决策。所以行政决策是行政管理中的首要环节和执行各项管理职能的基础。

(2)行政决策的质量直接影响到领导机构工作的成败。决策明确了要执行的方向和措施,是活动的实施阶段,正确的决策是按行政管理对象的客观规律办事,避免管理工作的盲目性,保证行政管理工作的良好效果。反之,错误的行政决策。产生错误的管理行为,不适当的实施行为,即使客观条件再好,也得不到好的效果,执行越坚决,产生危害也就越大。

(3)在当代,决策在体育行政事业中的影响也越来越突出,在社会进步和经济发展节奏缓慢的情况下,体育事业的发展也相对比较缓慢,往往依赖于以前管理中的经验。但是在当代,在科技革命的推动下,经济迅速发展,体育事业也随之蓬勃发展,体育学科的划分也越来越严密和精细,学科的交叉和综合性也越来越强,因此面临的不确定因素也越来越多了,所以领导干部必须抓住时机,作出正确的决策。

二、法律的方法

(一)法律方法的概念

广义的法律不仅包括国家正式颁布的各种法律,也包括各级政府和各个管理系统所制定的具有法律效力的条例、规章制度等。狭义的法律是指由国家规定的、公众必须遵守的行为规范。法律方法就是运用法律规范以及类似法律规范性质的各种行为规则来进行管理,它需要通过各种法律及司法、仲裁工作,规范和调节各管理要素之间的关系,促进管理系统和谐有序地发展。

法律方法的内容不仅包括建立和健全各种法规,还包括相应的司法和仲裁工作。这两个环节是相辅相成、缺一不可的。若只有法规而缺乏司法和仲裁,则会使法规流于形式,无法发挥效力;若法规不健全,则会使司法和仲裁工作无所依从。法律方法的形式主要包括法律、法令、条例、决议、命令、细则、合同、标准、规章制度等。

司法工作是由国家的司法机关按照法律和法规解决各种纠纷和审理案件的执法活动。司法机关"以法律为准绳,以事实为依据",通过司法制裁,强制执行法规,停止违法活动,恢复正常秩序,并给予当事人一定惩罚,达到维护法律尊严的目的。司法制裁分为经济制裁和刑事制裁两类。

仲裁,也称公断,是指组织或个人之间发生纠纷,经过协商仍不能达成协议,可由仲裁人或仲裁机构从中作出判断和裁决。就仲裁的性质而言,它是一种行政性活动,不是司法活动。因此,裁决不被当事人执行时,仲裁机关不能强制执行只能由法院强制执行。

(二)法律方法的特点

1. 规范性

法律是拥有立法权的国家机关依照法定程序,制定和颁布的规范性文件。法律方法体现了国家统治阶级的意志和利益,它用准确、简洁、严密的法律语言,明确规定人们在一定情况下可以做什么、应该做什么或不应该做什么,因而具有较强的规范性。同时,法律可以作为评价人们行为的标准。

2. 强制性

法律规范同其他的社会规范不同,它是由国家强制实施的,国家法律一经颁布,就要用军队、警察、法庭等国家机器作为实施的保证,使违法犯罪者受到应有的制裁。因此它具有强制性,运用法律方法来进行管理,实际上就是运用这种强制性来进行管理,它是人人必须遵守的行为规则,具有普遍的约束力。

3. 稳定性

法律一经制定,就不能随意更改,而是要延续使用一段时间;同时,法律的制约对象是抽象的、一般的,它可以在同样的情况下反复适用,而不是针对个别具体的人或某个具体事物。所以,它一经制定,就具有一定的稳定性。

4. 预防性

国家制定法律规范的目的,不仅在于对违法者事后进行应有的惩罚,更重要的在于事前对人们起到指导和教育作用,使人们自觉守法从而达到预防犯罪行为的发生。

(三)法律方法的运用

1. 注意法律方法的双重作用

法律方法从本质上来讲,就是通过上层建筑的力量来影响和改变社会活动的方法。法律方法有双重作用,是指既可以起到促进作用,也可以起到阻碍作用。如果各项法律和法规的制定和颁布符合客观规律的要求,就会促进事业的发展,反之,就可能成为事业发展的障碍。法律方法由于缺少灵活性和弹性,易使管理僵化,而且有时不利于基层组织发挥其主动性和创造性,在管理活动中,各种法规要综合运用,相互配合。

2. 注意应用范围与条件

法律方法在体育管理中主要体现在对体育系统的整体管理应用上,尤其是在调节和处理体育系统内外关系、强化管理秩序、保持管理系统稳定和处理管理中普遍存在的共性问题上,更能发挥其他方法难以起到的作用,这是法律方法的应用范围。法律方法应用的基本条件是:首先,要建立和健全各种体育法规;其次,要注重体育法规的监督和执行工作,这是保证发挥体育法规作用的关键;最后,要大力开展法制宣传和教育,增强人们的法制观念。

3. 建立有效的组织机构及制度体系

法律方法的内容包括立法和司法两部分。立法是国家权力机关按照一定程序制定或修改法律。司法是指检察机关或法院依照法律对民事、刑事案件进行侦查、审判。有效地运用法律方法,需同时加强立法和司法工作。而建立有效的组织机构是运用法律方法的组织保证。同时,还需要有制度保证,即必须建立有效的制度体系,真正做到有法可依、有法必依、执法必严、违法必究。

4. 和其他方法的结合运用

法律方法虽然在体育管理中起着十分重要的作用,但其作用范围还是有限的,不能企望法律方法解决所有的问题。在法律范围之外,还有种种大量的经济关系、社会关系需要用其他方法来管理和调整。正确的做法是把法律方法与行政、经济方法结合使用,互为补充,才能达到较好的管理效果。

(四)法律方法的作用

法律方法的使用,对于建立和健全科学的管理制度和管理方法,有着十分重要的作用。

1. 保证必要的管理秩序稳定和有序

法律是任何一个管理系统存在和有规律运行的基础,由于法律独特的优势,那就是强制性,在法律面前人人平等,运用法律可以把人们的行为和组织活动有效地控制在正常的范围之内,从而使整个管理系统正常有序、自动有效地运转。制度化的轨道,使人们有法可依,有章可循,使管理系统自动有效地运转,既保证管理的效率又节约管理者的精力。在体育管理过程中,存在着各种相互关联的经济利益和其他关系,只有通过法律方法才能公正、合理、有效地加以调整,及时排除各种不利因素的影响,保证体育内部各部分的正常运转,达到最优化的组合。在学校体育工作中,有《学校体育工作条例》可以用来规范教师和学生的日常行为,在竞技体育系统中,有《反兴奋剂条例》《世界反兴奋剂条例》等来净化体育的天空。《学校体育工作条例》主要包括九章内容,对教师的要求如下:

(1)体育教师应当热爱学校体育工作,具有良好的思想品德、文化素养,掌握体育教育的理论和教学方法。

(2)学校应当在各级教育行政部门核定的教师总编制数内,按照教学计划中体育课授课时数所占的比例和开展课余体育活动的需要配备体育教师。学校应当根据学校女生数量配备一定比例的女体育教师。承担培养优秀体育后备人才训练任务的学校,体育教师的配备应当相应增加。

(3)各级教育行政部门和学校应当有计划地安排体育教师进修培训。对体育教师的职务聘任、工资待遇应当与其他任课教师同等对待。

(4)体育教师组织课间操(早操)、课外体育活动和课余训练、体育竞赛应当计算工作量。

(5)学校对妊娠、产后的女体育教师,应当依照《女职工劳动保护特别规定》给予相应的照顾。

2. 法律规范的方法有利于调整被管理系统内部各因素的关系

法律的作用在体育领域就是把体育整体的利益和意志以及复杂的关系定位为定型的、普遍使用的规则,它从原则上规定了各级组织的责、权、利的关系,为各级组织在自己的职权范围内发挥作用提供了重要的准则,同时,也为处理和调节组织与周围有关系统的各种管理关系提供了保障和依据,通过法律和法规的规定对运动员和教练员起到监督、协调和领导的作用。体育领域的各个机构按照法律规定的关系办事,可以有效地杜绝各种不良的事情发生,从而达到调节的目的。

3. 促进管理系统的发展

法律规范能够控制管理系统之间各种不合理的沟通,来保护和促进合理的沟通,建立一种稳定的、正常的管理秩序,并在即使出现矛盾时也能保证及时有效地调节。因此,正确运用法律手段,不仅能提高管理活动的效率,而且能增加管理系统的功效,不断地推动和促进管理系统自身的发展。加强管理法制建设、坚持运用法律手段,可以得到长期性的综合效应。在出现问题时及时解决,及时加强和完善法规的内容,使其更加全面。

(五)法律方法的弊端

法律方法在使用的过程中,有其独特的优势,具有规范性的特点,因此适于处理一般性的问题,便于集权和统一领导,能使各子系统的权利义务分明,赏罚分明。法律方法具有稳定性等其他特点,可以使各子系统具有自动调节的功能。但是我们也应该看到,它在处理某些问题上的不足之处,主要表现在采用法律方法进行管理活动时缺少灵活性和弹性,容易使管理僵化;不便于处理特殊问题;有时会不利于系统发挥主动性,产生"合理不合法"的现象,这样的现象时常出现。在考虑某些问题时不单单是依靠法律的措施就能解决的,它只能在有限的范围内实施,应该采用多种管理方法综合使用,找到最优化的管理方式。

三、经济的方法

经济方法在人类管理中是最经常使用的方法之一,经济方法是根据客观经济规律运用各种经济手段,调节各种不同的经济利益之间的关系,以获得较高的经济效益与社会效益的管理方法,这里所说的各种经济手段,主要包括价格、税收、信贷、工资、利润、奖金、罚款以及经济合同等。不同的经济手段在不同的领域中,可发挥不同的作用。

(一)经济方法的特点

1. 间接性

行政方法和法律方法都是直接作用于管理客体的管理手段,而经济方法不同,它是通过利益机制引导被管理者去追求某种利益,间接影响被管理者行为的一种管理方式,这种利益引导而非强制的方法,使管理者的行为具有自愿和选择的余地,有助于调动被管理者的主动性与积极性。如运动项目承包、推行经济责任制、物质奖励等经济方法的运用等,并不能直接干预人们的行为方式,而是通过对人们的价值取向和行为的引导、激励,达到调动积极性、提高工作效率的目标。

2. 灵活性

经济方法的灵活性主要表现在两个方面:一方面,经济方法针对不同的对象,可以采用不同的方式。例如,对于调整企业之间、企业与国家之间的关系,可以用税收和贷款等方式;对于调整企业与个人、国家与个人之间的关系,可以采用工资、奖金等形式。另一方面,对于同一对象,在不同的条件下可以采用不同的方式来进行管理,以适应不同的情况与形势。例如在某些时期可以通过增加税收来限制某一产业的发展,而在另外一时期又可以通过减少税收来鼓励这一产业的发展。

3. 信息接受率高

由于经济方法是通过引导被管理者的自觉行为达到管理目的,并且经济利益对人们的敏感性很强,能引起人们普遍的关注和重视,所以经济方法传达出的管理信息接受率就比较高。

4. 平等性

经济方法承认被管理的组织或个人在获取自己的经济利益上是平等的,社会按照统一的价值尺度来计算和分配经济成果,各种经济手段的运用对于相同情况的被管理者起同样的效力,不允许特殊,在尺度的判定上都是相同的。

5. 关联性

在体育管理中运用经济方法,不仅影响面宽、涉及的因素多,而且每一种经济手段的变化都会影响到体育系统内部多方面的连锁反应。例如,对于不同层次体育竞赛中获奖的运动员、教练员的奖励问题,体育场馆的承包机制等。因此,在管理中运用经济手段,应把握具体管理对象的特殊性质,注重未来发展的预测,使经济方法发挥其应有的作用。

(二)经济方法的正确运用

经济方法与其他方法一样,必须正确运用才能发挥其价值。

1. 要注意经济方法和教育等方法有机结合起来综合使用

人们除了物质需要以外,还有更多的精神和社会方面的需要,在现代生产力迅速发展的条件下,物质利益的刺激作用将逐渐减弱,人们更要接受教育,以提高知识水平和思想修养。再者如果单纯地使用经济方法,易导致"讨价还价,一切向钱看"的不良倾向,易助长本位主义、个人主义思想,所以必须结合教育方法,搞好精神文明建设。

2.既要发挥各种经济杠杆各自的作用,更要重视整体上的协调配合

如果忽视综合运用,孤立地运用单一的杠杆,往往不能取得预期的效果。例如,价格杠杆对生产和消费同时有方向相反的调节作用,提高价格虽然可以促进生产,但却会抑制消费。在经济生活中有些产品具有特殊的性质,因而,仅凭单一的价格杠杆难以奏效,必须综合运用一组杠杆。

(三)经济方法的主要作用

1.有利于提高经济效益

体育管理的经济方法,实质上就是围绕物质利益,运用各种经济手段正确处理好国家、集体、个人三者之间的经济关系,最大限度地调动各方面的积极性、主动性和创造性,从经济利益上激发人们的责任心。鼓励人们在工作过程中不断节约成本,提高效益。在此基础上,使集体与个人的经济利益也得到一定的满足,从而调动人们的积极性。

2.有利于强化管理职能

经济方法强化管理职能的作用,具体表现为管理机构能通过各种经济手段,来制约下级机关和被管理者的工作,将他们的经济利益与承担的任务相联系,进行赏罚。由于采用这一强有力的管理措施,使管理主体能有效地发挥指挥、控制和协调等职能。

3.有利于适当分权

由于运用经济方法采用了经济制约,这就给管理客体拥有相应的自主权创造了条件,从而有利于适当分权。管理的主体就不必担心下级组织或个人由于缺乏应有的经济利益而对工作持消极态度。相反,管理客体还会主动利用下发的权利,在工作中积极完成任务。这样,管理主体就可减少一些行政监督事务。

4.有利于客观地检查管理效果

由于运用经济方法,其管理效果是通过各项经济指标反映出来的,所以具有客观性的特点。因而经济方法有利于客观、公正地评价管理效果,调动人们工作的积极性。

(四)经济方法中的资金制度

1.工资是实行按劳分配原则的一种劳动报酬形式

劳动报酬这一经济手段直接涉及组织和劳动者个人的物质利益,正确使用它,对于调动职工的个人积极性有着极其重要的作用。员工的工资制度应该与员工对组织的贡献挂钩,根据按劳分配原则,员工的工资应该按照每个时期实际劳动的数量和质量相联系,在不同的时期应该有不同的变化,真正做到员工多劳多得,少劳少得,从而拉开差距。

我国现阶段实行的是国家统一规定的工资等级制度。它包括职务等级工资制和工人等

级工资制两种。职务等级工资制是根据各种职务的重要性、责任大小、业务技术复杂程度等确定不同职务的工资标准。这是把管理员、专业人员、技术人员的物质利益同他们的工作量大小、所负责任的大小联系起来的工资制度。职工等级制度是国家按照不同产业不同地区乃至不同企业在发展国民经济中的重要性、劳动强度和技术复杂程度,对不同工种分别规定的一定的等级,国家按照这一等级规定工资标准的制度,实行等级工资制,另外,职工的工资等级是按照其技术水平评定的。

2. 奖金是工资的一种补充形式,也叫活动工资

奖金是对超额劳动付出的超额报酬,是为了补偿超额的劳动消耗而支付的;或者是对按计划圆满完成任务、成绩优良者以及有特殊贡献者的奖励。奖金主要有综合奖、超额奖、协作竞赛奖、合理化建议奖、技术革新奖等。

3. 罚款是对职工违反规章制度,结合企业群体造成危害的行为进行经济惩罚

罚款可以制约或收敛某些人的不轨行为,迫使人们努力完成劳动或工作定额。但是罚款的名目和数额要适当,不能滥用,防止员工的不满和反对。对因工作失误,因技术问题而产生的重大事故,造成严重经济损失的,处以罚款。

在采用经济方法的时候奖励和惩罚最重要的是严明,该奖就奖,当罚则罚,激励正气,祛除邪气。只有这样,才能使奖金和罚款真正成为有效的管理手段。

四、宣传教育的方法

(一)宣传教育方法的概念

宣传教育方法是指通过宣传和教育等方式,使人们围绕着共同目标而采取行动的方法。管理是人类有目的的活动,人是管理中最积极最活跃的因素,而人又是有思想、有感情、有思维的。人们行为的动力首先通过头脑,转变为愿望和动机,再由动机引发人类的行为。这就要求管理者应注意掌握被管理者的需求,分析他们的动机,引导他们的行为。因此,宣传教育方法是以人们对思想活动的发展规律的正确认识作为其客观依据的。宣传教育方法的形式多样、灵活不拘,常用的宣传教育方法有作报告、讨论、对话、谈心、家访、典型范例、形象教育、对比教育等。

(二)宣传教育方法的特点与作用

宣传教育方法与其他管理方法相比较,具有以下几种特点。

1. 先行性

任何一种管理方法的实行、管理决策的制定,都必须通过宣传和教育。通过宣传教育,一方面,使被管理者对其有充分的了解,同时思考自己如何配合行动;另一方面,在管理过程中实施各项决策之前,通过宣传和教育,还可事先预测到人们可能产生的各种反应,并制定

相应的宣传教育措施予以预防,从而强化其正面效应,抑制可能产生的不良效应。

2. 滞后性

滞后性在思想教育中的表现尤为突出。由于人们的认识和思想是对客观事物的反映,所以思想教育的大量工作是在事情发生之后或有些苗头的时候进行的。滞后性特点要求管理者对已经发生的问题实事求是地、科学地、正确地进行分析,以理服人,这样才能使思想教育真正落到实处,从根本上激发人们的动机。

3. 疏导性

开展宣传教育,要动之以情、晓之以理,启发人们的自觉性。对思想问题采取回避或捂堵的方式是不能奏效的,甚至会激化矛盾。只有因势利导,才能达到教育的实效。

4. 灵活性

人的思想是复杂多变的,引起人的思想变化的多种因素又往往交织在一起发生作用。不同的时期和不同的管理对象,其思想基础、性格类型、价值观念和需求等也不同,因此宣传教育工作必须根据不同的时期和不同的管理对象,确定宣传教育的内容和重点、形式和手段,保持灵活性和针对性。

(三)宣传教育方法的运用

1. 注意应用的范围与条件

虽然宣传教育方法的作用巨大,效果显著,但其应用范围的局限性也十分明显,如不能调动人们的经济利益、不能直接干涉和决定人们的具体行为、不能解决所有的思想意识问题等,尤其在被管理者的思想觉悟和自觉性还停留在较低程度时,孤立地运用宣传教育方法则难以取得理想的管理效果。运用宣传教育方法要考虑到一些基本条件:首先,要善于营造一个良好的群体氛围,不断提高被管理者的思想认识觉悟及水平;其次,要有一批政工管理人员来专门从事这项工作。

2. 讲求宣传教育的科学性与艺术性

首先,宣传教育的形式、内容、工作制度、工作方法等都要体现科学性。要运用心理研究和社会科学成果,探索影响人的思想和行为的因素,研究人的思想和行为的发展规律;其次,对管理者的宣传教育还要讲求艺术、追求实效,务求做到理论和实际相结合、表扬和批判相结合、身教和言教相结合等,要使教育更加生动、活泼、形象、直观等。

3. 和其他方法的结合运用

宣传教育方法不仅是一种有效的管理方法,对其他管理方法的实施也有很大的支持作用。但宣传教育方法的有效性是相对的,在很大程度上存在于与其他管理方法的结合运用之中。

(四)宣传教育的主要内容

1. 人生观及道德教育

要教育教师树立为社会进步奋斗献身的远大理想、大公无私、先人后己、全心全意为人民服务的精神,自觉抵制损公肥私、损人利己、金钱至上、以权谋私、欺诈勒索、贪图享乐等剥削阶级腐朽思想的侵蚀。要教育教师遵守社会公德及职业道德,钻研业务,忠于职守。这种教育应当结合具体生动的实例、案例、典型,通过讨论的方式进行。

2. 爱国主义和集体主义教育

进行爱国主义教育,要引导人们正确地认识我们国家的历史和现状,从而更加热爱和珍惜社会主义的今天,更加发奋为祖国繁荣昌盛而献身。集体主义是共产党道德的基本原则,它要求人们置集体利益于个人利益之上。进行集体主义教育,要着重引导干部群众正确处理国家、集体、个人之间的利益关系。在集体活动中发扬团结、友爱、互助精神,热爱集体,关心集体。

3. 民主、法制、纪律教育

管理的人本原理告诉我们必须全心全意依靠广大职工办好企业,不仅企业领导层在进行企业管理决策时要充分考虑本企业职工的利益,并且还应当通过各种方式吸收职工参与企业管理。同时还要对职工进行正确行使民主权利的教育。

4. 科学文化教育

科学技术是第一生产力,普及和提高科学文化知识是提高职工思想道德觉悟水平的重要条件,也是企业进行生产经营活动的重要条件。在当今的新技术革命浪潮中,科学技术越来越成为推动企业生产发展、提高企业竞争能力的重要力量。

当前我国社会主义企业职工的科学文化素质还不高,在掌握现代科学技术和现代化的生产设备方面还存在不少困难。这对企业的产品质量和劳动生产率都产生了重大的影响。应当从战略的高度下大决心、花大力气进行智力投资,有计划有组织地开展科学文化教育,根据工作的需要,对各类人员逐步进行系统培训和职业训练,提高职工队伍的业务素质,使他们尽快地适应现代化生产的要求。

5. 组织文化建设

组织文化是组织员工在较长时期的生产经营实践中逐步形成的共有价值观、信念、行为准则及具有相应特色的行为方式、物质表现的总称。它组织员工内在的思想观念与外在的行为方式和物质表现的统一,要通过组织文化建设来制造促进职工素质不断完善的精神环境。

在组织文化建设的指导思想上,必须突出管理的人本原理,坚持"以人为本"的指导原则。组织文化的主体是组织员工,组织员工是物质财富与精神财富的创造者,坚持把人作为第一因素,把尊重人、关心人、理解人、培养人、合理使用人、全方位地提高组织员工的素质,作为组织文化建设的主要内容。采用教育、启发、诱导、吸引、熏陶和激励等多种方法来培养员工的命运共同感、工作责任感、事业开拓感和集体荣誉感,在员工中形成正确的价值观念、道德规范和行为准则,促使每个人都能把其内在潜力和创造力最大限度地发挥出来。一个具有独特而优秀组织文化的组织,必然充满生机和活力。

五、体育管理方法的综合运用

运用系统科学的观点学习和掌握体育管理的方法是十分重要的。只有这样,我们才能从整体上把握体育管理方法的精髓,深入地研究各种方法之间的密切联系,有效地提高科学运用管理方法的水平,不断获取优化的管理效益。

(一)体育管理方法是一个统一的完整体系

体育管理方法的完整统一集中表现在各种方法之间的密切联系上。这种密切联系从体育管理方法的分类已得到了充分的显示。忽视这些联系就是割裂体育管理方法的完整统一,势必孤立、静止、片面地运用一个个具体方法,其结果在实际管理工作中就会出现某种方法单一运用的倾向,阻碍管理水平的提高。

总之,把体育管理方法看作一个统一完整的体系,有利于我们从整体上把握管理方法的实质,克服思想上的形而上学和绝对化,杜绝管理实践中的主观性和盲目性。当然,把握整体并非否定各种管理方法的相对独立性,其目的正是要从它们各自的特点、形式和应用范围与条件的研究入手,从中寻找它们彼此之间的内在联系,以取得最佳的整体管理效应。

(二)各种体育管理方法的互补与组合

就每一类或每一种管理方法而言,在实际运用中存在一定的利弊,受到一定的局限,因而不存在任何单一的万能的管理方法。只有在运用中认真考察各种管理方法的组合与互补关系,才能发挥出它们的综合效能。

在体育管理方法的四大类别之间就存在着互补与组合关系。管理的技术手段适于解决体育管理中一些技术性、定量化问题;管理的基本方法对各种管理方案的组织实施有着极其重要的作用;而管理的技巧与艺术,则在妥善处理管理中的各种关系,协调各方面力量上,显示出其独特的功能。这就是说,它们在某些因素的管理上都有各自的特长,而在另一些问题的管理上又都有各自的欠缺。然而,实践证明,体育管理中各种因素通常不是单一地、明显地摆在管理者面前,往往是相互交织、错综复杂地等待着人们去处理。

这种情况在决策中表现得尤为明显。因此,没有各类管理方法的互补与组合,也就没有有效的管理。这种互补与组合的关系,在各类管理方法所包含的各种手段之间,同样是客观存在的。如行政管理方法,它有利于实行集中统一的管理,但仍须依靠法律方法来保障正常的管理秩序。尤其是在横向管理关系的有效调节方面,更需要法律方法的支持。而行政方法与法律方法结合起来所表现出来的强制性,又要依靠宣传教育等灵活性较大的管理方法来协调,才能使管理达到严而不死、活而不乱的效果。又如经济方法,由于它与人们的物质利益联系较紧,尤其是在社会主义市场经济条件下,要运用各种经济手段来调动人们的积极性,使人们的经济利益与工作绩效直接相联系,但也需要其他管理方法的支持。在运用经济方法时,还应在兼顾国家、集体、个人三者利益的基础上,鼓励人们胸怀全局,发扬风格,而这些离开宣传教育方法同样也是难以办到的。再如,宣传教育方法是一种行之有效的管理方法,但若缺乏行政方法、经济方法、法律方法的支撑,也可能在一定程度上降低管理工作的权威性。由此可见,学习体育管理方法绝不能停留在对各种单一方法的个别探讨上,而必须深入地研究它们各自的优劣、互补与组合。这样才能真正明确各种方法在体育管理系统中的地位与作用,在体育管理实践中加以合理地运用。

(三)追求各种管理方法的综合效应

系统分析的目的在于追求整体效应。体育管理系统能否产生整体效应,在很大程度上取决于各种管理方法的综合运用。如前所述,我们强调弄清各种管理方法之间密切联系的重要性,但这并不意味着就可以混淆它们彼此之间的区别,进而在实际运用中互相取代。事实上,各种管理方法就其相对独立性而言,都有自己独特的作用。如经济方法利用经济杠杆,贯彻物质利益原则,通过把集体和个人的物质利益与其工作绩效相联系,从而调动人们的积极性、主动性和创造性,进而有效地控制人们的行为方面,就有其独特的作用,是其他方法不能替代的。

因此,我们要追求各种管理方法综合运用的整体效应,一个重要的前提就是要弄清这些方法在体育管理工作中的独特作用。只有弄清它们各自的特点、运用形式和范围、条件,才能有机地将它们统一起来,做到扬长避短,互相弥补,产生整体效应。此外,认真地分析这些方法各自的长处和短处,才能通过它们的综合运用互相补充,才能使各种管理方法在综合运用中成为一个有机的完整的方法体系,在体育管理实践中发挥整体功能。

(四)管理者的创造性决定着管理方法的运用效果

前面我们已对体育管理方法的结构体系和内在联系进行了讨论,其目的就是要强调,应把体育管理方法看成是一个完整的结构体系。但是管理方法的整体效应能否在管理实践中体现出来,主要取决于管理者对管理方法创造性地运用,也就是说管理者如何从管理实践出发,针对管理对象的具体情况和管理环境的变化,灵活地运用各种管理方法。尤其是行政方法、法律方法、经济方法和宣传教育方法这类管理的基本方法的综合运用,主要是取决于管理者运用的技巧与艺术。

显然,体育管理者运用管理方法的技巧与艺术,集中反映在创造能力上。如果管理者缺乏创造性,只是机械、教条地照搬某种现成的方法模式,企望找到某种放之四海而皆准的管理方法,人云亦云,忽视管理对象的特点和客观环境的变化,其结果是很难取得理想的管理效果的。

第二节　高校体育管理的过程与职能

一、高校体育管理过程

(一)体育管理过程的概念

体育管理过程是对体育过程和社会发展的客观过程及其变动趋势来进行预测、决策,采取计划、组织、领导和控制体育运动中各项活动,以确保实现体育运动发展目标的过程。管理体育事务是一个综合性概念,它贯穿于整个体育管理活动,关系到体育管理的效率,体育管理过程由体育管理系统中各个子元素(管理主体、管理客体、管理中介)共同作用。正是由于体育管理过程中诸要素是相互作用、相互影响并处于运动状态的,才推动了管理工作的进行,使管理过程成为一种动态过程。管理过程中的运动主要表现为"人流""物流""信息流"等方面,"信息流"往往是伴随着"人流"和"物流"同步进行的。管理过程的运动总是为了一定的目标,并按照时间顺序有规律地进行,其规律主要表现为管理过程的阶段性和程序性。

体育管理过程的各个阶段划分可以根据不同需要或从不同的角度去确定,它的过程不论有多少个环节,其划分都是相对的。从体育管理的特点出发,可以把体育管理的过程划分为计划、组织、检查和总结四个基本环节。

1. 计划

计划是管理过程中的首要环节,是整个管理过程的依据。没有计划,管理工作就无法进行;计划缺乏科学性、指导性和实践性,也无法达到管理的目的。因此,制订切实可行的计划,对于保证管理过程的顺利进行,实现管理的目标具有重要意义。

制订计划要求做到:目标正确,指标可行,全面兼顾,重点突出,要求明确,分工落实,计划内要留有余地。制订计划必须符合方向性、科学性、可行性等要求。制订计划首先要学习、研究制订计划的依据并深入调查研究;其次,分析各种可行方案,草拟计划;再次,审议初稿,修改定稿;最后,布置实施。

2. 组织

计划制订之后,就要认真组织实施。组织实施是管理过程的中心环节。在组织实施过程中主要应做好四项工作。

(1)组织。主要做好两方面的工作,一是任务的合理分配落实;二是人、财、物等资源的合理配置。

(2)指导。在实施中管理者要深入第一线,指导下级工作,帮助解决各种困难和问题。为了达到指导的实效,指导中应该做到指点而不说教,帮助而不代替,引导而不强加,批评而不压制。

(3)协调。要贯彻于实施的全过程,它是减少摩擦和内耗的重要手段。有效地协调,可以使人际关系融洽,人与事之间组合得当,事与事之间进度适应,步伐合拍。

(4)激励。是调动人的积极性的重要措施。一方面通过激励,增强组织各成员的上进心和责任感;另一方面,运用精神和物质的各种奖励手段,激发每个成员的进取心。

3. 检查

检查是对计划预见性的监督和检查,它是总结的前提和依据,也是对下属的监督和考核。

4. 总结

总结是管理工作的最后环节,它对于积累经验,提高管理水平和工作效率有着积极的意义。

管理过程总是按照计划、组织、检查和总结的程序,围绕着管理系统的目标周而复始地进行,一个周期接一个周期,螺旋上升,循环进行。

(二)体育管理过程的特点

1. 体育管理过程总是依据一定的顺序、结构构成一个封闭的周期

前一个周期的结束,又是新的周期的开始,新的周期对于前一个周期来说,不是简单地重复,而是有所前进、有所提高,一个周期又一个周期地前进,使体育事业得到不断地发展。

2. 体育管理过程具有时间性

体育管理周期的时间长短是相对的,一般以一年作为一个周期,长的可以用五年或十年作为一个周期,短的可以用一个季度或一个月作为一个周期。

3. 体育管理过程具有空间性

体育管理过程不仅具有一定的时间范围,而且具有一定的空间范围,即具有空间性。如县体委的管理过程只局限在本县范围内的管理活动,而不能管理到邻县范围里去,一个省也是这样,一个国家也是这样。

4. 体育管理过程任务的一致性

大的体育管理周期是由若干小的周期所构成的,各个小管理周期任务,与大管理周期的总体任务总是一致的,都是为了实现共同的目标而努力。

(三)分析体育管理过程的目的

在体育管理过程中,我们首先要对管理系统进行系统的分析,弄清管理的组成部分、各子系统之间的关联形式、管理所处的内外环境以及环境的变化情况等,从整体上把握整个管理系统,并且在管理进程中,将对部分或子系统的认识综合整合为系统的整体性认识。只有采取自上而下、自下而上的分析,才能完全、准确地组织和控制整个管理活动,从而找出规律,制定相应的管理原则,采取有效的措施,进行科学的体育管理工作。

(四)体育管理过程的任务

体育管理过程的任务就是要把体育系统中的人力、物力、财力、信息和任务充分地组织、

调动和利用起来。经过科学的计划和分配,充分发挥它们的作用,有效地完成体育运动的各项任务。

二、高校体育管理过程的阶段

体育管理过程的各个阶段划分可以根据不同需要或从不同的角度去确定。有的人从控制的角度,把管理过程划分为计划、设计、预算、分析、决定、评估和复核七个环节;有的人从行政过程,将管理过程划分为目标、计划、组织、指挥、控制和考核六个环节;有的人则更具体地将管理过程划分为明确目标、制订计划、建立机构、组织力量、指挥行动、跟踪变化、调节关系、控制系统、总结经验和前后分析十个环节;有的人从思维过程把管理过程的程序划分为感受信息、判断和决策三个环节。体育管理过程不论是多少个环节,其划分都是相对的,实际上每个环节的活动还可以根据内容的细微差别进一步划分为若干个更小的环节。如计划还可以划分为预测、确定目标、计划初步确定、修改计划和组织实施等若干个环节,而预测又可以进一步划分为确定预测目标、收集数据资料、分析计算和跟踪检查等环节。由此可以看出重要的不是我们应怎样进行划分,而是我们应怎样进行操作和运用,才能更好地提高管理效果。但从体育管理的特点出发,我们可以把体育管理的过程划分为计划、组织、领导、控制四个基本环节。根据这样一个运动的程序,我们围绕管理系统的目标和要求周而复始地进行,一个周期接一个周期的,螺旋上升,循环进行,将我们的体育管理水平不断提升,最终实现体育资源的最优化配置。

三、高校体育管理的职能

管理的职能,即管理活动应有的作用和功能。不同的管理职能则是由管理活动的不同专业分工决定的。不同的管理者在组织生产或其他活动以及调整生产关系或社会关系的过程中,大都采取基本的管理行动,发挥具有共同性的作用,一般都表现为领导、计划、组织、控制的管理职能。对体育管理而言,这些职能也都完全适用,因此,我们认为把体育管理的职能划分为领导、计划、组织和控制较为妥当。领导职能是指管理者根据管理目标、任务、原则和计划决策等要求,发挥管理艺术技巧,运用组织权力,通过适当手段,指导带动下属履行职责,实现决策目标的一系列管理行为。计划职能包括预测未来、决策目标、确定战略以及选择实现目标的最佳方案等,而不仅仅泛指一般的计划工作。组织职能是指合理组织管理活动中的各个要素,建立科学合理的组织体系,并协调有序地推动系统运动。在组织职能中,合理用人是重要的职能内容。控制职能指监测管理活动过程是否与原定计划决策相符合,并通过纠正行动保证两者一致的管理功能。

(一)体育管理的领导职能

组织目标的实现,最主要的是看组织内部的人、财、物、信息等资源是否得到了充分、有效的使用以及组织内部的各项工作是否得到了顺利的开展,而所有这些,都离不开领导工作。一个组织要想取得成功和生存下去就需要有效的领导,领导职能是使整个管理过程中其他职能得以实现的推动力量。

1. 体育领导的含义

体育领导是体育管理的一种职能,是在体育组织中领导者与被领导者共同参与下,依靠领导者的影响力,组织、协调和指导个人或集体,在一定的客观环境条件下实现体育组织预定目标的活动过程。具体包括下列含义:

(1)领导是管理的一种职能,在管理过程中起着引导、指挥与先行的作用。

(2)领导是领导者与其部下相互作用中产生的影响力量,这种影响力包括组织赋予领导者的职位和权力,也包括领导者个人所具有的影响力。

(3)领导是一个动态的活动过程,它是领导者、被领导者及客观环境三大要素的函数。

(4)领导者具有权力、责任、服务的含义,是三者的统一体。被领导者具有主人翁地位,既有赋予领导者的种种权力,又对领导者施有监督权。客观环境包含组织状态、组织人员素质、社会政治、经济、文化等条件。

(5)领导既具有权威性,又具有责任性,并以为人民群众服务为宗旨。

2. 领导与管理的区别

由领导的定义可看出,领导与管理虽有相似之处,但二者还是有区别的。从本质上说,管理是建立在合法的、有报酬的和强制性权利的基础上对下属命令的行为。在这一过程中,下属可能尽最大、也可能尽一部分努力去完成工作。有研究表明,管理只能发挥职工60%左右的能力。领导则不同,领导可能建立在合法的、有报酬的和强制性的权利基础上,但更多的则是建立在个人影响力、专长权以及模范作用等的基础之上。因此,一个人可能既是管理者又是领导者,也可能不是管理者却是领导者。如非正式组织中最具影响力的人就是领导者而非管理者。

领导的本质就是被领导者的追随和服从,它不是由组织赋予的职位和权力所决定的,而是取决于追随者的意愿。

3. 体育领导的类型

以领导概念的内涵和外延衡量,体育领导大致分为四种类型:体育的政治领导、体育的业务领导、体育的学术领导和体育的行政领导。

(1)体育的政治领导。体育的政治领导是通过领导者一系列有影响力的行为,监督业务部门贯彻党和国家发展体育事业的方针、政策,使体育管理系统的竞赛、训练等各项工作得以顺利进行。

(2)体育的业务领导。体育的业务领导是指体育专业活动过程中,各级业务部门干部以自身的影响力率领下属,以实现体育活动的具体任务为目标的管理活动。内容包括体育教学、体育锻炼、运动训练、运动竞赛,以及科研、训练、竞赛、群体等有关职能部门的业务领导活动等。

(3)体育的学术领导。体育的学术领导是指体育科学研究过程中的领导活动。我国体育事业的学术领导,不单是体育科研单位和体育院校(系)专家、教授的任务,体育的各级领导都应该加强学术领导的意识,才能更有效地加快体育事业的发展。

(4)体育的行政领导。体育的行政领导是从国家体育总局到省、市、县(区)各级体育局,通过这些领导者的影响力,指挥下属实现体育行政目标的行为过程。

4. 体育工作领导者

领导者是在特定环境下的组织体系中被赋予或实际承担着指导和影响组织成员活动这一职能的人,是领导工作的主体和核心要素。

(1)体育领导者权力的构成。权力是一个人所具有的施加于别人的控制力,它主要来自两个方面:一是来自于职位的权力;二是来自于领导者个人的权力。来自于职位的权力是由上级和组织所赋予的,并由法律、制度等明文规定,属于"正式的权利",这种权力随职务的变动而变动,其基本内容包括对组织活动的决定权、指挥权和对组织成员的奖惩权。组织成员往往出于压力和习惯而不得不服从这种权力。来自于领导者个人的权力属于"非正式的权力",它不是由领导者在组织中的职位产生的,而是产生于领导者自身的某些特殊条件。这种权力不随职位的消失而消失,它所产生的影响是组织成员发自内心的敬重与服从。领导者所拥有的权力可以大致细分为五类:①强制权,亦即惩罚权,下属若不服从必会招致惩罚;②奖励权,它是惩罚权的相对物;③法定权,也就是合法权,来自于领导者在组织中的职位;④个人影响权,也叫模范权,来自于下属对领导者的认可和信任;⑤专长权,意指具有体育及相关专门知识、特殊技能或知识的领导者能够赢得下属和同事的尊敬和服从。

(2)领导者应具备的素质。领导者应具备以下几种素质:

①思想素质。具体表现在:正确的世界观、价值观与人生观;现代化的管理思想及强烈的事业心、高度的责任感、正直的品质和民主的作风;实事求是,勇于创新。

②业务素质。体育领导者应掌握一定的体育业务知识和体育管理技能,主要是:体育学的基本原理,掌握基本的理论;懂得组织管理的基本原理、方法和相关的专业知识;懂得心理学、人才学和社会学等方面的知识,以便协调好人与人之间的关系,激发职工的积极性。

③业务技能。除了应具备一定的体育业务知识外,领导者还应具有较高的业务技能,主要有:较强的分析、判断和概括能力;决策能力;组织、指挥和控制的能力及沟通、协调组织内外各种关系的能力;不断探索和创新的能力;知人善任的能力。

④身体素质。领导工作需要耗费大量的脑力和体力,领导者必须具有强健的体魄、充沛的精力,才能胜任这一工作。

5. 体育领导的方式

(1)体育领导方式的分类。体育领导方式是体育领导者从事领导活动所遵循的比较稳定的领导模式。至今人们对于体育领导方式的分类,还没有取得完全一致的看法。一种最普遍的分类方法是以体育管理领导者对权力运用的方式为依据,把领导方式分为:集权式、放任式和民主式。

①集权式领导。这种领导方式具有一定的"专制"性。体育管理组织的一切计划均由体育领导者个人决定,然后依靠权力与自我意志强迫下属服从指挥。领导者本人不参加集体作业,并根据自己的好恶评价下属的工作成果。集权式领导不注重激发下属的智慧和才能,下属在强制下工作,缺乏自觉性和责任感,容易出现下属人员的怠工现象。这种方式的领导效果较为短暂,难以激发下属工作的积极性、主动性和创造性。

②放任式领导。在这种领导方式下,体育组织的规划决策任由个人或集体决定,领导不参与,只提供工作上需要的材料,不作积极的指示,只有在下属的要求下,领导者才会提出工作意见,领导者也不评估下属的工作成果。放任式领导实际上是体育领导者放弃了领导权。一切事务任凭他的下属自行处理,失去了领导的意义。

③民主式领导。在这种方式的领导下,体育组织的目标规划由集体讨论后决定,领导从中加以引导和激励。领导和下属一起工作,但领导敢于授权予下属,使下属自己完成工作任务,领导根据客观事实评价下属的工作业绩。民主式领导是当今管理界比较推崇的方式,它使体育管理组织成员之间团结和睦,齐心协力,从而使组织中的管理效益和工作效率达到最佳效果。

另外,有些学者按照执行任务和维持下属关系,将体育管理的领导方式分为:重事式领导、重人式领导和人事并重式领导。重事式领导是将体育管理组织所有成员的注意力引向目标,以完成工作任务为重而对下属不太关心。而重人式领导则是以人为中心的领导方式,领导比较关心体贴下属,但并不特别强调完成体育工作目标。显然,人事并重式领导是领导对下属和工作任务都相当看重的领导方式,它使两者达到有机结合,确保了领导工作的最佳效果。

(2)体育领导方式的选择。体育领导方式的运用与领导效果有直接关系。而领导方式的选择,取决于体育管理组织内外的诸多因素,如客观环境、工作特点、下属状况等。

①客观环境因素。环境有自然环境和社会环境之分。这里我们指的是体育组织里的"社会环境"。组织环境好,是指上下级关系好,任务明确,领导职权大,反之则视为环境不好。

②工作特点因素。体育工作任务的性质不同,领导方式也应有所不同。工作具有保密性的,则倾向于集权式的领导;工作要求协作才能完成的,则要选择民主式领导;工作独立完成性较强的,则偏重于放任式领导方式的选择。

③下属状况因素。体育领导者要熟悉下属的特点,根据下属的特点来选择领导方式。如果下属能力强,有信心,能理智地控制自己的行为,则采用以人为中心的领导方式较好。

反之,下属依赖性强,缺乏信心,个人行为易受外界干扰,则应采取重事式、集权式领导。

总之,体育领导者选择领导方式时,要做到因人制宜、因事制宜、因时制宜,根据不同的任务情况,采用不同的领导方式,不能一成不变僵化地、教条式地固定于某一种领导方式。

6.体育工作领导者的职责

体育领导者的职责是国家和体育行政机关赋予领导者的工作职务和责任,职责与职权不同,职权是领导因担任一定的职位而得到的法定的、必要的权力,职责与职权是相互对应、成正比关系的,职责越大,职权也就越大。

(1)科学的决策。决策是体育领导者的首要职责,也是重要职责之一,正确决策是制订计划的根据,计划是完成目标的前提条件和基础。体育领导者要完成重任,需要科学的决策。科学的决策必须调查研究,收集和处理各种信息,结合所处的客观环境,创造性地提出多种可行性方案,经过研究、论证、修改,从中选择最佳方案。然后根据决策制订短期、中期及长期体育工作计划。

(2)组织建设。组织建设是体育领导者完成组织目标的重要途径与手段。它包括两方面内容:一是设置合理的体育管理组织机构,科学定编;二是制定体育组织机构的规章制度。体育组织机构的设置与人员编制必须遵循精干、合理、高效的原则,进行机构设置要因事而设,可合并的机构要合并,该撤的机构一定要撤,在人员编制方面,一定要破除人多好办事的旧观念。一个组织要做到有章可循,有规可循,必须制定合理的、切实可行的规章制度,它是体育领导者实现体育组织既定目标的重要保证。规章制度没有固定的模式和内容。不同的领导者会制定出不同的制度;同一位领导者在不同的时期,也要有不同的制度,以适应变化的客观实际。

(3)选用人才。作为体育领导者应该特别重视选人、用人的问题,应做到知人善任,在体育领域内,选用人才是体育领导者的重要职责,也是其领导能力和领导水平的重要表现。

(4)思想教育。思想教育也是体育领导者的重要职责之一。体育组织的任何工作都要有人去做,领导的任务就是指挥协调各方面的人去做工作,而不是直接同物打交道。人是有思想的,不同的人有不同的思想。组织越大,人员越多,思想状况就越复杂,难免会出现这样或那样与组织目标有分歧甚至相抵触的思想情绪状况,领导有必要对下属做思想工作,以调动下属工作的积极性。常用的思想教育方法有:解释、劝慰、说服、示范、鼓励、感染以及社会舆论等。领导者要抓住思想教育工作的最佳时机,根据不同的教育对象综合运用不同的教育方法。思想教育工作应注意遵循:动之以情、晓之以理原则;理论联系实际原则;区别对待原则;表扬与批评相结合,以表扬为主原则;身教与言传相结合原则。

(二)体育管理的组织职能

体育管理的组织是指为了有效地实现体育组织的既定目标,通过建立体育组织机构,确定工作职责、权限,协调相互关系,使体育管理诸要素合理有效地配合,形成一个有机整体的活动过程。它主要包括两个方面的含义：一是体育组织设计，即设计、选择、确定体育组织结构和表现形式，规定组织关系；二是体育组织实施，即把人、财、物、时间、信息等各种资源有效地配合，按组织实体规定的工作顺序和规范，实现体育组织目标的动态过程。

在一定意义上讲，体育管理组织工作的优劣决定着组织目标的完成程度和组织活动的成果大小。一般而言，体育组织职能的内容包括组织结构设计、组织实施、人员配备与任用以及组织变革等。

1. 组织的含义与类型

在管理学中，组织的含义可以从静态与动态两个方面来理解。从静态方面看，指组织结构，即反映人、职位、任务以及它们之间的特定关系的网络。这一网络可以把分工的范围、程度、相互之间的协调配合关系、各自的任务和职责等用部门和层次的方式确定下来，成为组织的框架体系。从动态方面看，指维持与变革组织结构，以完成组织目标的过程。通过组织机构的建立与变革，将生产经营活动的各个要素、各个环节，从时间上、空间上科学地组织起来，使每个成员都能接受领导、协调行动，从而产生新的、大于个人和小集体功能的整体职能。

组织的类型，一般有两种，即正式组织与非正式组织。其中，正式组织一般是指组织中体现组织目标所规定的成员之间职责的组织体系。我们一般谈到组织都是指正式组织。在正式组织中，其成员保持着形式上的协作关系，以完成企业目标为行动的出发点和归宿点。非正式组织是在共同的工作中自发产生的，具有共同情感的团体。非正式组织形成的原因很多，如工作关系、兴趣爱好关系、血缘关系等，非正式组织常出于某些情感的要求而采取共同的行动。

2. 体育管理的组织职能的概念

体育管理的组织职能是指为了实现体育管理目标，通过建立组织结构，分派各类人员的责权，使体育管理系统中的各级各类人员协调、合理并有效地配合，形成一个有机整体的活动过程，管理的组织职能确保了决策目标的实现和计划的有效执行。

3. 划分组织部门的原则

(1) 目标任务原则。企业组织设计的根本目的就是为了实现企业的战略任务和经营目标，组织结构的全部设计工作必须以此作为出发点和归宿点。

(2) 责、权、利相结合的原则。责任、权力、利益三者之间是不可分割的，而且必须是协调的、平衡的和统一的。权力是责任的基础，有了权力才可能负起责任；责任是权力的约束，有了责任，权力拥有者在运用权力时就必须考虑可能产生的后果，不至于滥用权力；利益的大小决定了管理者是否愿意担负责任以及接受权力的程度，利益大责任小的事情谁都愿意去做，相反，利益小责任大的事情人们很难愿意去做，其积极性也会受到影响。

(3) 分工协作原则及精干高效原则。组织任务目标的完成离不开组织内部的专业化分工和协作,因为现代企业的管理,工作量大、专业性强,分别设置不同的专业部门,有利于提高管理工作的效率。在合理分工的基础上,各专业部门又必须加强协作和配合,才能保证各项专业管理工作的顺利开展,以达到组织的整体目标。

(4)管理幅度原则。管理幅度是指一个主管能够直接有效地指挥下属成员的数目。由于受个人精力、知识、经验条件的限制,一个上级主管所管辖的人数是有限的,但究竟多少比较合适,很难有一个确切的数量标准。同时,从管理效率的角度出发,每一个企业不同的管理层次主管的管理幅度也不同。管理幅度的大小同管理层次的多少成反比的关系,因此在确定企业的管理层次时,也必须考虑到有效管理幅度的制约。

(5)统一指挥原则和权力制衡原则。统一指挥是指无论对哪一件工作来说,一个下属人员只应接受一个领导人的命令。权力制衡是指无论哪一个领导人,其权力运用必须受到监督,一旦发现某个机构或者职务有严重损害组织的行为,可以通过合法程序,制止其权力的运用。

(6)集权与分权相结合的原则。在进行组织设计或调整时,既要有必要的权力集中,又要有必要的权力分散,两者不可偏废。集权是大生产的客观要求,它有利于保证企业的统一领导和指挥,有利于人力、物力、财力的合理分配和使用;而分权则是调动下级积极性、主动性的必要组织条件。合理分权有利于基层根据实际情况迅速而准确地作出决策,也有利于上层领导摆脱日常事务,集中精力抓大问题。

4. 体育组织管理的人员配备

人员配备是体育组织根据目标和任务需要正确选择、合理使用、科学考评和培训人员,以合适的人员去完成体育组织结构中规定的各项任务,从而保证整个体育组织目标和各项任务完成的职能活动。

体育组织管理的人员配备的要求如下:

(1)实事求是,理论联系实际。实践和实际生活是一切知识与经验的源泉,是检验真理的唯一标准,是第一性的东西。在体育领导工作中,领导者应根据不同的领域,不同的管理对象或运动项目,不仅要做到客观全面地认识问题,而且要把握问题的特殊性,做到具体问题具体分析,用不同的方法解决不同的问题。

(2)一般与个别相结合,领导与下属相结合。任何工作的开展,都需要有一般的、普遍的号召,动员下属行动起来。如果只限于一般的号召,而领导人员没有具体直接地从所号召的工作取得经验,然后利用这种经验去指导其他单位,就无法检验所提的一般号召是否正确,也无法充实一般号召的内容,就有使一般号召落空的危险。因此,领导工作必须注意运用一般和个别相结合的方法,体育领导工作也不例外,体育领导工作中,除了运用一般和个别相结合的方法外,还必须注意采取领导骨干与下属人员相结合的方法。

(3)现代科学技术方法。为了适应现代科学技术和社会化大生产的发展,为了能正确及时地对体育领导工作中的各种问题作出科学的决策,体育领导者必须及时全面地掌握瞬息变化的情况和全局性的问题,需要借助一些现代科学技术所提供的现代科学方法,这主要有建立在系统论、控制论、信息论基础上的体育信息方法、体育系统方法、体育控制论方法等。

①体育信息方法:通过信息的收集、处理、输出、反馈为体育领导决策服务的一种方法。信息方法在体育领导中的重要作用是为体育科学决策提供正确的、及时的、足够的情报和资料。在信息化时代,信息的收集和处理更为重要,信息不及时或者不正确会导致领导者决策失误,或错失决策良机。

②体育系统方法:把客观对象看成一个由有机部分组成的整体而加以研究的方法。根据马克思主义哲学普遍联系的观点、整体与局部的观点和系统论的观点,世界上一切事物都是相互联系的,每一事物都是一个系统,大系统由分系统和子系统组成。因此,认识和改造一个事物,就要从整体、系统的观点出发,认识整体与部分以及各部分之间,整体与外部环境之间的相互联系、相互作用、相互制约的关系,系统、综合地考察,以达到研究解决问题的目的。体育领导运用系统方法找出解决问题的方案,将大大提高领导效率,获得最佳效果。

③体育控制论方法:这种方法是建立在体育信息论基础上的,它通过对有关体育行为的信息收集、反馈过程把计划和决策联系起来,把有关工作的信息资料反馈给决策者,以便决策者能够把实际效果与预定计划进行比较,并作出必要的调整。运用控制论方法最重要的是抓住决策执行过程中的三个步骤:收集信息、反馈信息、进行调整。这就要求体育领导者作出决策付诸实施时,必须对整个实施过程进行检查、了解、检测和定量分析,把有关实施情况和效果的信息及时反馈上来,对反馈上来的信息与预定计划进行比较,发现问题,及时调整。控制论方法是做好体育领导工作,避免领导决策失误的重要方法。

5. 体育管理组织工作的基本要求

(1)组织工作的目标性。体育组织工作的目标性是指体育组织工作的各项活动,从组织结构的确定到各项工作内容的组织实施,都必须紧紧围绕既定目标进行。体育组织工作的目标性在于保持管理工作的正确方向。它有助于把握与调整组织的发展,使组织内的工作人员形成正确的行为规范,并将他们的工作引导到与组织目标一致的轨道上。不同的体育组织有不同的工作目标,运动训练组织与竞赛组织、体育教育组织与体育经营组织等目标有所不同。但是,当各体育组织的目标与整个体育事业的发展目标发生冲突时,必须服从总目标,并对自身的工作目标作必要调整。在体育组织工作过程中,各工作环节、各部门及工作岗位,也必须明确工作目标,并与组织目标保持一致,由此使各项工作、各工作岗位形成一个有机整体,这就是体育组织工作目标性的具体要求。

(2)组织结构的层次性。体育组织结构的层次性指任何体育组织都应分层次管理,明确各层次的任务、职责和权益范围。体育组织的管理层次一般分为上、中、下三个层次。上层次为领导层,中层次是管理层,下层次是执行层。体育组织的各层次之间有从上至下的严格的隶属关系。不同层次的职责和权限不同,管理重点和内容也不同,上层偏重于决策,中层"承上启下",下层偏重于具体执行和操作。虽然三个层次的划分具有相对性,但若组织工作不分层次,势必导致工作的混乱和无序。体育组织工作中科学地划分管理层次,有利于充分发挥人力、财力、物力、智力等资源的作用,有利于提高组织工作效率,以及组织工作的信息沟通和整体调控。

(3)组织活动的协作性。体育组织活动的协作性指促进组织系统与外部环境之间、组织内各部门之间、人员之间应建立相配合的工作关系,避免工作中的摩擦与矛盾。任何事物的整体与部分之间、部分与部分之间不可避免地存在不和谐的现象,体育组织工作也是如此。体育活动的实施通常需要若干部门、人员的共同参与,出现意见不一致和利益冲突是经常的,必须强调协作。

6.体育管理组织变革

任何组织都不会是一成不变的,任何组织也都不会是完美无缺的,随着组织内部条件和外部环境的变化,一个富有生命力的组织为了适应这种变化,必然会及时地作出相应的调整,以达到组织的自我发展和自我完善。组织的变革有以下三种基本方式:

(1)改良式的变革。在原有的组织结构框架内作些日常的小改革,修修补补。如局部改变某些科室职能,新设某些机构,新任命某些人员,或小范围地精简、合并或撤销某些部门等。它是一种局部的变革,涉及面不广,震动不太大,引起的阻力也较小,它有利于组织全局的稳定发展,因而在大多数正常情况下是实行组织变革的有效方法。

(2)革命式的变革。即断然采取革命性的措施,彻底打破原有框架,在短期内迅速完成组织机构的重大改组。如从直线职能制结构改组为事业部制结构,组织与组织之间进行合并,组织内部进行分立等。这种变革方式涉及面广,波及组织的方方面面,因而引起的震动很大,所发的阻力也可能不小,因此,需要组织领导人具有非凡的魄力,并事先制定出周密的计划。这种变革一旦取得成功,它往往会使组织脱胎换骨,重新焕发生机和活力;而一旦失败,则也有可能使组织从此一蹶不振,元气大伤,这就需要组织的最高管理者十分谨慎地从事。

(3)计划式的变革。先对改革方案进行系统研究,制订全面规划,设计出理想的变革模式,然后有计划、有步骤地分阶段实施。这是一种比较理想的组织变革方式,在实际工作中得到普遍采用。目前,我国现行的体育行政组织的变革大都属于这种计划式变革。

第三章 高校体育管理系统

普通高等院校体育工作应由一个运转正常、高效的管理系统来展开。这个系统里应包括:学校体育运动委员会、院系体育运动委员会、体育教学部、学生工作处、校医务室、校学生会体育部、院系学生会体育部等机构,在学校体育运动委员会领导下,各部门职责明确、协同工作,共同完成各项体育工作任务。

第一节 学校体育管理系统

一、学校体育管理系统的结构图

大致说来,学校体育管理系统结构如图1所示:

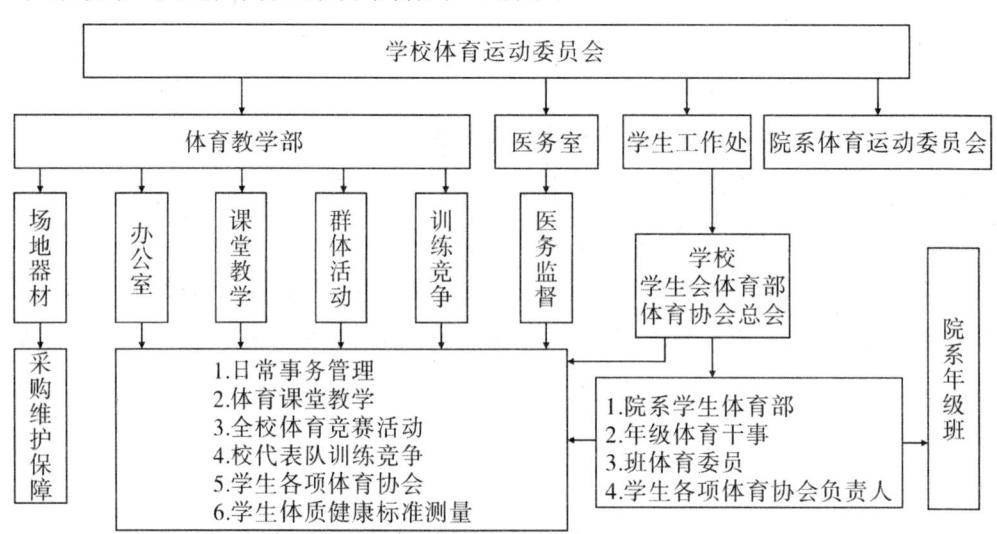

图1 学校体育管理系统结构图

二、学校体育运动委员会

学校体育运动委员会是该校体育工作的最高领导机构,由学校主管体育工作的校领导担任主任委员,主持全校体育工作。校体育运动委员会每年应定期召开全校体育工作会议,研究体育工作,制订年度体育工作计划,并督促、检查、落实以上各项,且将之纳入年末总结评比范畴。

学校体育运动委员会的成员由体育教学部、学生工作处、院系负责学生工作的负责人和医务室校医等人员构成。学校体育运动委员会在各院系下设体育运动分会,分会领导由院系负责学生工作的领导担任,并由专人负责。

学校体育运动委员会可以责成体育教学部执行全校各项体育工作任务,并要求各院系体育运动分会积极开展本院系学生的体育活动。学生工作处及下属学生会体育部应积极配合体育教学部和各院系体育运动分会开展丰富多彩的群众体育活动。

三、院系体育运动分会

院系体育运动分会是各院系体育工作的领导部门,是在学校体育运动委员会直接领导下,结合本院系的特点,在本院系开展体育工作的机构除完成学校制订的年度体育工作计划外,它们还要求年初有计划,年中有项目,年末有总结,执行有措施,完成有成果。

院系体育运动分会可以充分发挥院系学生体育部的作用,调动学生的积极性。在参加全校体育活动之余,自己开展多种形式的体育活动,如在院系之间、年级之间、专业之间、班级之间广泛开展友谊比赛,加深了解,增进友谊,活跃学生业余生活。

四、体育教学部

学校体育教学部是学校专门从事体育工作的管理部门,它是学校体育运动委员会的参谋部,也是落实学校体育运动委员会年度工作计划的执行部,由分管体育工作的校领导直接领导。

五、学生体育部

学生体育部是学校体育活动的生力军,是体育教学部的得力助手。学生体育部应在学生工作处、学生会的领导下,在体育教学部指导下工作。它的主要工作任务是协助体育教学部完成学校各项体育工作,并在体育教学部的指导下,开展学生感兴趣的、健康的、丰富多彩的课外活动,充实学生业余文化生活。

六、学生体育协会

学生体育协会是学生体育爱好者的家,它可以叫做体育俱乐部、课外活动小组、兴趣小组或其他名称。成立学生体育协会的目的是为了给学生中的体育爱好者提供展示的舞台,并通过该组织传播体育文化,传授体育技术与技能;通过体育爱好者的活动影响他们周围的学生,培养广大在校学生对体育的兴趣与爱好,促使他们参与到业余体育活动中来。

第二节 体育教学部

一、体育教学部的业务范围

学校学生体育工作的范围就是体育教学部的业务内容,其按工作性质分为课堂教学、群体活动、训练竞赛、体育科研及保障以上四项工作顺利展开的体育场地器材管理。

(一)课堂教学是学校体育的中心工作

课堂教学最大的优势是利用上正课时间安排教学,在时间、师资、场地、器材上有充分的保证;体育教师可以利用集中教学的形式对学生进行科学系统的体育教育,教学生几项体育锻炼手段,使他们经过课堂教学,身心得到健康发展,能够热爱体育运动,积极参加体育锻炼。

(二)群体活动是课堂教学的延伸和发展

群体活动在"每天锻炼1小时"中占了5/7,是学校体育工作的主要组成部分。早操、课间操和课外体育活动是它的主要表现形式。群体活动在一天的时间内只要分布合理,脑力活动和体力活动的交叉搭配就可有效缓解学生大脑由于长期思考问题带来的疲劳。平均每天1小时的体育锻炼可保证学生有健壮的体魄和旺盛的精力来完成紧张而繁重的学业。学生也可以利用参加群体活动来完成课堂教学布置的作业,掌握课堂教学传授的知识,同时,可以养成经常参加体育锻炼的良好习惯。

(三)训练竞赛是提高学生运动技术水平的基本手段

训练竞赛是学校对少数有体育特长的学生进行科学的训练,通过他们在全省或全国比赛中争冠军、夺锦标的方式为学校获得良好的知名度,并以此激励普通学生参加体育锻炼,达到全体学生都锻炼的目的。

(四)体育科研是体育教师的基本工作

体育科研是提升体育教师知识层次和完善体育教师知识结构的基础工程,是学校体育工作可持续发展的良性循环链中不可或缺的重要一环。它以书写体育科学论文、完成体育科研课题、编纂体育教材和撰写专著等为表现形式,利用多学科知识深入地研究探讨体育活动和运动规律,使学校体育课程教学更趋合理和完善,促进学生、教师、学校和社会的和谐发展。

(五)体育场地器材管理是完成学校体育工作任务的后勤保障

体育场地器材的管理呈现如下特点:体育运动场馆在学校各部门中占地面积最大,最引人注目,是学校"形象工程"的重要部分;体育运动器材名目繁多,管理难度大;体育场地和器材涉及到学生能否在进行体育锻炼时保证卫生和安全;体育场地器材后勤保障时效性强。

所以,管理应力争做到体育场地器材美观、安全、卫生、实用、耐久、及时。

二、体育教学部领导班子

体育教学部的领导班子应该在年龄、性别、知识、项目上搭配合理,主要负责人德高望众,其他成员各负其责、鼎力相助,党政同心协力,共同完成工作任务的团体。

体育教学部应设置主任1人、党支部书记1人,副主任根据需要配备,实行主任负责制,教学部主任是第一责任人。一个部门的领导班子的形成应有以下特点。

(1)年龄呈现老中青搭配的趋势,使班子里既有丰富的经验又保持优良的传统,还具有朝气蓬勃的青春活力和新时代的气息。

(2)性别搭配充分考虑了体育师资队伍的现状和工作需要。

(3)领导班子成员最好毕业于不同的学校,知识结构呈多元化,这样,有利于应付复杂的工作,杜绝小团体行为。

(4)领导班子成员最好来自于不同的体育项目,研究问题时有利于从各个不同的角度进行考察,集思广益,谋求最佳的解决方案。

(5)体育教学部主任应具有以下素质:能认真学习掌握各级文件精神,政策观念强;能准确掌握上级的精神实质,坚定不移地执行上级指示;能跟踪体育课程教学管理信息,调整改革思路,完善工作方法;能保持继续学习的习惯,随时掌握新的知识和技术,提高宏观指导的能力;工作上灵活性强,善于集思广益,能具体情况具体分析;善于和各种不同类型的人打交道,特别是善于和曾经反对过自己而被实践证明反对错了的人打交道。

总之,体育教学部主任应该有能服众的知识水平;有开拓进取的顽强毅力;有保持前进方向的政策水平;有把握改革成功的坚强实力;有坚定不移的理想信念;有吃苦耐劳的良好品格和忍辱负重的崇高精神。

三、体育教学部的内设机构

高校体育教学部的内设机构各有不同,归纳起来基本有两种。

(一)体育教学部下设教研室

体育教学部下设课堂教学教研室、群体活动教研室、训练竞赛教研室,甚至还可按项目分类、按教学的年级分组等。设教研室的好处是教师按各自从事的工作划分相应的教研室,工作专一,针对性强,便于教研室内部进行教学研究。这种组织机构方式一般适合体育教师数量多的学校采用。

(二)体育教学部下设办公室

体育教学部设主任1人,副主任多人,各分管一部分工作,日常事务由办公室负责。体育教师从事的工作呈多元化,业务分割,人员不分割,它要求体育教师业务全面,一专多能。

这种形式一般适合体育教师数量少的学校采用。

四、体育教学部的师资结构

体育教师的师资应考虑年龄、项目、知识、职称、性别诸方面的因素，一般是呈梯次、互补、实用型的复合结构，还要能满足学校各项体育工作的需要。

(1)年龄结构：教师队伍中有老、中、青年，年龄呈梯队层次。

(2)项目结构：教师队伍中有多个体育项目，如田径、体操、篮球、排球、乒乓球、足球、羽毛球、健美操、体育舞蹈、传统武术、跆拳道、散打、游泳等的专业人员。

(3)知识结构：教师毕业于不同的院校，知识结构呈互补型。

(4)职称结构：教师队伍中具有助教、讲师、副教授、正教授等多种职称人才，并搭配合理。

(5)性别结构：由于体育课堂教学要求同性别授课，教师队伍中性别比率与学生性别比率基本相等。

五、体育教学部与相关领导和部门的关系

按照学校的机构设置，从纵向看，体育教学部上有学校分管领导，下有体育教师，从横向看，有很多同一级的中层机构，有的部门是体育教学部的业务领导，有的部门需要体育教学部的业务指导，而更多的是相互协调，互相支持。为了搞好学校体育课程教学，处理好各方面关系至关重要，因此，必须做到以下几点。

（一）经常向主管领导请示汇报，寻求领导的支持

每次外出开会、考察、调研和竞赛活动，回来后都应该写出书面报告呈主管领导。在执行上级文件前，应认真研究文件精神实质，拟定应对方案和措施，写出书面请示向领导汇报，由领导来定夺。对于主管领导的工作指示，应坚定不移，千方百计地执行，并在执行过程中随时报告工作进展情况，当好领导的参谋。

（二）主动接受教务部门对体育课程教学的指导

教务部门是全校教学的业务领导机关，是体育教学部的业务领导。对于教务部门的文件和指示，体育教学部应遵照执行，并根据本单位具体情况，拿出切实可行的执行方案和措施，保证高质量完成体育教学任务。

（三）主动寻求学生工作处的协助

学生工作处是学校负责学生工作的职能部门，体育教学部开展学生群体活动，主要也是与学生打交道。在很多情况下，体育教学部开展的学生体育活动需要学生工作处的协助，而且，当体育活动中学生的行为超出体育教学部的职责范围时，学生工作处的作用就会突显出来，所以，体育教学部要与学生工作处保持经常的联系，建立密切、高效的合作关系，随时处

理体育活动中的突发事件,使学生群体活动健康、有序地展开。

（四）加强与各院系的工作联系

体育教学部与各院系的关系可以说非常密切,因为:学生的课堂学习情况要经常与各院系勾通,谋求院系的配合;全校性竞赛活动各院系需要体育教学部的指导;各院系开展体育活动需要体育教师的帮助;体育教学部开展的活动与某院系有关系时,需要院系的支持,这些都需要体育教学部与院系之间建立良好的工作关系。

（五）与校医院（医务室）保持经常的联系

学校医务部门掌握了全校学生的身体健康信息,体育教学部与他们保持联系有利于随时掌握学生的身体健康状况,有的放矢地进行体育教学。根据有病投医的规律,学生如发生疾病,学校医务部门是第一知情人,在学生体检和日常看病过程中发现学生有异常情况,医务部门应及时地传递给体育教学部,体育教学部也应该与学校医务部门建立联系通道,全面掌握学生的伤病信息,作出准确的判断。有的病需要通过适当的体育锻炼才能康复,而有的病则需要适当的休息方可痊愈,在这个问题上,医生和体育教师应具体情况具体分析,给伤病学生提供及时的指导,让他们在校期间能够得到最好的照顾,顺利完成学业。

（六）加强体育教学部与学校后勤部门的工作联系

学校体育活动经常保持与外校的竞技交流是学校体育的特点,而这正需要学校后勤部门的大力支持:校代表队外出比赛需要交通车;训练后需要洗澡;训练比赛太晚,需要吃饭;主办大型体育赛事需要后勤的协助……。总之,学校后勤保障工作的好坏以及体育教学部与后勤工作关系的优劣直接影响到学校各项体育工作的顺利进行。体育教学部与后勤服务部门要建立良好的工作关系,为了一个共同的目标相互理解和支持。

第三节　学生体育部

一、学生体育部成员的结构

学生体育部每年都需要换届,新一届班子的组成,要考虑到本校学生的特点和体育工作的延续性,要考虑学生工作处工作的需要,并兼顾体育教学部工作的需求。学生工作处和体育教学部对于学生体育部的成员构成有必要进行充分协商,以选出最佳的新一届学生体育部成员。新一届体育部应该符合以下几点要求:

(1)以老一届学生体育干部为主:新一届学生体育部中应有老一届学生体育部的成员起到传、帮、带的作用;

(2)以体育活动积极分子为主:学生体育部新老成员应该热爱体育运动,积极参加体育运动,并有一定的体育运动和组织能力;

(3)年龄呈阶梯状:新一届学生体育部成员应考虑到可持续发展,学生年级呈梯状;

(4)性别搭配合理:新一届学生体育部成员中应考虑男女性别的搭配,特别是女生多的学校,更应性别搭配合理,体育活动能充分考虑女生的需要;

(5)项目搭配合理:体育活动丰富多彩,学生体育干部的构成要充分考虑各项体育活动的开展,不能局限于某一两个运动项目。

二、学生体育干部的工作

学生体育干部分校学生会体育部干部、院系学生会体育部干部、年级体育干事、班体育委员四个层次。他们的工作分四部分:一是接受学校学生体育部指导并督促各院系落实每年的体育工作计划;二是协助体育教学部做好各项体育工作;三是积极开展学生感兴趣的体育活动;四是组织、管理好学生体育协会。

(一)指导、督促、协调各院系学生体育部工作

校学生体育部负责全校学生体育活动,有责任对各院系学生体育部进行指导、督促和协调。指导的范围包括年初有计划、有项目,年中有措施、有检查,年末有总结。各院系学生体育部要当好本院系教师的助手,在校学生体育部的指导下,搞好本院系的各项体育活动,包括本院系自己组织的体育活动、参加学校组织的各项体育活动、与其他院系广泛开展的各种形式的体育交流活动。在各院系体育活动开展较多的情况下,校学生会体育部在时间、场地、器材的占用上要配合体育教学部协调好各院系学生会体育部的工作。

(二)协助体育教学部做好各项体育工作

围绕学校体育课程教学,协助体育教学部工作是学生会体育部的工作之一。学生会体育部要积极配合体育教学部,使学生会体育部成为体育教师最得力的助手。

1.课堂教学

对于学校体育课堂教学的开设项目,学生会体育部可以广泛征求学生的意见,及时反映给体育教学部;在课堂教学过程中,学生体育干部应主动协助体育教师工作。例如:维护课堂纪律和课堂秩序,课前场地器材的准备,在课堂上充当"小教员",课后收拾场地归还器材,等等。

2.群体活动

学生会体育部应熟悉学校年度或学期的竞赛计划;与体育教学部保持经常的联系,参与竞赛活动的筹备、组织、裁判工作;在每项竞赛活动开始之前召集各院系学生体育干部布置与竞赛有关的运动员选拔、报名、训练、后勤,及有组织地参加比赛等事宜。

3.训练竞赛

学生会体育部应关心学校体育代表队的成长,熟悉校代表队年度竞赛计划;组织训练学校体育竞赛拉拉队,在校代表队比赛时前往摇旗呐喊助威;利用单项体育协会坚持经常性活动的优势,作为校体育代表队的后备力量,在有竞赛任务时可随时通过选拔组队参赛。

(三)开展学生感兴趣的体育活动

学校体育工作长期以来存在着学生兴趣爱好广泛和组织体育竞赛活动有限的矛盾,这

时就可以充分发挥学生体育部的作用,围绕学生感兴趣的体育项目开展工作,弥补学校体育竞赛活动有限的不足,用健康向上的各项体育活动提高学生的体育文化素养,丰富学生的业余文化生活,学生体育干部在各项体育活动中也是可以增长才干的。

(1)开展学校没有组织、时间短、效率高的"短平快"体育竞赛活动,如拔河比赛,以及院系之间、年级之间、班级之间的友谊比赛等。

(2)利用节假日开展体育旅游、体育探险等户外活动,在学校组织的其他活动中增加体育活动内容等。

(四)组织、管理好学生体育协会

学生会体育部可以成立单项体育协会或俱乐部,充分利用学生的兴趣爱好开展丰富多彩的体育活动。学生体育协会是体育教学部提供业务指导,提供场地和部分器材,学生自己管理自己的组织机构。该组织长年坚持活动,平时可以通过该组织保持与外校经常性的体育交流;在学校需要组织该项竞赛活动时,可以该组织为主,让协会成员参预竞赛活动的全过程;如遇有对外大型竞赛活动,还可以单项体育协会成员为骨干选拔队员,组成校代表队参赛。

三、培训学生体育干部

学生体育部由于受一年一度换届选举的干扰,存在着体育干部工作时间短,前后衔接不好,有短期效应的特点,需要进行一年一度的培训。培训中应注意以下几点。

(一)新体育部成员的培训

这项工作主要以体育教学部为主,组织体育部新一届干部进行培训。培训内容主要有以下几个方面:

(1)明确学生干部的性质:一位学生干部,首先是学生,然后才是干部,学习永远是学生干部的主业,应使用主要时间来完成,干部的工作是副业,只能利用业余时间。

(2)明确学生体育部与体育教学部的工作关系及学生体育部主要工作范围和工作程序。

(3)引导学生体育干部多动脑、多投入,处理好个人学习与公益事业的关系,做到思想作风、文化学习、组织才能全面丰收。

(4)介绍本校体育课程教学基本情况。

(5)介绍本校周期性体育活动规律。

(6)介绍组织体育竞赛活动的操作规律和注意事项。

(二)发挥学生体育干部传、帮、带的作用

这项工作是在学生体育干部之间进行的。在新一届学生体育干部中应该保留前一届学生体育部的成员,倡导老成员对新成员的传、帮、带和新成员虚心向老成员学习的良好风气,把好传统、好作风、好方法一届一届地发扬光大。

(三)利用组织体育活动的机会培训

学校每次组织体育活动都是对学生体育干部培训的好机会。体育教学部应充分利用组织全校性体育活动的机会对学生体育干部进行业务和工作指导,充分相信他们,放手让他们参加组织工作,提升学生体育干部的工作能力。

(四)在体育教学部教师的指导下,培养学生独立工作的能力

学生单项体育协会是在体育教师的指导下,由学生体育干部独立组织的学生群众团体。学生群众组织是学生体育干部学习、实习、提高自身组织才能的平台。体育教师可以利用这个平台,充分发挥学生体育干部的聪明才智,培养学生独挡一面的将帅风范,为社会培养一批思想过硬、学习过硬、作风过硬、业务过硬的体育文化人才。

(五)对体育委员的培训

在今后的体育课堂教学中会出现两类体育委员,一类是建制班体育委员,他是每一建制班班委会的成员,另一类为教学班体育委员,他是每一个选项课教学班的体育委员。无论是以哪一种形式上课,体育教师为了维护正常的课堂教学秩序都要通过体育委员对课堂教学进行管理,都有一个对体育委员培训的问题。

体育委员在课堂教学中起到了协助体育教师上好课的助手作用,他的主要任务是集合本班学生并向体育教师报告出勤情况,帮助教师布置、收拾场地,借领归还器材,做学生的"小教员"帮助教师上好课。具体工作如下:

(1)了解学校要组织的体育活动,积极组织本班学生参加。

(2)经常组织本班内部的体育活动及与其他班的友谊比赛。

(3)倡导、鼓励本班同学参加学校各项体育协会活动,养成锻炼的好习惯。

(4)掌握本班学生体育健康标准测量的成绩,督促水平差的同学积极锻炼,掌握体育技术技能,增强健康素质。

(5)上课前按教师的要求借领器材,下课前清点归还器材。

(6)上课前在教师指定地点按时集合整队,清点人数后跑步到教师处报告本班学生出勤情况。程序如下:

①集合:"立正!""向右看——齐!""向前看!""报数!""稍息!""立正!";

②转向跑步到任课教师前报告;

③报告词:"报告老师!某某班应到多少人,实到多少人(病假几人,事假几人),报告完毕,请指示!";

④教师:"入列!"或"归队!";

⑤体育委员回答:"是!"然后跑回队前喊:"稍息!"再跑到队伍的指定位置站好;

⑥教师走到队前接收队伍,喊:"同学们!"同学们要立正,然后教师说:"稍息!"。

(7)在课堂上发挥体育委员的特长,让体育委员充当"小教员",当好教师的助手。

第四节 学生体育协会

一、学生体育协会的归属与性质

学生体育协会是在学生会体育部领导下,在体育教学部指导下开展工作,是学生群众性体育组织。

二、学生体育协会的组织形式

学生体育协会由学生自行组织,自愿参加,自己管理,由若干个单项体育协会组成,可以设学生体育协会总会,由学生会体育部行使总会的职能管理各个单项协会。在总会中可以设会长1名,副会长多名,下设活动部、宣传部、外联部、培训部,协调各单项协会的工作。成立单项体育协会的一般是在学生中有群众基础、学生喜欢的项目,不是所有的项目都成立协会,而是成熟一个,发展一个,办好一个。

为了保证学校体育协会的严肃性和可持续发展,协会应该有章程。学生参加协会应该以完全自愿为原则,遵守协会章程,履行入会手续,交纳入会会费,并积极参加协会的活动。

三、学生体育协会的活动形式

学生体育协会主要是以自己组织活动为主,自己组织培训、练习与比赛;组织对外友谊比赛,参与组织校内体育竞赛活动。

四、学生体育协会的经费来源

学生体育协会的经费来自五个方面:第一是学生入会的会费;第二是学校提供给指导教师的费用;第三是学校提供必要的场地器材;第四是学校提供基本的活动经费;第五是外出拉赞助。

五、体育教学部与学生体育协会的互动

体育教学部与学生体育协会的关系密切。体育教学部要为学生各项体育协会配备指导教师,学生体育协会也要经常将学生的需求向体育教学部汇报,及时寻求体育教师的指导。体育教学部可以通过选项课课堂教学、学生单项体育协会活动、学生体育协会内的体育特长生训练等形式对学生进行业务指导和训练,提高学生的体育技术技能和身体素质。

六、学生体育协会的几大优势

(一)能调动学生参加体育锻炼的积极性

学生体育协会是群众性体育组织,有广泛的群众基础,学生自愿参加,自己管理,可最大

限度地提高学生的学习兴趣和练习热情,培养学生参与体育活动的积极性。

(二)能填补业余训练的空白

一个学校不可能所有的体育项目都成立校代表队,在没有校代表队的项目上用单项体育协会代替,使之成为学校体育代表队的后备军,是学校业余训练的补充,也给广大的体育爱好者提供了发挥自己特长的舞台。

(三)能少花钱多办事,办好事

一个体育单项协会的费用学校投入少,学生投入大,正常的支出只有指导教师的指导费和必要的场地器材支持,不需要学校给学生发放补助,添置服装。单项协会内部的活动开支在会员交的会费中计划支出,账目公开,单项体育协会参加学校的体育活动经费,在学校体育活动预算中开支。

(四)能继承"普及与提高相结合"的传统

在当前高校普遍招收体育特招生,大学生中的体育爱好者难以得到体育指导的情况下,学生体育协会起到了普及与提高相结合的作用,使体育教师指导有对象,学生锻炼有帮助,体育人才能及时被发现。

(五)能起到桥梁沟通作用

学生体育协会可以成为学生与学校体育管理部门中间的一座桥梁,学校体育管理部门可以通过该组织了解学生的体育动态,掌握学生体育爱好者的基本情况,为学校体育工作的决策提供了一个新的信息渠道。

学生体育协会成为本校与外校学生中体育爱好者交流的一座桥梁,通过它们可以与外校保持密切的联系,进行体育交流,相互促进,共同提高。

七、学生体育协会章程

学生体育协会是一个有组织、有计划、有约束的学生群众团体,它的章程应该包括以下内容:

(1)协会的名称:学生体育协会的名称要与本校和本项目紧密联系起来,如××学校××(项目)协会。如健美操协会,应该写成"××大学健美操协会"。

(2)协会的性质:学生体育协会的性质要能反映出与学校主管部门、指导部门和有关组织的隶属关系,并能反映出是官办民助,还是民办官助或民办民助等特性。

(3)协会的任务与目的:通过制定任务与目的来明确学生体育协会的服务对象和服务程度。

(4)协会的机构:学生体育协会的机构要与完成的任务和目的挂钩,人员精干,责任明确,工作快捷而有成效。

(5)协会的制度:制定规章制度是关键,必须通过制度来约束协会成员的言行,规范各项活动的操作程序,提高工作效率。

(6)协会的经费:明确经费的来源,如学员交纳会费、拉赞助、协会劳动所得、学校活动经费等。

(7)协会的活动形式:规定协会的活动形式有利于协会有计划、有组织地开展各种健康的体育活动。

(8)入会的条件:规范会员的成份很重要,它把会员限定在一定的范围内,减少外界的干扰,有利于协会活动定向、健康的发展。

(9)入会的方式:入会有多种方式,如自荐、推荐和履行入会手续等。

(10)会员的权力与义务:根据权力与义务相等的原则,协会会员可以在允许的范围内有效、理智地行使他的权力,并按要求履行他的义务。

第四章　高校体育管理职能

体育管理工作纷繁复杂,每位体育管理者所从事的工作千差万别。但是,不论体育管理者负责的工作和活动如何,管理层级和职位高低如何,所处的管理部门重要与否,都必须从事制订目标、管理组织(或部门)、指挥和激励员工、衡量工作结果等这些基本活动,而这些活动可以概括为计划、组织、领导、控制四大职能。

第一节　计划职能

无论是作为自然人,还是作为组织人,每个人都会有意无意地制订计划。计划是所有管理者(高层、中层和基层员工)都需要去做的事情。虽然他们计划的内容及方式可能各不相同,但事实上他们都要制订计划,有些是正式的,有些是非正式的;有些是形成文字的,有些是未形成文字的;有些是相对完善的,有些是不够完善的。本节主要探讨什么是计划,体育管理者为何需要制订计划,有些体育管理者为什么不愿制订计划,以及体育管理者如何制订计划。

一、体育工作计划的含义

计划是关于组织未来的蓝图,是对组织在未来一段时间内的目标及其实现途径的策划与安排。通常而言,人们可以从动词和名词角度来定义计划:①作为动词,计划是指对各种组织目标的分析、制订和调整,以及对组织实现这些目标的各种可行方案的设计等一系列相关联的活动或行动;②作为名词,计划指上述行动的成果,包括各种明确的书面化的使命和目标,以及战略、政策、预算等。管理者的计划工作就是规划组织在未来一段时间内所要实现的目标以及实现这些目标的途径。

二、制订体育工作计划的意义

通过制订体育计划,可以明确组织成员行动的方向和方式,从而成为协调组织各方面行动的有力工具。体育计划工作迫使各级主管人员花时间和精力去思考未来的各种情况,从而促进各种沟通、思考、预测等行为。体育计划工作能促使人们改善组织运行的效率,还为组织各层管理人员的日常考核和控制工作提供基本依据。

三、制订体育工作计划的要素

体育计划的制订涉及目标、时间、地点、人选、原因、方法等要素。

(1)目标:组织或部门的目标是什么。完成这些目标需要采取哪些行动。

(2)人选:哪些部门或人员来完成上述目标。

(3)时间:在何时达成组织或部门的目标。

(4)地点:在什么地点范围内执行任务来完成目标。

(5)原因:为什么这是目标。为什么需要这些部门或人员来完成任务。为什么需要花费这么长的时间。为什么需要在特定的地点来工作。

(6)方法:部门或人员如何在既定的时间期限和特定的地点,通过什么途径,采取什么方法和方式,充分利用既定的资源来完成任务,实现组织或部门的目标。

四、制订体育工作计划的步骤

(一)收集资料,确定计划的基本前提

体育计划是为体育决策的组织落实而制订的,了解决策者的选择,理解有关决策的特点和要求,分析决策制订的环境特点和决策执行的条件要求,是编制体育计划的前提。由于体育计划安排的任务需要组织内部不同环节的组织成员利用一定的资源去完成,因此体育计划的编制者还需要收集反映不同部门和活动环节以及外部有关资源供应情况的资料,为编制体育计划提供依据。

(二)分解目标,形成合理的目标结构

目标或任务分解是将决策确定的组织总体目标分解落实到各个部门、各个活动环节,将长期目标分解为各个阶段的分目标。通过目标的层层分解、落实,可以确定组织的各部分在未来各个时期的具体任务,以及完成这些任务应达到的具体要求。对体育组织而言,制订分部门和分阶段目标具有重要的作用:①促使组织通过目标的分解而把活动任务分配到各个责任点,以保证组织内部各方面行动和目标的一致性;②为调配组织的各种资源提供依据;③便于形成组织内部良好的工作秩序,培养良好的组织氛围;④为组织成员指明工作努力方向;⑤形成完善的组织目标和任务体系。

在目标分解过程中,还要进行目标结构合理性分析,重点研究低层次目标能否保证高层次目标的落实,分析组织在各个时期的具体目标是否保证长期目标的达成,组织各个部分的具体目标能否保证整体目标的达成等。

(三)综合平衡

1.任务之间的平衡

要分析由目标结构决定的,或与目标结构对应的组织各部分在各时期的任务是否相互

衔接和协调。

2. 组织活动与资源供应的平衡

分析组织能否在适当的时间筹集到适当的资源，从而保证组织活动连续、稳定地进行。

3. 工作环节在时间和能力之间的平衡

分析组织的各个部分是否能够保证在任何时间都有足够的能力去完成规定的任务。由于组织的内外环境和活动条件经常发生变化，从而可能导致任务的调整，因此在任务与能力平衡的同时，还应留有余地，以保证这种将会产生的调整在必要时有可能进行。

（四）制订工作方案，选择方案

围绕总体目标和各个部分目标，根据体育组织和部门资源情况，制订多个可供选择的行动方案，并结合体育组织实际情况和外部环境，从中择优确定一种行动方案，或者通过优化组合形成一种新的行动方案。

（五）编制体育计划并下达执行

在综合平衡的基础上，体育组织就可以为各个部门（如人事、财务、训练、后勤、宣传、监察等）编制各个时段（长期、年度、季度、月等）的行动计划，并下达执行。

第二节　组织职能

任何一个机构都要将总体的任务分配给各个部门、各个成员去承担，建立起他们之间相互分工同时又相互协作的关系，这种关系就形成了一种框架或结构。体育管理者需要掌握的技能之一就是要建立这种能产生有效分工又相互协作的关系的结构。

体育管理实践中，组织工作主要包括三种活动：组织设计、组织运作和组织变革。

一、体育组织设计

组织设计是通过对组织成员在实现组织目标中的工作分工协作关系作出正式、规范的安排，建立一种有效的组织结构框架，组织设计的目的就是要形成实现组织目标所需要的正式组织。

（一）体育组织设计的关键要素

1. 工作专门化

工作专门化是指把工作活动划分为各项单独的工作任务。个体员工"专攻"一项活动的某个部分而不是从事整项活动，以提高工作生产率。绝大多数管理者认为工作专门化是非常重要的，它可以帮助员工变得更有效率。但是过度的专门化和高强度的专门化也会带来一些负面的效果——枯燥、疲劳、压力、低生产率、糟糕的质量、更高的辞职率等。

2. 部门化

在确定由谁来从事什么工作任务之后，相同的工作活动必须组合到一起，从而使员工能够以协调的、整体的方式来完成它们,这种工作岗位组合到一起的方式就是部门化。在体育管理实践中,有五种常见的部门化形式可供借鉴(表1-1),当然体育组织也可以结合自身实际创造出独特的部门化形式。

表1-1　五种常见的部门化形式

部门化形式	特征描述	优点	缺点
职能部门化	根据职能来组合工作岗位	(1)把相似的专业及拥有相同技能、知识和定位的人员组合到一起可以带来更高的效率 (2)使职能领域内部具有协调性 (3)获得高水平的专门化	(1)不同职能部门间沟通不畅 (2)对组织整体目标认识有限
地区部门化	根据地理区域来组合工作岗位	(1)更加有效率、有效果地处理特定区域内发生的事项 (2)更好地满足区域市场的独特需要	(1)重复设置职能 (2)可能会觉得与其他组织领域彼此隔离
产品部门化	根据产品线来组合工作岗位	(1)促进特定产品和服务的专门化,管理者能够成为他们所在行业的专家 (2)更加贴近顾客	(1)重复设置职能 (2)对组织整体目标认识有限
过程部门化	根据产品或顾客的流动来组合工作岗位	促进工作活动的更高效流动	只适用于某些特定类型的产品
顾客部门化	根据顾客特定或独特的需求来组合工作岗位	可以由本组织的专业人员来妥善处理顾客的需求和问题	(1)重复设置职能 (2)对组织整体目标认识有限

3.指挥链

指挥链是从组织的最高层延伸到最底层,用以界定谁向谁汇报工作的职权链。指挥链涉及三个问题:职权、职责和统一指挥。

(1)职权。是指某个管理职位所固有的发布命令和希望命令得到执行的权利。职权可以往下授予更低级别的管理者,在给他们提供某些特定权利的同时也施加某些特定限制。

(2)职责。是指员工所承担的、需要履行的由管理者所分配的工作任务。

(3)统一指挥。是指一个人应该只向一位管理者汇报工作。

虽然早期的管理学家(如法约尔、韦伯、泰勒、巴钠德等)认为指挥链、职权、职责、统一指挥至关重要,但在当今社会中,由于信息技术的发展,以及新的组织形式不断被创造出来,这些元素已远不如以前那么重要。

4. 管理跨度

一个管理者直接领导的下属数量称为管理跨度。在组织中,管理跨度与管理层级存在反比关系。传统的观点认为管理者无法、也不应该直接监管五六个以上的下属。当今的观点认为并不存在某个魔力数字,许多因素会影响到一位管理者能够有效率、有效果地管理员工的数量。近年来,许多体育组织更倾向于更大的管理跨度减少管理层次,形成扁平化组织,以追求更快的决策速度,提高灵活性,更加贴近顾客,向员工授权以及减少成本。当然,信息技术的发展为这种组织形式的变革提供了技术支撑。

5. 集权和分权

集权是指决策权在组织系统中较高层次的一定程度的集中。与此相对应,分权是指决策权在组织系统中较低管理层次的一定程度的分散。随着组织变得越来越灵活,并且更快速地应对外部环境变化和市场竞争,当今出现了一种决策层向员工授予决策权的趋势。

6. 正规化

正规化是指一个组织中各项工作的标准化程度以及员工行为受规则和程序指导的程度。高度正规化的组织拥有清晰的工作描述、大量的规章制度以及涵盖各方面工作内容的明确程序。

(二)体育组织结构类型

传统的组织结构主要有直线结构、职能结构和事业部结构,随着管理理论和实践的不断发展,许多非传统的组织结构形式被不断创造出来(表1-2)。

表1-2 几种主要组织结构类型

组织结构类型	定义	优点	缺点
简单结构	一种部门化程度低、管理跨度大、权力主要集中于某一人、正规化程度较低的组织结构	快速;灵活;维护成本低;责任明确	当组织成长时,该结构并不适用;依赖某个人是有风险的
职能结构	一种把从事相似或相关职业的专业人员组合在一起的组织结构	专门化带来的成本节约优势;将从事相似工作任务的员工组合到一起	追求职能目标可能导致管理者不清楚什么最有利于整个组织;不同类型的职能专家相互隔离,因而对其他工作单元正在做的事情了解甚少

续表

组织结构类型	定义	优点	缺点
事业部结构	一种由相对独立的事业部或业务单元组成的组织结构	聚焦于结果——事业部经理对他们的产品或服务负责	行动和资源的重复设置会增加成本并降低效率
团队结构	整个组织由工作小组或工作团队构成的一种组织结构	员工参与和员工授权的程度更高;组织内各职能领域之间的壁垒或障碍更少	没有清晰的指挥链;工作小组或团队承受较大的绩效压力
矩阵结构和项目结构	矩阵结构是指来自不同职能领域的专业人员被组织分派从事某个工作项目,并且在该项目完成之后返回他们原来的职能领域。项目结构是指员工持续不断地从事各种项目,即当某个项目完成之后,转而从事另一个项目	拥有流畅的、灵活的组织设计,从而能够快速应对外部环境的变化,更快速地决策	为工作项目分派合适的人员时所面临的复杂性;工作任务和员工性格之间的冲突
无边界结构	不受各种预先设定的横向、纵向或外部边界所定义或限制的一种结构,包括虚拟组织和网络组织	拥有极高的灵活性和快速应对能力;能够有效利用自己在任何地方发现的人才	缺乏控制;沟通困难
学习型结构	能够使员工持续不断地获得和分享新知识并应用这些知识的一种结构	在整个组织内共享知识,这是竞争优势的可持续来源	有些员工由于担心失去他们的权力而不愿分享知识;大量经验丰富的员工即将退休

(三)体育组织设计的步骤

1.确定组织的目标和实现目标所必需的活动

对组织生存发展影响重大的关键性活动,应该成为组织设计工作关注的焦点,其他各种次要活动应该围绕关键活动来配置,以达到次要活动服从、服务和配合主要活动,确保组织目标的实现。

2.对实现目标所必需的活动进行分组

分组通常有两种方法:一种是由小而大的组合法,即先将实现组织目标所必需的活动细分为各项工作,然后将若干工作项目归类形成各种工作岗位或职位,再按一定的方式将某些工作岗位或职位组合成相对独立的部门,并根据管理跨度的要求设置各个管理层次。另一种是由大而小的组合法,即先确定管理的各个层次,再确定每个层次上应设置哪些部门,然后将每个部门所承担的工作任务分解为各个职位的工作。实践中,这两种方法通常结合起来使用。

3.为各职位配备合适人员,确定每个职务所拥有的职责和权限

工作和人员相匹配,职位和能力相适应,即人与事相结合,这是组织设计和人员配备工作中必须考虑的重要原则。另外,组织设计还必须设法使职务和职责权限保持一致。

4.设置各层次、各部门之间纵向与横向联系的方式和手段

前几个步骤重点在于把整个体育组织的活动分解为各个组成部分(层次、部门、职位),而此步骤就是通过合理的纵向和横向联系,把各个组成部分联结成一个整体,以使整个体育组织能够协调一致地实现总目标。

5.设计业务流程和确定运行规范

对业务流程进行合理设计,能够促使组织各方面工作走向规范化、标准化、正常化,同时可以简化员工培训,促进组织的分权化管理。

二、组织运作

组织运作是指使设计好的组织运行和运转起来,组织为了在各种正式和非正式关系交叉的动态运作过程中能取得各方面力量的协调配合,首先需要合理地选聘人员,并鼓励上级管理者向下级人员适当授权、下级向上级全面负责,同时积极有效地进行上下左右的信息沟通联系。此外,组织还要将已制定的各类规章制度落到实处,使之成为规范和约束员工行为的有效标准,以实现组织运行的正常化、规范化和制度化。

三、体育组织变革

组织变革就是对组织的调整、改革与再设计。组织变革是任何体育组织都不可回避的问题,而能否抓住时机顺利推进组织变革则成为衡量体育管理工作有效性的重要标志。诱发体育组织变革的主要因素有:组织战略调整、环境变化、技术革新、组织规模和成长阶段的变化等。

组织变革实质上是对资源和利益的调整和再分配,是一个破旧立新的过程,自然会面临动力和阻力相互交错和混合的状态。组织变革动力来源于人们对变革的必要性及变革所能带来的好处的认识;组织变革阻力主要来源于个体和群体的阻力、组织自身的阻力和外部环境的阻力,成功有效的组织变革通常需要经历解冻、改革、冻结这三个有机联系的过程。

第三节 控制职能

一、体育管理控制的定义和类型

（一）体育管理控制的定义

控制是体育管理工作的重要职能，体育管理控制技能是管理者应具备的重要能力。体育管理控制就是由管理人员对体育组织实际运行是否符合预定的目标进行测定并采取措施，确保组织目标实现的过程，体育管理控制工作实际上包括纠正偏差和修改标准两个方面的内容。

（二）体育管理控制的基本类型

体育管理控制按照不同的分类标准有不同的分类方法，最常见的是根据控制信息获取的方式和时间节点不同，将管理控制分为前馈控制、现场控制和反馈控制三类。

二、体育管理控制的必要性

现实中，尽管组织计划可以制订出来，组织结构可以调整得非常有效，员工的积极性也可以调动起来，但是仍然不能保证所有的行动按计划执行，不能保证体育管理者追求的目标一定能达到。无论计划制订得如何周密，由于各种原因，人们在执行计划时总是会或多或少地出现与计划不一致的现象。体育管理工作之所以需要控制，主要由三个方面的原因决定。

（一）环境变化

任何体育组织都是处在一个动态的环境中，政策、技术、法律法规、竞争者、消费者、公众、供应商、社会文化、社会经济发展状况等众多因素都是变量，时刻都在发生着变化，这些变化必然要求组织分析原先制订的计划，从而对组织的战略、战术、目标、政策、运行方式等作出相应调整。

（二）管理权力的分散

只要体育组织达到一定的规模，能力再强的管理者也不可能直接地、面对面地指挥全体员工的工作，于是分权和授权就必不可少。因此，体育组织的管理权限都制度化和非制度化地分散在各个管理部门和层次。体育组织的分权程度越高，控制的必要性就越强。每个管理层次的主管都必须定期或不定期地检查直接下属的工作，以保证授予他们的权力得以正确地运用，以及利用这些权力开展的业务活动是否符合计划和组织目标的要求。如果没有管理控制，没有为此建立起来的相应的控制系统，体育管理者就无法检查下级的工作情况，即使出现权力的滥用或活动不符合计划的要求等情况，体育管理者也无法发现，更无法采取及时的纠正行动。

（三）工作能力的差异

即使体育组织的计划制订得非常完善，所处的环境在一定时期内也相对稳定，但管理控制还是必要的。由于不同组织成员的认知能力和工作能力存在差异，员工对组织战略、计划、措施的理解和认知不同，工作能力、执行能力和责任心不同，可能造成实际工作结果在质和量上与计划的要求不符，进而影响到组织目标的实现。因此，加强对员工的控制是非常有必要的。

三、体育管理控制的基本过程

不论控制的对象如何，体育管理控制的过程都包括三个基本环节：制订控制目标，建立控制标准；衡量实际工作，获取偏差信息；分析偏差原因，采取矫正措施。

（一）制订控制目标，建立控制标准

控制目标、控制标准是控制工作得以开展的前提，是检查和衡量实际工作的依据和尺子。没有控制目标和标准，便无法衡量实际工作，控制工作也就失去了目的性。

（二）衡量实际工作，获取偏差信息

偏差信息是实际工作情况或结果与控制标准要求之间所发生偏离程度的信息。了解和掌握偏差信息，是控制工作的重要环节。

（三）分析偏差原因，采取矫正措施

任何控制行动都是针对问题及其产生原因而采取的应对措施。管理控制措施、办法、政策的提出必须建立在对偏差原因正确分析的基础上，不正确的归因会导致控制行动的低效、无效甚至负效。

针对工作中的偏差，管理者通常有三种可能的行动方案可供选择：①什么也不做，维持现状；②纠正差错，确保工作按照标准和目标执行；③修改标准，以适应变化。

第五章 高校体育教学管理

第一节 高校体育教学管理的概况

体育教学是高校体育的中心工作,是高校体育最主要的工作内容之一。搞好体育教学管理,是提高体育教学质量、完成高校体育工作任务的前提,是高校体育教学管理部门和体育教师的根本任务。

一、高校体育教学概况

体育教学是围绕体育教学大纲所从事的一项有组织、有计划、有内容、有人物、有场馆设备器材的教学活动。高校体育教学要以学生为主体,以促进大学生全面发展为宗旨,不断完善人、财、物的协调发展,使体育课程成为对学生具有深远影响的课程。

1. 学生是体育教学的主体

现代教育学认为学生应该是教学的主体,教师主导教学,体育教师在教学活动中应根据学生的主体需要和特点合理安排教学活动。在体育教学中,教师应该引导学生积极主动地参与到教学活动之中,充分发挥学生的积极主动性、自主性和创造性,从而使教学活动获得良好的效果。

2. 身心全面发展的目标

高校体育教学不仅要帮助学生掌握运动技能,发展学生身体素质和体质健康,而且要促进学生的健康心理发展与完善其人格品质,提高学生的社会适应能力。

3. 体育教师是体育教学的组织者

体育教师是体育课堂教学的主要实施者,教师在教学过程中要重视教学设计与准备,了解学生的身体条件状况,在遵循循序渐进原则的基础上,不断提高全体学生的体质健康水平和社会适应能力

4. 体育教学的设施

体育课堂教学需要有体育场馆和体育场地器材作为载体,高等学校必须要按照教育部的要求配备能充分满足体育课堂教学的体育场馆、设施和器械以完成教学任务。

5. 体育教学内容的确立

体育教学的内容包括体育文化知识、体育理论知识、体育保健知识、体育欣赏知识、运动

技术技能、健康素质知识等,确定体育教学内容的主要原则如下。

(1)健身性与文化性相结合。紧扣课程的主要目标,把"健康第一"的指导思想作为确定课程内容的基本出发点,同时重视课程内容的体育文化含量。

(2)选择性与实效性相结合。学校应根据学生的特点以及地域、气候、场馆设施等不同情况确定课程内容,课程内容应力求丰富多彩,为学生提供较大的选择空间。要注意课程内容对促进学生健康发展的实效性,并注意与中学体育课程内容的衔接。

(3)科学性和可接受性相结合。教学内容应与学科发展相适应,反映本学科的新进展、新成果。要以人为本,遵循大学生的身心发展规律和兴趣爱好,既要考虑主动适应学生个性发展的需要,也要考虑主动适应社会发展的需要,为学生所用,便于学生课外自学、自练。

(4)民族性与世界性相结合。弘扬我国民族传统体育,汲取世界优秀体育文化,体现时代性、发展性、民族性和中国特色,要充分反映和体现教育部、国家体育总局制定的《国家学生体质健康标准》的内容和要求。

6. 体育教学的任务

体育教学的任务是向学生传授体育文化和体育理论知识,传习体育技术技能,培养对体育活动的兴趣和竞争意识,提高体质健康水平和社会适应能力,使学生在校期间或毕业工作后,都能够养成终身体育习惯,具备运动的能力,对社会有很强的适应性,能够幸福生活和为祖国工作。

7. 体育教学的形式

体育教学按功能划分有体育理论课、体育欣赏课、体育实践课、体育保健课。其中,体育理论课是获得体育基础知识和健身常识的课程;体育欣赏课是提高学生体育文化层次的课程;体育实践课是掌握体育基本技术、战术和相关竞赛裁判法等知识的课程;体育保健课是特为不能正常跟班上课的学生设置的课程,按时间划分有开设体育课年级的体育选项课和没开设体育课年级的体育选修课两类。

二、高校体育教学的组织形式

(一)体育理论课教学

体育理论课教学对从事体育锻炼有直接的指导意义,是获得体育基础知识和健身常识的课程。体育理论课课时占教学总学时数的比例较少,所以往往被人们忽视,其实它能让人们了解自己的身体状况,明白机体运动的基本原理;能指导怎样科学地进行体育锻炼,清楚什么状态和何种年龄的人适合什么运动;能从多个视角向学生介绍体育运动,引导人们欣赏体育、热爱体育、享受生活、体会快乐,是体育文化不可或缺的组成部分。

对于一般人来讲,体育运动技术水平可能不是很高,但并不是说运动技术水平低的人就不能成为一个"体育文化人"。体育文化人不是以运动技术水平的高低来衡量的,而是以他对体育运动的认识程度和态度来衡量的。体育理论课程是从体育文化的角度来提高人们的体育素养,提高人们的体育品味,从体育文化的领域来提升人们的生活质量。

1. 体育理论课的教学内容

体育理论课的教学内容主要有体育与卫生知识、体育运动原理、体育竞赛规则、体育欣赏四方面。体育与卫生知识以体育卫生、体育解剖、体育保健、体育常识等知识为主,使人们懂得体育锻炼的重要性以及如何科学地进行体育锻炼。体育运动原理以体育锻炼的原则和体育锻炼的方法为主,使人们知道如何从事体育锻炼,如何选择科学锻炼身体的方法,如何在不同年龄段保持自己身体的最佳状态。体育竞赛规则以常见的运动竞赛规则为主,使学生掌握小型体育竞赛的组织、编排的基本方法以及使人们掌握如何观看比赛和欣赏各项体育运动的方法。体育欣赏以体育项目的运动特点为理论基础,介绍体育运动的比赛方式、比赛队的情况、运动员的竞技状态、规则和裁判、服装器材、技术动作、运动员的技术发挥、比赛方斗智斗勇等,从多方面剖析竞赛方的临场表现、胜负得失,使学生从体育欣赏中了解体育,懂得欣赏体育,提高对体育的兴趣,提升他们的体育文化水平。

2. 体育理论课的教学形式

体育理论课的教学形式很多,但主要有常规教学(以黑板加粉笔)、电化教学(利用电视或投影仪播放录像、碟片或事先制作的电子教案)以及运动场实地教学(利用该项目运动场进行规则和裁判法的教学),有利于学生理论与实际相结合,加深对比赛规则的理解。

3. 体育理论课考试

体育理论课考试对于学生掌握体育理论基础知识相当必要,体育理论教学时数只占10%,因此考试以一学年考一次为宜。体育理论考试内容应以教材上的理论教学部分为主、实践课教学内容为辅,可以加进一小部分体育时事新闻。考试方法以笔试为主,有开卷和闭卷两种形式。一般情况下,闭卷考试题难度小,开卷考试试题难度大,考试时间以90分钟为宜。根据开卷或闭卷考试的不同,题量和难度要适中,出题的内容必须是教材上有的,并列出复习范围,方便学生有针对性地复习。

(二)体育实践课教学

体育实践课以身体活动为主要特征,是体育教学的主要组成部分。提高运动技术水平和增强身体素质是实践课的主要任务。它通过教师对运动技术的传授和学生的实践,使学生学会和掌握体育运动的基本技术、技能,达到展示自己、愉悦身心、增强体质的目的。体育实践课就是通过教学,使学生掌握一定的体育运动技术和技能,达到热爱体育、积极参与体育活动的目的。

1. 体育实践课的教学内容

只要有助于大学生身心发展,并且客观条件允许的锻炼项目,都可以作为学校体育实践课的教学内容。目前,从以提高学生兴趣出发,在提倡"以人为本"和"以学生为主体"的教学理念指导下,体育课的教学内容应以学生的爱好为根本出发点,多开设学生感兴趣的体育项目和教学内容,让学生们乘兴而来,满意而归,在出汗中身心都得到锻炼。

2. 体育实践课开设的形式

体育实践课的开设形式主要以体育运动为特征,传统的高校体育实践课是以普修课为主的,随着体育教学改革的深化,出现了以选项课为主的趋势,目的就是要使学生更容易接受、更喜欢上体育课,使学生的身心得到有效的锻炼。选项课是与普修课完全不同的一种开课方式。学校应根据现有的基本条件,开设多项学生感兴趣的体育项目供学生自由选择,一般以一学年为教学周期,学生第一年选学一个项目,第二年必须改选其他任一项目这种方法的优点是方便教师安排教学计划,缺点是学生只能选择两项,无法满足学生两项以上的兴趣爱好。

3. 体育实践课考试

体育实践课考试的内容一般以最基本的体育技术技能和体质健康素质为主。通过考试可以促使师生加强对考试内容的教学和练习,达到提高运动技术水平的目的。体育课堂教学的内容不能都作为考试内容,一般只要能抓住几个重点作为考试的内容即可。一般情况下,有套路练习的项目,可以一套一套地考,也可以一段一段地考;技术动作多的项目,可以考单个技术的基本功,也可以考综合素质。总之,考试内容要根据教学的需要来设置,起到激励学生练习积极性的作用。体育实践课考试形式有定量和定性两大类,定量考试有定数量测数量、定数量测时间、定时间测数量三种,定性考试有技术评定、提高幅度评定、参与态度评定三种每学期的考试应兼顾定量和定性、主观与客观,尽量避免单一的评分方法。体育考试项目与教学内容是点与面的关系,以点带面是教学的好方法,能充分发挥考试项目在课堂教学中的辐射作用,指导学生的课内外体育锻炼,可迅速、有效地提高学生的运动技术水平。制定考试标准要能客观反映学生的实际状况,高低要适中。考试标准过高与太低都对学生学习不利,如太高,学生觉得高不可攀,可能放弃努力;如太低,学生又觉得不花力气也能达到,不需太努力。根据"抓两头,带中间"的原则,考试标准要兼顾学生运动技术水平高、中、低三个不同层次,特别是对处于高、低两个层次之间的学生都要有良性刺激作用。

(三)体育保健课教学

保健课是专为不能正常跟班上课的学生设置的,这些学生虽然不能和其他学生一起上体育课,但他们有接受体育教育的平等权利。

1. 保健课的教学内容

保健课的教学内容要根据残、弱、病学生的具体情况而定,应该选择他们力所能及的运动项目,如乒乓球、交谊舞、健身气功、瑜伽、八段锦和体育康复理论等。

2. 保健课的开设形式

体育保健课应以传授保健知识为主,以使有身体上疾病的学生了解自己的身体状况,懂得怎么爱护自己的身体,自觉去参加体育锻炼,使自己的身体经常保持健康的状态。保健课的开课形式可以结合学生的身体状况,具体情况具体分析,有针对性地讲授课程内容。比如开设体育欣赏课,可以教会他们如何观摩比赛、欣赏体育运动,开阔视野,提升体育文化素养,陶冶情操;开设以健身体育项目为主的实践课,为今后走向社会能坚持体育锻炼打下坚实的基础。

三、高校体育教学管理的目标和原则

教学管理活动就是学校教学管理者紧紧围绕为实现预定的教学管理目标而进行的重要职能活动。因此,明确教学管理目标以及为达到这一目标所必须遵循的原则,对于学校教学工作实行有效的目标管理,提高管理效能有着重要作用。

(一)高校体育教学管理目标

1. 高校体育教学管理目标的界定

目标是管理活动的出发点和归宿,认识和掌握教学管理目标,是对高校体育教学工作进行科学管理的必要前提,体育教学管理工作包括很多方面,如对教学工作的组织安排,对教学物质条件的准备和使用,对教学效果的检查和评估,做好选课、排课表、管理教学档案等行政工作。把这些工作做得井井有条,就是教学管理所要追求的目标。总的来说,可以给高校体育教学管理目标下这样的定义:体育教学管理者通过对教学主体、客体的管理(主要是合理地组织安排人力、物力、财力),充分调动和发挥其积极作用,以提高教学效果和教学质量,最终完成高校体育的培养目标。

2. 确定高校体育教学管理目标的意义

高校体育教学管理目标的确定对于实现党和国家规定的教育目标,提高学校教学管理的水平,调动教职员工的积极性都有着十分重要的意义。一所学校的教学管理目标一经确定,就应该在实行过程中通过目标分解,层层落实,把每个人的工作任务与学校的教学管理总体目标结合起来,紧紧围绕着总目标而展开,形成目标连锁体系,使每个成员都清楚地了解自己在目标管理中应做什么,应该达到什么标准。一般说来,目标方向正确,工作效率就高,管理效能就好。如果目标方向错误,工作效率就低,管理效能就差。因此,高校体育管理者不能只停留在简单地制定出教学管理目标的水平上,而应该追求一个符合实际的正确的教学管理目标,从而有效地提高工作效率和管理效能。

3. 高校体育教学管理目标的制定

制定高校体育教学管理目标,要以党和国家规定的高校体育的培养目标为依据,以科学理论为指导,从本校的主客观条件出发,包括人力(师资力量、水平)、物力(场馆及教学器材)、财力(教学经费)、环境因素与办学基础等,要进行工作基础分析、条件分析、潜力分析,在此基础上制定出既充分发挥优势,又针对薄弱环节的略高于学生现有能力的目标。目标既不能脱离实际,盲目拔高,也不能思想保守,因循守旧,要充分挖掘潜力,这样确定的教学管理目标才切实可行。此外,在制定体育教学管理目标的过程中,必须广泛发动群众参与,只有广泛发动群众参与目标的制定,才能激发起他们努力达到目标的责任感、期望感,并主动地克服工作中的困难,创造性地完成工作任务。同时,体育教学管理的总体目标制定后,教研室、教职工个人也应依次制定出教研室工作目标和个人目标,使目标的制定既能自上而下层层地展开,又能自下而上层层地得到保障。

(二)高校体育教学管理原则

高校体育教学目标明确以后,在具体的管理过程中如何对教学活动进行有效的管理,发挥管理的最佳效能,这就需要懂得管理的原则。高校体育教学管理原则是高校体育管理者在管理教学活动中所必须遵循的基本原理和行动准则。高校体育管理者只有在正确的原则指导下进行教学管理工作,才能使高校的体育教学活动正常地、和谐地、有秩序地运转,最终实现高校的教学管理目标。在教学管理实践中,应遵循以下五个体育教学管理原则。

1. 全面性原则

所谓全面性原则,是指在对体育教学进行管理时,要从整体上把握教学目标和任务,使各项教学活动紧紧围绕着教学目标和任务展开,从整体出发,全面贯彻党的教育方针,以取得综合效应。只有每个体育项目的教学以及每个教学活动都能较好地体现各项教育的功能,完成其任务,并使各项教学相互之间协调起来,才能有效地提高体育教学管理的成效。因而,作为学校体育的管理者,必须对教学工作有一个整体的认识和把握,并善于进行综合、协调,以保证教学管理整体目标的实现。

2. 反馈性原则

所谓反馈性原则,是指学校的教学决策指挥机构对教学活动作出决策或发出指令后,通过某些相应的机构把实际的执行情况及结果返送回来,决策指挥机构再据此做出新的决策或发出新的指令,以便对教学活动起到控制的作用,达到预定的管理目标。在高校的体育教学管理中,通过反馈可以及时了解和把握教学工作的各项指令和管理目标的具体完成情况,并可以据此随时做出调整。如果没有必要的反馈,管理者对教学管理决策在实际执行中的情况及结果不了解,那么就会成为一个盲目的管理者,整天忙忙碌碌,结果却往往事倍功半,甚至是一事无成。因此,要想使教学管理有效,就必须有灵敏、正确、有力的反馈。

3. 阶段性原则

所谓阶段性原则,是指体育教学管理工作在其发展进程中,划分为若干个阶段,循序渐进地向前发展,最终实现教学管理的总体目标。教学管理过程是由阶段组成的,不做好每一个阶段的工作,全过程的管理就会落空,因而,贯彻阶段性原则对体育教学管理来说十分重要。在贯彻阶段性原则时,应根据教学过程中的各个阶段、各个环节及各门课程的特点,恰当地明确其具体任务,注意保持彼此之间的衔接和连接,做到妥善安排与配合,环环相扣,一步一个脚印地前进。

4. 开放性原则

所谓开放性原则,是指体育教学必须保持其对外部环境的开放性,注意吸收外部信息,并能够据此对本系统做出相应的调整。高校体育教学管理作为一种社会活动,必然要受到社会政治、经济、法律、文化、科学技术等方面的发展变化的影响,尤其是受到国家教育方针、政策、教育体制等发展变化的直接影响,善于发现并适应这种外界环境的变化,是教学管理取得成效的社会前提。相反,如果对这种外界环境的变化发展视而不见或置之不理,体育教学管理是难以取得成效的。同时,在教育这个大系统中,各个子系统之间也会产生相互影响的作用。因此,体育教学管理也应该注意保持对同行的开放性,不断借鉴、学习和吸取同行们的经验,推动自身教学管理工作的发展。

5. 激励性原则

激励性原则又称动力原则,是指在教学管理活动中,管理者必须善于运用激励手段,充分调动师生的积极性,推动体育教学工作不断向前迈进。作为高校体育的管理者,应注意掌握在教学管理中如何贯彻激励性原则,最大限度地激发、调动师生的积极性,实现教学管理的目标。

(1) 强制性激励

强制性激励是指管理者运用手中的行政领导权,通过行政命令的形式,规定教学工作应该怎样做,不能怎样做。这种形式一般体现在教学管理的规章制度上面,用它来明确师生在教学活动中的行为规范,以树立一种良好的风气,激励师生们奋发向上,这是一种带有强制性的激励手段。

(2) 影响性激励

影响性激励是与强制性激励相对而言的一种激励手段,它不是用行政命令的办法,而是通过管理者在日常的管理活动中,注意发现和树立典型,尤其是管理者平时在师生中所形成的威信来影响、诱导和带动全体成员,朝着教学管理目标共同努力。

(3) 物质激励

物质激励是以物质上的刺激来调动人的积极性。这种手段应包括物质奖励和物质惩罚两个方面。对在教书育人工作上有突出贡献的先进教师,发给奖金,给予良好的福利待遇,以至提级加薪或予以重奖等。对品学兼优的学生,发给一定的奖学金。这些都是现代管理中不可忽视的手段。物质刺激虽然是一种重要的激励手段,但它不是万能的,片面强调物质激励会产生副作用。

(4) 精神激励

精神激励是以精神刺激来满足人的某些需要,从而调动其积极性。这种动力来自理想、觉悟、精神奖励和日常的思想政治工作等。在现实生活中,一个先进教学单位为了共同的理想和荣誉,团结战斗,精诚合作;一位模范教师为了崇高的事业,为了培育"四有"人才,兢兢业业、勤勤恳恳、忘我地工作。这些都说明,在特定的条件下,精神力量可以成为决定性的力量。教学管理者应及时对先进典型给予表扬、奖励,使整个体育教学形成学先进、赶先进的良好风气。

(5)信息激励

信息激励是指通过信息的传递相互交流来满足人的某些需要,激发人们的工作、学习热情和积极性。体育教学管理者要本着"开放、搞活"的方针,加强与外界的信息交流,抓好对信息的收集、识别、分析、处理和传递工作,善于向师生员工提供各种有价值的信息,并定期组织他们学习,使他们能及时获得有关教学方面的新的知识、情报和资料,以激发其工作或学习的积极性。

第二节 高校体育教学管理的具体工作

高校体育教学工作是一个复杂的动态过程。如何根据教学计划把各种类型的体育课程和体育教师以及具有差异性的学生个体合理地组成一个高效率的教学过程,是教学管理的根本任务。因此,体育教学管理是对于已经确定的教学计划在执行过程中的一种管理,通过对各项教学活动因素进行合理的组织、指挥和调度,建立一种良好的教学秩序。体育教学管理是高等学校常规工作管理的重要组成部分,它的内容主要包括制订开课计划、日常教学工作管理、教学档案管理和教学规章制度的制定等几个方面。

一、制订开课计划

制订每个学期的开课计划是体育教学例行管理的起始环节它是把一个学期的教学计划中所规定的各项教学任务落实到人的一种教学管理活动。一般按下列管理工作程序进行。

(1)按各项目体育课程的开课计划,要把教学计划变成切实可行的具体实施方案,就必须按照教学计划的总体要求制订出学期的开课计划。在确定开课计划时,可根据师资、场地、设备条件等因素对某些项目课程的开设顺序和教学环节做适当调整,注意必修课、选修课的合理搭配,对体育必修课和选修课做出妥善安排。开课计划的主要内容包括课程门数、学时安排、各门课程的教学环节(如课堂讲授、裁判实习、教学比赛、考试考查等)的具体学时分配。

(2)下达教学任务通知书。根据各项目的开课计划,按承担教学任务所属的教研室归类,填写教学任务通知书,然后把教学任务通知书下达到有关教研室。

(3)教研室落实教学任务,各教研室把下达的教学任务通知书进行汇集和归类后,从本教研室的师资水平和力量的实际情况出发,对教研室工作统筹兼顾,全面安排,把下达的教学任务落实到有关教师,并在教学任务通知书上填写承担教学任务的教师姓名,然后把落实到人的教学任务通知书上报学校教学主管部门。

二、编排课程表

编排课程表是教学例行管理的中心环节。这是一项业务性、科学性很强的教学组织工作。因为它既要服从教学规律,适应学生心理和生理特点的要求,又要考虑到各门课程性质的差异和学校现有的教学场馆设施条件。因此,编排课程表的目的是合理组织教学过程的时间、空间、人力和物力,充分发挥它们的效益,以保证教学过程的正常运转,稳定教学秩序,保证教学质量。

编排课程表应符合以下基本原则。

(1)要有利于提高学生的学习效率。在学生精力充沛的时候,尽量安排较为重要的必修实践课和理论课,下午和晚上可安排选修课、保健课。

(2)要有利于体育场馆和设施的充分利用。如何提高体育场馆设施的使用率,达到减少闲置时间的目的,使教学课堂有序衔接,这些都是编排课程表必须注意的问题。

(3)要有利于体育教学和科学研究工作的全面安排,有利于教师的时间分配。既有利于教学,又有利于科学研究的开展"避免教师在某一时间内负担过重、过于疲劳,影响工作效率及健康。

三、日常教学管理

日常教学管理是具体实施教学计划的一种管理。一方面,通过日常教学管理把教学计划变成实际的教学活动;另一方面,教学计划得以贯彻实施,还必须落实到每一学期的日常教学工作的组织和管理之中。因此,对日常教学工作的周密组织和严格管理是建立协调的教学秩序的有力保证。

根据我国划分学年和学期的特点,各学期的工作虽有个别差异,但其工作一般都有共同规律和程序。每个学期基本上可分为开学前后、期中、期末三个阶段。各阶段除了常规工作外,尚有各自的特点,因此,对每一阶段的主要日常教学工作都要周密组织,加强管理,认真落实。

1. 开学前后的主要工作

为使整个学期教学工作有条不紊地进行,每学期的开局很重要,必须把开学前后的工作抓好,开学前后的主要工作如下。

(1)抓好教学工作计划的制订。开学前后要组织动员体育教学管理人员、教研室主任、场馆管理和体育教师各个方面的人员,根据党的教育方针和学校有关教学要求,回顾总结上学期教学工作情况,坚持理论联系实践的原则,密切关注当前国内外体育教学改革的动向,制订出新学期的教学工作计划。

（2）检查教学准备的情况。教学准备是保证教学工作正常运转的前提，是教学过程组织和管理的一个重要方面。它应侧重抓好备课、教材准备、教学设施的维修和配置等项工作。备课应按照学校有关教学管理工作条例的具体要求进行，要检查教研室备课的组织工作，特别是对青年教师的备课指导和试讲工作。教材准备主要是根据任课教师所选定或编写的教材（讲义）和教学参考书，由教材主管部门做好教材的印刷工作，以及教材的订购和发行等工作。教学设施的维修和配置主要是保证教室、体育场馆和运动器具等教学条件以及实验室仪器设备处于完好状态，根据开课计划的要求，做好各种体育器材的供应以及其他需要增添的教学设施的配备工作。

2. 期中教学的主要工作

期中教学工作的重点是教学质量检查。这是我国高校长期以来形成的一种行之有效的制度，一般叫作期中教学检查，因为教学质量的高低涉及体育教学的各个层面和所有人员，每个人员工作好坏都直接或间接与教学质量有关，所以，进行期中教学检查要坚持全面质量管理的观点，通过同行评教、学生评教的形式进行，体育教学部门领导必须亲自动手，并发动各个教研室和教师，围绕教学这个中心对体育教学工作进行大检查。期中教学检查不但要发现问题和解决问题，而且更要注意总结推广好的经验和典型，以利于提高教学质量

3. 期末教学的主要工作

抓好期末的复习和考试，组织教师分析教学质量和做好教学工作经验总结，妥善安排好下学期教师的教学任务，是学期结束前必须认真做好的三项重要工作。

（1）组织安排期末复习和考试。期末复习考试，是整个教学过程的一个重要阶段。这个阶段包括考试的准备和考试的实施，一方面要组织学生复习专项技术和体育理论迎接考试，另一方面要组织教师指导学生技术动作复习，拟定理论课考试考题，在这一阶段，体育教学管理部门主要做好复习和考试的各项组织工作及后勤工作。

（2）组织教师分析教学质量，做好总结。教学质量分析应以基本技术的掌握和培养学生体育习惯的养成为重点。教学质量分析和教学工作总结，必须根据教学过程的特点和规律进行，也就是说，要遵循学生的认识活动规律，遵循教与学的师生双边活动的规律，遵循教学的基本原则等。把教学质量分析和教学工作总结的观点统一起来，既不是材料的罗列，也不是概念的堆砌。通过教学质量分析和教学工作总结，要求达到吸取教训、推广经验、改进教学和提高教学质量的目的。期末教学工作还包括成绩登录、教学文件、材料等归档，公布下学期教师的教学任务和课程表等。

四、教学档案管理

教学档案管理是体育教学管理的一个重要方面，做好这项工作，便于体育教学管理者了

解体育教学工作的全貌和各位教师的教学质量,以及教师教学和学生学习情况的各种数据。这些情况是总结经验、进行教育科学研究、探索教学管理规律的基本材料。因此,搞好教学档案管理对积累经验、改进教学、提高教学质量和管理水平、探索高等学校体育教学管理规律都具有重要意义。

凡是记载和反映体育教学实践和教学研究以及管理活动、具有保存价值,并按照一定的立卷、归档制度集中保管起来的教学文件材料(包括文字材料、图纸、照片、影片、录像带、录音带等),都可称为教学档案。教学档案的管理包括收集、整理、保管、鉴定、利用和统计六项具体工作。

(1)收集就是根据集中统一管理档案的原则,按照一定的归档制度,接收体育教学实践、教学研究和管理活动中形成的,具有保存价值的教学文件材料。教学档案收集是教学档案管理的前提和基础,没有收集工作,就谈不上整理、保管、鉴定、利用和统计工作。

(2)整理就是按照一定的原则和方法,对教学档案加以系统的整理,具体内容是对已归档的教学档案进行科学分类和排列、编号、编目及必要的加工。

(3)保管就是妥善地保管教学档案,维护它的完整与安全,延长它的寿命,并尽力缩小它的体积,以便于当前和长远的利用。做好教学档案保管工作,是落实集中统一管理档案原则的一项重要措施,它可以进一步巩固整理工作的成果,确保档案的完整和安全。

(4)鉴定的主要目的是为了准确地确定档案的保存价值,保护有价值的教学档案,为教学工作、教学研究和管理工作服务按照国家规定的原则、标准和要求,对教学档案的科学价值、历史价值和现实使用价值进行鉴定,确定它的保管期限,并根据保管期限,定期剔除失去保存价值的教学档案,突出重点,提高教学档案的质量。

(5)收集、整理、保管、鉴定等项工作的目的都是为了提供使用,为此,对教学档案的充分利用是教学档案管理工作的目的和归宿。

(6)统计就是通过数字来揭示和反映教学档案的数量和质量,以及教学档案收集、整理、保管、鉴定和利用工作的基本情况。教学档案的统计,对管理工作者做到心中有数、总结管理工作经验、制定管理工作方针、提高管理工作水平有着十分重要的意义。

五、教学规章制度管理

建立、健全教学规章制度,并加强相应的管理是体育教学管理的一项重要内容。教学规章制度应当反映教学的客观规律,它具有教育和管理的功能,是高校为了贯彻执行体育教育计划,稳定体育教学秩序,把教学活动引向正轨而要求教师、学生和管理人员必须共同遵守的准则。因此,体育教学规章制度具有一定的约束力和强制性。制定教学规章制度是一项深入细致的教务管理工作,在制定之前,要深入调查研究,了解教学过程的特点和规律,从实际出发,建立反映客观规律的、切实可行的教学规章制度。为此,在制定时必须遵循如下基本要求。

(1)制定各项具体规章制度时,应首先明确目的要求,反复探讨、深入研究、逐条推敲。只有这样,规章制度在贯彻执行中才能很好地发挥教育和管理作用。

(2)制定教学规章制度的内容和具体条文,既要符合国家的教育方针、政策,又要从学校的实际情况出发,符合学生年龄特点和身心发展的规律;既要体现学校的集体意志和要求,培养好的学风,又要使师生的各项活动得到妥善安排。

(3)制定各项教学规章制度时,要做到既严格要求,又切实可行。为此,制定各项教学规章制度,必须从实际出发,不能一刀切。在执行上级教育行政部门的章程、条例时,要从实际出发,结合体育教学实际情况,制定实施细则。

(4)制定的各项教学规章制度不仅要切实可行,而且还要持之以恒、贯彻始终、养成习惯、形成传统、变为师生的自觉行动。为此,要求制定的各项规章制度应保持相对稳定,切忌半途而废,更不能朝令夕改,造成管理上的紊乱。

(5)要求教师、学生和管理人员遵守教学规章制度。制定规章制度时要发动他们进行充分的酝酿和讨论,使制定出来的规章制度更符合实际情况,合情合理,切实可行;同时,讨论和酝酿的过程也就是他们接受教育的过程,从而有利于提高他们贯彻执行规章制度的自觉性。

高校体育教学规章制度的范围和内容较广,名目繁多,按其性质和作用,大致可分为两大类。

一是由国家和上级教育主管部门统一规定的文件制度。中华人民共和国成立以来,国家和上级教育主管部门曾先后颁布了很多关于体育教育管理的规定、条例、办法和指示等。如《高等教育法》《学校体育工作条例》《国家学生体质健康标准》《中共中央国务院关于加强青少年体育增强青少年体质的意见》《高等学校体育工作基本标准》《全国普高等学校体育课程教学指导纲要》《国务院办公厅转发教育部等部门关于进一步加强学校体育工作若干意见的通知》等文件精神都是制定体育教学文件的依据。

二是高校制定的本校内部各种体育教学规章制度。由学校制定的这些保证完成教学任务的制度和规定,既要符合国家、教育部发布的文件精神,又要从本校的实际情况出发,加强对教师、学生的管理,培养良好的学风,实现培养目标的要求,使学生更好地完成学习任务,例如课堂规则、考勤制度、请假制度、考场规则、成绩考核制度、学籍管理办法、选课制度和办法等制定这些规章,既要符合上级关于学籍管理等文件精神,又要因校制宜、汇编成册。

第三节 体育课堂教学的组织与评价管理

一、体育课堂教学的组织与管理

高校体育教学以班级授课、集体学习为主要方式,学生在选课之后在体育教师的组织安排下进行授课和学习,因此,对每一节体育课的教学都要进行严格的组织与管理,以达到提高教学效果的目的。

(一)体育课的准备

备课是上好一节体育课的前期基础,是保证教学质量的关键。只有备好课,才能保证教学按照既定的教学计划进行。教师在备课时要做好以下工作。

1. 钻研教材

体育教师首先要研究教学大纲(指导纲要),根据各自体育项目的教学目标及课节任务来领会教学的基本要求,把握教材的体系范围与深度。并且教师要把握教学的重点与难点,以及前后的关系,加以总结。

2. 了解学生

体育教学要充分促进学生的发展,教学活动就必须切合学生的实际。因而,体育教师要全面了解学生的身体素质状况、认知能力和运动技术水平,以及每个学生的个性特征和学习态度、兴趣等。

3. 设计组织教法

体育教师要根据教学任务,以及了解到的学生情况、场地设施条件,设计合理的课堂教学方法,确定教学课堂的内容结构。

4. 编写教案

教案即为课时计划,是对师生课堂上预期的教学活动的设计和描述,也是对每一堂课深入的教学准备。体育教师的备课最终以教案的形式体现,因而教师要在钻研教学内容和了解教学对象后,通过设计组织教学,确定教案的编写。体育教学教案是教师进行教学的直接依据,完整规范的教案主要包括教学目标、教学内容、教学方法、本节课教学重点、运动负荷以及场地器材等。

5. 准备场地、器材

在上课前,教师要自己或组织学生帮忙准备场地、器材,这是上好体育课的物质保证。另外,教师还要认真规划场地和布置器材。

(二)体育课的实施要求

为保障体育教学质量,在体育教学组织实施中应达到如下要求。

1. 目的明确

高校体育教学目标既是体育课堂教学的出发点,也是体育教学的最终归宿,因而目标必须明确。不但体育教师要明确教学目的,而且学生也要对教学目的有一定的了解,以便使教学活动能在教学目标的指导下顺利开展。

2. 方法恰当

体育教学的开展,要根据体育教学的目的和任务,除遵循学生的认知和身体素质、技能水平外,教学方式方法也应具有灵活性,以充分调动学生学习的积极性,将传授知识与提高身体素质相结合,将教书育人与提高学生综合体育素养相结合,将教学当中的统一要求与因材施教相结合。

3. 内容正确

正确的教学内容是圆满完成教学任务的重要保障,高校体育教学内容的选择应体现健身性与文化性相结合、选择性与实效性相结合、科学性和可接受性相结合、民族性与世界性相结合,要充分反映和体现教育部、国家体育总局制定的《学生体质健康标准(试行方案)》的内容和要求。

4. 教学组织严密

教师在教学组织中,一方面要使教与学密切配合,另一方面教学活动要结构紧凑,科学分配时间,以提高教学效率。

二、体育教学质量的评价管理

体育教学质量评价是依据一定的标准对体育教学效果进行评价,并依据评价结果改进体育教学,不断提高体育教学质量的过程。体育教学质量评价是体育教学的逻辑延续,是考评教师业务水平、提高教师教学水平的重要手段,对于全面完成高校体育的任务具有重要作用,在体育教学实践中,体育教学质量评价越来越受到重视,并得到广泛开展,评价方法多采用定性与定量相结合的形式。评价的内容也从单项评价向综合评价过渡,并逐渐形成多维立体式评价体系。在评价过程中,要把现场评价与平时教学检查结合起来,综合分析评价教学质量,使评价更客观、更科学。

(一)体育教学质量评价的种类

(1)按内容分为全面评价和专题评价两种。

全面评价是对体育教学进行全面分析、评定。如教学任务的制订,教学过程的设计,教学方法的选择与运用,密度和运动负荷的安排,教学组织形式和场地、器材的准备,以及学生完成学习任务的情况等。

专题评价是对影响教学质量的专门问题进行较为深入系统的分析研究。如针对运动负荷和练习密度是否合理进行评价,针对教学方法的选择进行评价等。

(2)按评价对象分为对教师的教学评价和对学生的学习评价。

(3)按评价方式分为他人评价与自我评价。

(二)体育教学质量评价的内容

1. 对教师教学评价的内容

对教师教学评价主要包括专家、同行评价法和学生评价法。专家、同行评价法是指体育教学的专家、同行根据体育教学质量评价标准对体育教师的教学进行评价;学生评价法是指通过对学生开展调查,以反映教师的教学效果。

2. 对学生学习评价的内容

对学生体育学习的评价主要包括对学生的学习过程和学习结果两个方面。学习过程的评价主要包括学习态度、投入程度和学习行为，具体体现在课堂的出勤率、课堂的积极性等。学习结果的评价主要包括体育知识、体育技能掌握的程度，学生体能状况和体育成绩达标率，以及在体育教学中的情意表现与合作精神，等等。

第四节　高校体育教学管理改革

一、高校体育教学管理改革的发展思路

21世纪的高等教育正在向国民教育、终身教育、教育民主化和教育现代化等方向发展。随着高等教育的发展变化，高校体育课程也同步发生了深远的变化。高校体育课程的变化动因来自21世纪的社会发展的需求，由于这种需求是在发展过程中自然萌发的，因此，其发展趋势也是无法阻挡的。

（一）以"终身教育"为导向的个体发展

过去，不少人把体育运动理解为运动场上选手间的比赛，也有人把它理解为学校里的各种体育实践，总是把重点放在社会上某一年龄段的一部分人身上。

高校学生他们即将走向社会，在高校的生活中，确立终身体育的理念，养成终身体育的习惯，将是他们今后个体发展的理念、基础。

1. 生活教育及发展方向

生活教育早就被我国伟大的教育家陶行知所提倡，但体育教育中应当如何体现生活教育，特别是高校体育课程中如何体现生活教育却是值得我们关注的问题。笔者认为，高校体育课程中的生活教育也可以说是生活体育，可包含两层含义：其一是体育贴近生活，使体育适应现代化生活的需求，为现代生活服务；其二是以现代生活为依据，特别是在现代生活中出现的生态危机和生存危机的现实中，发现并创造出新型的体育活动内容，为解决这些危机而提供新的体育教育方式。从教育贴近生活、为现代生活服务的层面来观察高校体育，其内容包括了生活和时尚。所谓贴近生活是指那些在日常生活中容易开展的项目，例如，学生进入到工作单位后很难从事足球运动，但羽毛球、乒乓球却能在工作单位中找到实践的场所，而做操、打太极拳、行走和跑步则很容易找到练习的场所。

在高校开展的各种体育运动中，有不少项目具有鲜明时尚、生活的气息，这些运动项目是当代高校学生喜闻乐见的。例如篮球、排球和网球运动，它有平民化的生活时尚特征，也是社会生活中的主流文化。体育不但从各个方面影响着人们的生活方式，而且还影响着人们的生活质量。伴随着中西方文化的日益交融和国际一体化进程的加快，体育作为生活的

时尚已经开始影响着国人的生活观念,逐渐在转变人们的生活方式、提高生活质量和健康意识等方面发挥着应有的作用。

2. 身体教育与发展动态

增强体质的价值导向不应忽视,体育的身体教育功能应当引起足够的关注,但是,在有关身体教育的理论问题上,当前却有一定的变化与发展,例如在对身体素质的分类方面,提出了和运动技能与比赛取胜相关的身体素质和与健康相关的身体素质,其内涵是不同的,认为跑得快、跳得高所反映的速度、爆发力等,不属于和健康相关的身体素质的范围,而有氧耐力、力量、柔韧性和身体成分所组成的素质与健康更为相关。

3. 情感教育与发展动态

情感是个人对特定对象在评价基础上产生的体验,如喜欢与厌恶、热爱与淡漠、愉快与不满等。有些人参与体育运动的程度达到了从喜爱到迷恋,有的人可能对体育活动缺乏热情,这都是情感反应。情感发展依赖的是良好的学习环境和人际关系,人的情感在体验中培养,在冲突中升华。

体育在人的情感发展方面有着特殊的功能,体育学科区别于其他学术性学科的一个重要特征就是它能促进情感方面的发展。情感发展属于非智力因素的范畴,由于体育教学过程中,学生角色扮演多样、信息渠道畅通、条件变化多端,因此有利于非智力因素的开发,也为体育的情感教育发展创造了条件。体育过程具有广泛的社会性,可以接触到广泛的人物,如家长、教师、同学等,更重要的是受到体育实践活动的影响。

体育运动包含着人们所具有的所有情感过程,是人们社会生活中休闲娱乐和放松身心的重要手段之一。体育活动常被人们视为愉快、高兴、娱乐、兴趣、兴致的同义词。因此,提倡快乐体育是课程的重要价值取向,开展娱乐性体育项目也成为体育课程改革的重要措施。娱乐体育的核心是游戏与比赛,一些正规的比赛,可改造为娱乐性的游戏,社会上人们喜闻乐见的娱乐内容也可作为高校体育开展的内容。

4. 竞技教育与发展动向

竞技运动是高校体育的重要内容。由于竞技运动项目具有全球性的比赛规则,就容易实现全球性的交流,更容易实现大范围的普及。我国在20世纪初,学校体育开展的是兵式体操、徒手体操和器械体操,1923年才把"体操科"改为了"体育科",到了20世纪30年代后,竞技体育项目才真正地逐步在学校中开展起来。竞技体育项目在学校中的开展标志着现代体育走进学校、走进课堂,极大地提高了高校学生的兴趣,对学校体育的发展起到了决定性的推动作用。

20世纪60年代以后,国际竞技运动有很大发展,在高度重视竞技运动发展的同时,竞技运动向高强度的负荷、高难度的技术和高精度的方向发展,人们逐步认识到竞技体育运动在向职业化发展的过程中,正越来越和竞技体育产生初期的娱乐、健身目标发生了抵触。高水平的竞技运动和人的一般发展的体育运动相抵触的趋势至今还存在着。

竞技运动是具有若干层次结构的概念,高水平的竞技运动不适合一般学校学生的需要,但适合一部分有竞技天赋的学生,竞技运动仍然是学校体育的主要内容,因此,学校中的竞技体育不应当忽视,它是学校体育中的重要内容。当然,高校体育更是如此。

竞技运动是个性化倾向非常强烈的一项活动,是人们日常生活中展现自我的主要行为方式,在运动竞赛中体现出来的对胜与负的态度、荣誉感、团队合作意识和拼搏精神,处处体现着人们的个性特征和自我表现意识。因此,在高校体育课程中,一定要把竞技教育置于重要的地位。

我国基础教育阶段的体育课程中,竞技运动项目是重要的教学内容,特别是在高中阶段,形成稳定的爱好和特长已成了课程目标的特色,其中的专长基本上指的是竞技运动项目的专长,例如从事足球、篮球、排球、游泳等项目,竞技教育有其特殊的功能,它能使学生的个性得到充分发展,实现自身的价值。

当前很多高校开展体育课程改革,开设了选项课,或者如北大、清华那样完全由学生自主选择学习内容,或者像深圳高校那样让学生自主选择不同的教学俱乐部,虽然改革的方式不一样,但开设的内容却相似,都基本上包括了各种竞技运动的多种项目,可以供学生和教师选择。这说明竞技教育无论是在今天,还是在将来,它将永远是高校体育课程的重要组成部分,高校竞技教育的开展,将为学生稳定专长的形成、个性的发展提供保障。

5. 保健教育与发展动态

体育工作和卫生保健密切结合,这历来是我国体育事业发展的一条重要经验。高校体育课程也必须以"健康第一"的理念作为指导思想,这是不容置疑的,但是以"健康第一"指导下的体育课,是难以用"体育与健康课"加以整合的。健康教育有广泛的内容,通过1周2课时的体育课是无法完整地实施的;此外,体育课以身体练习为主要特征,而健康课程以掌握理论知识为主,两者难以融合在一起成为一门课程。健康教育的内容和体育关系密切的部分是可以融合到体育课中的,但是,仅限于安全、健康地从事体育运动这一部分,还包括采用运动处方的原理和方法,将其应用于体育课的实践之中。

根据上述分析,保健体育在高校体育课程中是可以结合起来的,但这种结合是有限的。保健体育体现在高校的体育课程之中,这就要用健身原理来指导体育课,以保障体育教学的安全与有效。此外,有一项内容是应当特别关注的,这就是在体育课中广泛地利用运动处方的知识,使体育课程进一步实现其科学化。健身运动处方常见的有健美运动处方、有氧运动处方、调节体形形态的运动处方以及养生运动处方,运动处方在体育课程中的理论和实践部分均可以实施,但其重点是指导学生的运动实践,重在操作,讲究实效。

(二)以"同步推进"为导向的总体发展思路

"同步推进"是指体育课程改革与高校总体改革相同步;体育课程改革与体育社会化进

程同步;体育课程改革与体育产业开发同步,最终目的是通过高校体育课程改革,提高高校体育的整体实力与学术水准,使高校体育成为我国体育发展的主要支柱。

1. 体育课程改革与高校总体改革相同步

体育课程改革需要配套,需要与高校总体改革的发展同步,这是历史的经验。说到同步,有两种不同的状态。第一种是高校总体改革为体育课程改革创造了条件,要求体育课程必须改革;第二种是把体育课程作为龙头,促进高校全面改革。对上述两种情况可以各举一个实例。

北京高校的体育课程改革,实行了开放自主的课程管理新模式,全校各门课程均实行网上选课、学生自主构建的开放式教学,在这样的条件下,迫使体育课程也必须改革。目前北京高校开设了四十余种体育课程,举办了23个体育协会,高校的校内体育课程完全体现了自主开放的特点。

首都经济贸易大学长城旅游学院则表现为以体育为龙头,促进学校全面改革的特色。该校指出,通过体育课程改革,"内拓潜能、外展形象",带动全校整体推进。该校所以能以体育课程改革为龙头,这是因为旅游专业和体育专业极为接近,旅游本身可以作为广义体育的组成部分。此外,体育有其自身的特征,它可以成为推进整体改革的动力,这种特征表现在体育课程改革可以扩大社会影响(成果的外显性);推进全面改革(影响的延伸性);树立学校风范(学生身心发展的渗透性);开拓旅游市场(教学质量和经营水平同步推进)。

2. 课程改革与体育社会化相同步

高校体育课程改革可以成为体育总体改革的组成部分,从而推动体育社会化的进程。这种进程可以表现在教师校际兼课、学生校际选课上,也表现在高校体育设施向社会开放,社会体育设施向高校开放,这和当前社会体育区域化构建及社区体育发展动态是完全相适应的。这种进程更可以表现在基础教育的体育发展和高校体育发展的贯通上,这和当前高水平运动队完成小学、中学、高校"一条龙"训练的发展动态是适应的。特别应当指出的是当高校体育网络进一步和社会体育网络贯通以后,信息渠道更为畅通,体育社会化的步伐更能加快。

3. 体育课程改革与产业开发相同步

把体育课程改革与产业开发密切结合起来,这是首都经济贸易大学长城旅游学校的改革思路。该校位于北京北郊,毗邻长城脚下,它本身就是一个旅游景点。因此,该校的体育课程改革和旅游景点中的拓展运动基地的开发同步推进,体育课程改革与建立学生的实习基地同步推进。当景点和基地开发完毕,对内的教育事业开发和对外的旅游产业开发可以同步推进,对内的无偿服务和对外的有偿服务也可以同时推进,这是一个体育课程改革与产业开发同步推进的良好设想。

上述不同发展的构思,促进了体育的社会功能,为体育课程改革促进总体发展提供了新思路。为了促进体育事业的总体改革,在体育管理体制改革的蓝图中,高校体育的作用更为突出地显示出来。目前,很多高校引进人才,以提高学校的人才优势与学术层次,这种发展动态有望使那些学校迅速提高办学层次,力求新的时期来临之时,高校体育的学术研究力量成为主导我们体育发展咨询的源头。

二、高等体育教育的性质

什么是体育教育,苏联体育和竞技运动理论专家马特维也夫认为:"体育教育是传授运动动作和发展人特有的身体素质,并保障针对性地发展依此为基础的能力的过程。"体育教育包括学前体育教育、学校体育教育和社会体育教育。高等体育教育隶属于学校体育教育,是学生接受体育教育的最后阶段,是学校体育的最高层次,是学生学习和独立运用的衔接点,对学生踏入社会后的体育观念和意识起着承上启下的作用,地位至关重要。从高等体育教育的目的性来看,它是为高校学生身心健康与发展服务的,是高校学生改造自己的实践活动;从过程性来看,高等体育教育是寓促进身心和谐发展、思想品德教育、文化科学教育、生活与体育技能教育于身体活动并有机结合的教育过程,是实施素质教育和培养全面发展人才的重要途径;从内容来看,它包括有高校学生生存与发展所需要的各种生存能力的形成与提高的内容。

三、高等体育教育的意义

(一)进一步推动我国国民体育素质的提高

民族体质的强弱、民族素质的优劣,关系到一个民族、一个国家的兴衰存亡。这是因为任何国家的工业、农业、科技、文化、教育、管理的发展都是由劳动者健康的身体承载的。只有强健的体魄和旺盛的精力才能保证人们承载起繁多复杂的、密集型的现代科学技术和适应高强度、快节奏的现代生产方式。

人的生长发育受诸多因素的影响,体育运动则是影响人体生长发育积极而重要的因素。大量科学研究也证明,体育锻炼对人类的进化过程起着积极有效的作用。因此,抓好学校体育特别是高校体育工作,引导学生积极地参加体育锻炼,不仅能够促进他们身体的正常生长发育,增强他们的体质,而且能够培养他们对体育的兴趣、习惯,发展体育运动能力,为终身从事体育锻炼、维护自己的健康打下良好的基础。同时,从遗传学的角度来讲,学生这一代身体强壮了,就能从根本上改善和提高我国人民的体质与健康水平,使民族的体质一代胜过一代,从而全面提高我国民族的素质。

(二)进一步推动社会主义精神文明建设的发展

高校体育教育是一个开放的系统,是置身于社会大背景之下的一种与众不同的独具特色的文化形态。与社会相互联系、密不可分。它既是向学生进行精神文明教育的重要手段与途径,又是促进社会主义精神文明建设的重要动力。一方面,高等体育通过体育教学、体育锻炼、课余体育训练与课余体育竞赛等活动的正常开展,倡导着各种健康文明的积极行为,激励着人们努力进取、奋发向上,既充分体现了一所学校良好的教学秩序和生活秩序,也反映了学校管理工作的系统性,同时对高校学生的各种不文明不健康的行为是一种约束。试想,当人们在优美和谐的音乐旋律中翩翩起舞,再配上整齐、舒展的动作造型,定会给人一种清爽愉快的美感和享受,使参加者既得到精神上的放松和审美观的培养,又自然养成了有秩序、守纪律的生活作风,产生积极向上的社会效应;另一方面,高校通过选派高水平运动队参加"全国高校学生运动会""全国高校学生篮球联赛""全国飞利浦高校学生足球赛""世界高校运动会"等活动,加强与国内外高校和社会的深层次交流,不仅激发高校学生团结协作、顽强拼搏、永不怕输的精神品质和爱国主义、集体主义、社会主义民族情感,而且为体育注入新的活力,带动整个学校系统体育的发展。此外,高校体育作为学生接受体育教育的最后阶段,为社会培养了大批的优秀体育人才,他们踏入社会后,将不同程度为社区体育和全民健身发挥重要的作用,从而进一步推动整个社会主义精神文明建设的发展。

(三)进一步促进我国竞技体育的发展

学校体育是发现和培养优秀运动员的摇篮,是竞技体育运动的基础。竞技体育运动水平的高低,反映了一个民族的体质,一个国家的科学水平、经济实力关系到国家的声誉。由于体育运动各个项目的特点不同,不仅需要运动员有优越的先天素质,而且必须进行科学系统的运动训练,也就是说对现代体育科技的依赖程度越来越大。有关学者研究统计发现:"要提高运动成绩涉及的因素多达150多项,包括素质、体质、机能、心理、技术、战术、智力及其诸多社会因素。"这就要求使用最新的训练方法,最新的科技手段来挖掘人体运动潜力。学校系统特别是高等院校不仅拥有丰富的学生资源,而且体育基础设施相对齐全,师资、技术、科研水平雄厚,具有"天时、地利、人和"之条件。因此,从世界发展趋势看,各国都把希望寄托在各级学校学生身上。美国许多高水平运动员就直接来自学校,如篮球运动员经过学校特别是高校系统训练后直接进入NBA;德国从20世纪60年代就开始大抓学校体育,并很快进入世界体育强国行列。我国的实践证明,在广泛开展学校群众性体育运动的基础上,从中发现优秀的苗子,进行多年的课余训练,打好思想、身体、技术、战术、心理的基础,再经过高等院校的系统打造和高层次体育文化的正确熏陶引导,进而为国家培养和输送优秀运动员及其后备力量,是提高我国竞技运动技术水平的一个主要途径。

(四)进一步推动我国终身体育的发展

现代社会的生活方式要求身体锻炼成为人们日常生活的组成部分,身体锻炼需要科学的指导和不断接受新的体育教育。根据人体生长发育与发展的各个不同阶段的身心特点,所从事的工作、职业特点及所处的环境,都要求对终身体育加以科学指导,并采取积极的体育手段,有效地发展身体素质。这一过程构成了终身体育的系统,而整个系统的基础就是学校体育教育。这是因为学校体育教育本身的系统性和科学性为终身体育的实施提供了先决条件。从系统性的角度来看,我国学校体育从小学、初中、高中到高校,在课程设置上都有体育存在,并根据不同年龄阶段、不同性别、不同特点来安排学校体育教育的内容和要求;从科学性的角度来看,学校体育教育按照体育教学的客观规律及其系统理论去设计、组织教学活动,并力求达到教学效果与质量的最优。这一切都充分为学生终身从事体育锻炼奠定了坚实的基础。高校体育教育作为其建立的以终身体育为主线,"立足现实、面向社会、着眼未来"全面促进学生身心健康发展的世纪新目标,无疑将进一步丰富我国终身教育的内容和推动终身教育的顺利发展。

总之,我国高等体育教育的影响将越来越大,意义将更加深远:超出学生时代的时间限制具有终身意义;超出学校教育的范畴具有广泛的社会意义;超出增强体质的独特功能具有促进学生身心协调发展的全面效用。

四、体育教育在高等教育中的地位与作用

(一)体育教育在高等教育中的地位

体育教育在高等教育中的地位是由社会对高等教育的要求所决定的。现代社会要求我国高等教育培养出"适应建设有中国特色社会主义的,面向现代化、面向世界、面向未来的,有理想、有道德、有文化、有纪律的社会主义新人",即全面发展的人。这就要求高等教育必须树立全面发展教育观。所谓全面发展教育,就是指为促进受教育者的全面发展而实施的德育、智育、体育、美育等多方面的教育。从学校教育历史发展概况可以看出,体育教育已经成为全面发展教育的重要组成部分,这是社会的要求、历史的必然。

体育作为一门学科,在中国古代学校教育中就占有重要的地位。而体育教育在全面发展教育中占有重要的地位,并且是高校体育的指导思想。而中共中央、国务院颁布的《关于深化教育改革全面推进素质教育的决定》中明确提出了"实施素质教育应当贯穿于幼儿教育、中小学教育、职业教育、成人教育、高等教育等各级各类教育""必须把德育、智育、体育、美育等有机地统一在教育活动的各个环节中。学校教育不仅要抓好智育,更要重视德育,还要加强体育、美育、劳动技术教育和社会实践,使诸方面教育相互渗透、协调发展,促进学生的全面发展和健康成长"的新要求,并强调"学校教育要树立健康第一的指导思想,切实加强体育工作,使学生掌握基本的运动技能,养成坚持锻炼身体的良好习惯"。这就进一步确立了体育教育在学校教育乃至高等教育中的地位,赋予体育教育以新的内容,并给学校体育和高等教育的改革和发展指明了方向。

(二)体育教育在高等教育中的作用

1.体育教育促进了高等健康教育的发展

什么是健康?世界卫生组织在其宪章中明确指出:"健康不仅仅是没有疾病或不虚弱,

而是身体的、精神的健康和社会适应性良好的总称。"这使健康的概念大大超出了疾病的范围,把人体的健康与生物的、心理的和社会的关系紧密地联系起来。健康教育的目的是通过健康的过程以改善、达到、维持和促进个体及社会的健康状况。

高等健康教育是以传授健康知识、建立卫生行为、改善环境为核心内容的教育,即通过有计划、有组织、有系统的教育活动,促进人们自愿地采用有利于健康的行为,消除或降低危险因素,降低发病率、伤残率和死亡率,提高生活质量,并对教育效果做出评价。高等健康教育的任务是使学生养成良好的生活习惯和行为模式,达到最佳的健康状态。高等体育教育的主要目标也是通过体育活动增进学生健康,增强学生的体质。因此,高等体育教育和健康教育在增进学生的健康方面是相一致的,它们有各自的侧重点,高等体育教育通过积极主动的身体活动来锻炼身体、增强体质,健康教育以良好行为习惯和个体自我保健能力的培养作为重点,来共同完成增进学生健康,增强学生体质的任务。高等体育教育也只有与健康教育相结合,才能更好地实现高等体育教育的目标。

2. 体育教育维护了高等教育对人才培育的完整性

体育教育作为高等教育的一个重要组成部分,对培养德智体美等全面发展的社会主义新人、维护高等教育对人才培育的完整性发挥着至关重要的作用。

第一,增强了高校学生身体机能的发展。高校青年学生时期,是个体发育成长的关键时期。据科学研究发现,人体的速度、力量、弹跳、耐力等身体素质指标,随着年龄的增长而自然增长。其中,男子的各项指标的高峰出现在19～22岁之间,女子在11～14岁之间出现第一次高峰,19～22岁出现第二次高峰。人体在这个阶段的生长发育、身体素质水平可能受种族、气候、遗传、营养、体育锻炼等多种因素的影响,其中体育锻炼是影响人体生长发育最积极、最经济的手段。高校体育经科学的方法有计划、有组织地指导学生锻炼身体,可以促进和改善学生的运动、消化、呼吸、心血管和神经系统的功能,增强学生的心脏工作能力,从而促进学生身体技能的进一步提高。

第二,促进了高校学生的智能发展。现代社会知识的更新越来越快,这就要求人们必须具有较强的学习能力。健康的体魄、特别是健康的神经系统,是智力发展的物质基础。现代科学研究证明,一个人聪明与否,与大脑的物质结构状况和机能有关。坚持经常的体育锻炼,能保证大脑能源物质与氧气的充分供应,使大脑神经细胞发育充分。同时,不同性质的运动动作,能给大脑和神经系统提供各种刺激信息,有利于提高大脑皮层细胞活动的强度、均衡性和灵活性,使整个大脑神经系统的结构能得到改善和提高。通过体育运动,还可以使大脑在紧张的学习、工作中松弛有度、消除疲劳、保持清醒,从而有助于提高大脑的工作能力,保持敏锐的感知能力、灵活的思维能力、丰富的想象能力、良好的注意力和记忆力,提高学习效率。

第三,加强了对高校学生思想和道德品质教育。实践证明:体育教育对培养学生高尚的思想品德和道德情操具有积极的作用。这是因为各种体育手段和方法中具有极其丰富的思想品德教育因素。通过参加体育活动,能够使身体完成各种练习,在征服自然障碍和同伴的默契配合中获得一种非常美妙的快感和享受,可以培养学生勇敢顽强、吃苦耐劳、坚韧不拔的进取精神和团结友爱、互助合作的集体主义精神以及热爱集体、遵守纪律的良好作风,从而有助于学生良好的思想品德和道德行为的养成。

第四,提高高校学生心理健康水平。心理健康对人有着十分重要的意义。这是因为躯体健康是心理健康的基础和前提,心理健康是躯体健康的保证和动力,如果人的心理不健康(或不正常),一方面会通过心理影响生理,对人的躯体健康造成危害,甚至会导致疾病,特别是各种严重的慢性病,如高血压、冠心病、糖尿病、癌症等;另一方面,人的心理失常(轻者如神经官能症或病态人格,重者如各种精神病),人的社会适应能力就会遭到破坏,甚至无法进行正常的学习和生活,不仅给个人和家庭带来极大的痛苦和不幸,而且会给社会造成危害。相关研究表明:体育活动是预防和治疗各种心理疾病的有效手段。对神经衰弱、忧郁症、恐惧症等多种神经官能症和身心疾病有明显的治疗效果。高等院校体育教育作为传授体育运动知识和培养学生体育运动习惯的重要过程,无疑将对提高高校学生的体育素质和心理健康水平起到至关重要的作用。

第五,培养了高校学生正确的审美观。体育教育有别于其他学科的教育,它的一个明显的特点是,体育教育不仅需要有教师的讲解,而且需要有示范,需要用具体的技术动作形象揭示知识,借以激发学生的学习动机,使学生通过"活的形象""动的画面"去感知、理解知识,并以此为媒介产生求新的种种渴望。教师可以充分利用语言这一工具,以其圆润悦耳的声调、充实饱满的音量、抑扬顿挫的节奏、直观生动的形象讲解,再配之以优美、准确、舒展、大方的技术示范等自成系列、独具一格的教学环节。一方面能够把教学内容活灵活现地呈现在学生面前,让学生去感知、去体味、去理解;另一方面,又以形象直观的讲解和示范,充分向学生展示体育教育所特有的语言美、人体美、和谐美、技术美、动静美。让学生去欣赏、去想象、去体验。这样,就可以使学生在感知知识、技术和能力的同时,也从美的观念获得感性认识,使学生产生羡慕、欣赏、对比、向往、实践的感知意向,诱发其审美情趣,直至产生积极的跃跃欲试的心理需求。从美育的目的看,审美教育始终离不开感性的形象,而体育教育恰恰具备这一优势。需要特别强调的是,体育教育过程中的这种突出的形象性,更符合高校学生的心理特点,更适合学生的感受力、审美情趣、审美能力、审美倾向和审美需求,因此,也就更容易对他们实施美的教育和熏陶。

第六章 高校体育师资管理

《中国教育改革和发展纲要》指出:"振兴民族的希望在教育,振兴教育的希望在教师,建设一支具有良好的政治业务素质、结构合理、相对稳定的教师队伍,是教育改革和发展的根本大计。"高素质的教师队伍,是高质量教育的一个基本条件,要采取有效措施,大力加强教师队伍的建设,不断优化队伍结构和队伍素质。

第一节 体育教师的个人质量

教师是人类灵魂的工程师。一年树谷,十年树木,百年树人,高校体育管理中对人的管理是第一位的。教学工作的安排、规章制度的制定、组织结构、管理方式的变革,要更多地考虑教师的因素,把教师放在主导位置。

教师职业与其他职业不同,作为一名教师,他的工作经常是独立完成的,人人都应该具备独挡一面的能力,这就是教师没有职务而有职称的原因。作为一名体育教师,独立完成工作的机会很多,除了课堂教学之外,还要组织学生的群体活动和业余训练等,对一位体育教师来说,具备个人独挡一面的能力至关重要。

体育教师是由多个个体组成的师资队伍,个体的素质决定了整体的质量。所以,提高体育教师的整体质量要先从提高个人素质入手。

一、体育教师的政治素质

(一)忠诚党的教育事业

拥护共产党的领导,忠诚党的教育事业,坚定不移地贯彻党的德、智、体、美全面发展的教育方针,树立正确的世界观、人生观、价值观,有远大的理想和抱负,是一位体育教师必须具备的政治素质。

(二)爱岗敬业,无私奉献

体育教师的工作有几大特点,室外活动多,工作环境差;业余活动多,家庭照顾少;集体活动多,个人活动少。所以,作为一位体育教师应该具备爱岗敬业、吃苦耐劳、勇于奉献的崇高美德,热爱本职工作,具有强烈的事业心和高度的责任感,全身心地投入到学校体育事业中,始终把自己的工作与学校体育事业、党的教学事业紧密地联系在一起,多谈耕耘,少讲收获;多讲奉献,少计得失。

（三）团结协作，共同提高

随着时代的进步，社会的分工越来越细，对社会成员之间的协作要求越来越高，一个人完全独立地完成一项工作已经不可能，体育运动尤为如此。学校体育活动要求体育教师应具备良好的集体主义精神，很自然地把自己与集体融和在一起。体育教师需要学生的配合；教练需要队员的配合，需要其他教师的协助；组织比赛更需要教师间的参与和协作。作为一名体育教师，一方面要能充分调动各方面的积极性；另一方面要有协助其他教师做好工作的主动性和热情。在体育教师这个团队里，团结协助的精神比独挡一面的能力更重要。

二、体育教师的业务素质

高校体育教师为了胜任工作，必须具备其所在岗位的基本知识和能力。这些知识和能力有些在上学期间已经学习和训练过，而有些则要在实际工作中进一步学习和提高。

（一）基本知识

1. 体育基础知识

包括体育的历史、体育的目的和任务、体育制度、体育手段、体育锻炼、体育教学、运动训练、体育竞赛和体育管理等基本原理。具备这些基本知识有利于体育教师完成教学任务，胜任本职工作。

2. 边缘学科知识

包括体育教育学、运动心理学、运动生理学、运动解剖学、运动生物化学、运动生物力学、体育社会学、体育统计学、体育管理学、体育信息论、体育系统论、体育控制论等边缘学科知识。具备这些基本知识有利于体育教师从事某一方向或多方向综合的体育科学研究，进一步开拓体育知识的应用领域，推动体育向前发展，实现自己的价值。

3. 体育专业技能知识

体育教师应该"一专多能"，不但对自己最擅长的项目颇有研究，对它的历史和发展，新技术和前沿动态了如指掌，具有较高的运动水平和传授能力，能在专项业务上起到"把关"的关键作用；而且对专项以外两个以上的项目，也应得心应手，游刃有余，满足学校体育课程教学的需要。

（二）基本能力

1. 课堂教学能力

体育教师课堂教学基本能力集中表现在以下几个方面：

（1）熟悉教材。教师要熟悉教材，理解教材，做到因材施教。体育教师上课不可能手捧教案和教材，必须具有把所授教材烂熟于心并熟练传授的能力。

（2）熟悉学生。教师要充分地了解学生，熟悉学生，做到因人施教。体育教师应该具有迅速熟悉学生情况，分期分批记住学生姓名，了解学生学习态度和运动技术技能掌握现状，及两头冒尖学生的基本状态的能力。

(3)熟悉教学方法。教师应具备熟悉体育教学方法和手段，并有在课程教学实际中熟练运用的能力。

(4)熟悉组织教学方法。组织教学是体育课堂教学的核心，任何好的教学方法都需要通过教师的组织手段来实现。教师应具备根据教学的需要和学生的实际情况，采用相应的组织教学方法有效组织学生练习基本功。

(5)体育示范能力。技术动作示范是体育教师必须具备的基本能力。体育教师做专业技术动作示范时，不但要能进行完整技术动作示范，而且要能做分解技术动作的示范；不但要做正确动作的示范，而且要做错误动作示范，技术动作的示范还要做得惟妙惟肖。

(6)灵活运用的能力。体育教师应该具备善于观察学生在学习过程中出现的各种情况，及时灵活运用教材、教学方法和组织教学手段，使学生在单位时间内获取更多的信息，掌握技术技能，提高学习效果的能力。

(7)师生交流与互动能力。体育教学活动涉及到教与学的两个方面，需要师生之间有广泛的接触与交流。教师在与学生的互动活动中，需了解学生，改进方法，寻求学生的配合；学生需理解教师，跟随教师的教学思维循序渐进地从事练习，这样，有助于增强师生感情，提高教学效果。

2. 组织活动能力

学校体育竞赛活动是学生从事业余体育锻炼的主要活动形式之一，在这些活动中，体育教师是主要的组织者和指导者，应该具备组织学生体育竞赛活动的能力，善于制定竞赛规程、绘制竞赛表格、召集会议、培训裁判、布置比赛场地和器材、组织练习和比赛等。不但能利用竞赛活动对学生进行体育文化的传播，向学生传授参加比赛的技能和技巧，同时能向学生灌输"公平、公正、公开"的竞赛原则，培养学生正确的胜负观，并能及时妥善解决比赛中发生的纠纷，使学生体育竞赛活动健康发展。

3. 业余训练能力

业余训练是高校体育课程教学的基本活动之一，应包括校代表队和体育俱乐部的训练两个方面。学校体育代表队是学校体育的窗口，每个学校都需要有构建体育窗口的意识，体育教师就是这个窗口的建造者和主角。体育教师作为校代表队的教练，应该具备带队、训练、比赛的能力，能选材组队、制订训练计划、参与代表队管理、实施训练、研究对手、带队比赛等。在训练的过程中，教练员除训练比赛外，还应该积极与运动员所在院系保持经常的联系，对他们的思想作风、生活起居、学习成绩进行严格的管理和指导，使大学生运动员能顺利完成学业和训练比赛的双重任务。对学生凭兴趣爱好组建的体育俱乐部，体育教师应给予辅导、训练，提高学生的运动水平。

4. 写作能力

体育教师很多工作都与写作有关，如书写教案，制订训练计划，撰写竞赛规程，写总结、报告和请示,撰写论文,编教材,著书等。他们应该具备写作的能力,熟悉各种文体、要素和格式,完成体育课程教学的各项书写任务。

5.科学研究能力

一位成熟的体育教师应该在体育科研上有所作为。体育教学是一门综合性的学科,需要体育教师多观察、勤思考、多动笔,而体育科研水平是体育教师能力在教学之外的集中体现。体育科研来源于课程教学,又反过来服务于课程教学,形成一种良性循环,促使教学能力不断提高。体育教师应该熟悉各种体育科研方法和途径,经常及时地搜集科研资料和积累科研素材,不断探索科研方向和寻找科研课题,在体育科学研究中有所建树。

三、体育教师的生理健康素质

体育教师的身体状况与他们所从事的职业息息相关,他们的身体健康与否决定了能否胜任本职工作的需要。

(一)健康的体魄是工作的本钱

体育教师的工作由体育课程教学任务的特性来决定,他们的主要工作由大脑支配运动器官来完成,健康的肌体是完成体育课程教学工作的本钱。保持健康的身体是他们工作、学习和生活的一部分。

(二)健康的体魄是健康的心理素质的生理基础

体育教师在工作中需要用一颗平常心与不同类型的学生和学校其他部门及人员打交道,必须具备良好的心理素质。健康的身体是良好心理素质的基础,保持健康的身体是保证具有良好心理素质的必备条件。

(三)健康的体魄需要劳逸结合

以运动为特性的工作体力消耗很大,体育教师在工作中除了优选教学方法和组织教学手段保证完成教学任务以外,防止体力透支,还要注意劳逸结合,保证有充分的时间休养生息,恢复体力,以利于始终保持旺盛的精力,为长期的教学工作服务。

四、体育教师的情感素质

"情商"是继"智商"之后出现的新生事物。在人们对智商的进一步深入研究中发现,单纯强调人脑的理性加工不足以揭示人类千变万化的心理世界,在支配人们发展的要素中,智商不足以涵盖全部内容,而情感智商恰恰弥补了智商的不足。

在体育课程教学中,高情商的体育教师由于能及时准确地对他人和自己的情绪作出判断;人际交往中,能敏锐地察觉和评估他人和自己的情绪,并能适当调整自己的言行,故而深受学生的欢迎。而低情商的体育教师则因对人对己的情绪无法及时有效地了解,故而容易造成不快,处处碰壁。

体育教师的工作主要是与有血有肉、有思想、有灵魂的学生打交道,需要有较高的情感智商。面对学生中不同类型的心理、生理、运动技术和技能状况,体育教师应该具备良好的情感素质。具体而言,应包括以下内容。

(一)有洞察心理并能够及时作出反映的能力

人们表达喜怒哀乐的方法千变万化,有的人外露,他的一言一行,一举一动都是内心的表白;有的人内敛,真正的情感常常被隐藏在伪装的表情之下,别人难以识破。体育教师要学会如何从表情中正确判断学生的真正情绪,以提升自己的情商,为提高教学质量增加成功的砝码。

一般情况下,眼睛是心灵的窗口,表情是反映人类心灵的镜子,通过对人的眼睛和表情的判读,就可以了解他的心理。除此之外,人们的体态语言、不经意的一声叹息和身体的自我接触、漠不关心或与情感不符的表情,都可以作为判别的信号。特别是当人把情绪伪装起来时,他的神情可能使你的判断产生偏差,甚至表情与实际心理完全相反,这时,要有充分的思想准备并采取特殊的方法,如投石问路、欲擒故纵等诱使他表露出真实情感,使你的教学对症下药,恰到好处。

(二)有控制自己情绪的能力

人在情绪失控时,作出的决定常常会造成严重的后果,所以,体育教师要有控制自己情绪的意识和能力。在教学过程中,无论发生什么情况,都能把自己的情绪控制在能妥善解决问题的宽容度之内,这样,才不会造成失控的局面。

学生无论从思想作风、学习态度还是从运动技术水平上讲都存在上、中、下三个层次。对于思想作风差、学习消极或运动技术水平低的学生,体育教师要有足够的耐心和爱心面对他们,待生如子,与他们发生正面冲突时,一定要铭记自己是一位教育工作者,而他们是受教育者,自己的职责就是教书育人;要加倍地关心他们,爱护他们,采用正确的方法和举措对他们进行教育和感化,切不可采取与自己身份不相符的言语和举动伤害他们。

(三)有和不同类型的人打交道的情感素质

体育教师是教育工作中的一个重要角色,他的职责是教书育人、管理育人,体育教师不能只喜欢学习成绩好的学生,对其他学生也应该一视同仁。体育教师的工作思想基础应该是"面向全体学生",而不单纯针对某一类型的人群,应该采用"抓两头,带中间"的工作方法,使成绩好的学生更好,使成绩差的学生迎头赶上,两头都不可偏废。

体育教师有与学校其他部门打交道的工作程序与要求。在工作中,面对的有学生、教师、行政管理人员、上级领导等,他们应该带着一种平常的心态,调整好自己的情感,以完成工作任务为原则,很有耐心地做好每一件事情,切不可放纵自己,情绪化,义气用事,给工作造成不必要的损失。

五、体育教师的学习能力

体育教师为了做好本职工作,应该保持继续学习的习惯,不断地充实自己的知识库,完善知识结构。

(一)继续学习是时代的需要

现在进入了信息时代,大学学到的知识已不能完全满足工作的需要,新知识不断涌现,体育教师和其他行业从业者一样,都面临着知识的更新,需要与时俱进,继续学习和深造。

(二)现实情况对体育教师文化学习先天不足提出挑战

按照目前的高考录取标准,学体育的学生文化成绩比其他专业学生的成绩要求相对要低;体育教师在读书期间,虽然也有很多文化课,但他们的课堂主要是运动场所,教具主要是体育器材,教师以言传身教,习惯上以师傅带徒弟的教学模式为主,师徒的教与学不需要太深厚的文化功底,对体育毕业生的文化要求也低于其他专业毕业生。参加工作后,体育教师任教的课程90%是体育实践课,其工作以肢体语言为主,传承了教师的教学模式,对书本的依赖性没有其他专业大,一方面,这就形成了体育教师的教学工作对文化的需求不多,另一方面,现实生活中对体育教师评职称的要求却与其他专业一样,从而形成了强烈的反差,这就是为什么一些体育教师完全能胜任学校所有体育课程的教学工作,但在评职称上却困难重重的症结之所在。体育教师必须拿出足够的时间和勇气来接受这个挑战,不断学习,提高自身的文化水平。

(三)提高学习能力的方法与途径

1. 树立终身学习的信念

法国教育家保罗·郎格郎提出有关"终身教育"的理念,此后,教育的民主化、系统化、完整性、连续性等得到广泛的认同,强调教育是无止境的,知识是不断更新的,所有学科都面临着这样的挑战。对于体育教师而言,提高自身的文化素养需要不断了解新事物、学习新知识,这样才能延长自己的教学寿命,提高教学质量,为社会做出更大的贡献。

2. 在工作中学习提高

在工作中善于总结提高是体育教师最基本的学习方式。在从事体育教学活动中,体育教师应该经常总结自己的教学,把感性的认识提升为理性的思维,从若干个别事件中寻找出共性的启迪,归纳总结教学点滴,不断提高教学水平。养成经常性的总结习惯可以为探索科研方向获得第一手资料;可以为体育科学研究奠定基础,有利于体育教师从单纯的运动型、技术型向集知识、教学、科研于一体的学者型发展。

3. 定向研究

选定体育科学研究方向,实施定向研究是体育教师自修学习的一种方式。体育是一门综合学科,涉及的知识面广,要想全面掌握是不可能的,定向研究给体育教师提供了一个良好的学习机会。俗话说:"招招会,不如一招绝。"定向研究得越深入,掌握的边缘知识就越多,对事物本质剖析得就越透彻,就越能够有效提高体育教师的学术水平和教学能力。

4. 提高学位

要积极引导和鼓励青年教师攻读硕士和博士学位。高校的职称评定对学位的要求越来越高,年青教师如不继续学习和深造,将来会面临职称评比的问题。读硕和读博给年青教师提供了极好的学习机会,为今后提高工作能力和学术水平奠定了基础。

5. 进修提高

体育教师除自学外,有计划地送出去进修,是提高教学水平的途径之一。不断涌现的新知识和新项目,需要体育教师进一步学习掌握,进修为在职的体育教师提升文化层次和改善知识结构提供了时间和机会。

6. 学习与体育教学有关的知识

在实际教学中有很多与体育课程教学工作有关系的技能都可以有计划地学习,如电脑操作、计算机软件制作、摄影、摄像、多媒体教学软件制作、体育测量、体育统计等,都可以在工作中学习、掌握,为体育教学服务。

教师必须通过不断学习和培训,充实和更新知识,不断提高自己的水平和能力,由运动技术型转向教学科研型,成为教书育人的复合型人才。

第二节 体育教师的整体质量

体育教师的整体质量由体育教师队伍的构成比例及相互结合的关系决定,它包括体育教师的数量、年龄、学历、职称、性别、知识程度等,是衡量教师队伍整体质量的一个综合指标。

一、体育教师的数量

(一)课堂教学只是学校体育工作的一部分

学校体育课程教学有课堂教学、群体活动、业余训练三部分。其他学科公共课的教师数量配备一般只要满足课堂教学的需要就可以了,体育教师的配备则不同,因为学校体育不只是课堂教学,还有群体活动和业余训练与竞赛。这些活动,特别是业余训练和竞赛需要有专门从事该项活动的体育教练来担任。所以,体育教师在数量上要多于其他公共课的教师。

(二)体育教师数量要能满足学校体育课程教学的需要

1. 课堂教学师资的配备

为了保证体育课堂教学质量,一位高校体育教师上课课时一般在每周 10 节课左右为宜,以这个标准计算,10000 名在校学生,有 5000 人上体育课,按 30 人一个教学班,有 167 个班,需要配备 33 名左右的体育教师。除此之外,如在上体育课以外的学生中开设体育选修课还需要增加体育教师数量。

2. 业余训练教练的配备

一个学校一般有 3~5 个校代表队,配备代表队教练时,田径和游泳项目的教练通常要 4 个左右,其他项目 1~2 人。一个队每周训练 3~6 次,每次 2 个课时。按此计算,一个学校代表队的教练员配备应该在 6~10 人。

3. 群体活动教师的配备

一般情况下,学生群体活动的体育教师可以充分利用体育课堂教学的教师资源,但如果学校广泛开展学生单项体育协会的活动,需要体育教师担任业余指导,则体育教师的数量也需要相应增加。

按以上计算结果,在校学生 10000 人,体育教师应该至少维持在 40~50 人。

(三)体育教师的数量要符合上级评估的要求

为了更好地贯彻《学校体育工作条例》,对高校需要进行体育单项评估活动,该项评估对体育教师也有详细的规定。以湖南省为例:评估办法中,上体育课学生与体育教师数量的优秀标准为 120 比 1。按此计算,上课学生 5000 人需要配备体育教师 42 人。

二、体育教师的年龄结构

一个集老年人的经验、中年人的稳重和青年人的锐气于一身的人是不存在的,但作为一个教研室就很容易实现,因此,应该注意学校体育教师年龄结构问题。为了提高教学水平,青年教师可以凭借年轻力壮有闯劲,多做事、多实践;中老年教师可以向青年教师传授教学经验,指导他们的工作,为他们把稳发展方向。如果能够保持这种年龄层次结构,老年、中年及青年教师之间便可以做到优势互补,从而提高体育教师团队的整体水平。

三、体育教师的学历结构

体育教师的学历应该越高越好,而事实上高校体育教师的学历由于种种客观的原因往往低于其他学科,这种现状必须改变。理想的状况是具有硕士及硕士以上学历的体育教师人数应占到体育教师总数的 40% 以上。

学历结构反映了教师队伍的理论水平和发展潜力,也预示着教师队伍教学、科研和运动训练的潜在能力。体育教师中硕士及硕士以上学历的数量增多,对于体育教师从运动型、技术型转变为集知识型、教学型、科研型于一体的学者型,将会起到促进作用。高学历是加强师资队伍建设的必然趋势,应成为师资管理的重点。所以,要加大对在职体育教师的培训力度,鼓励和支持青年教师读研和专项进修。

四、体育教师的职称结构

职称结构是衡量教师群体素质、反映教师队伍科研水平的重要标志,高职称的体育教师在体育教学中应该表现出的是高水平的教学状态。不同职称的体育教师在一起工作能够形成梯队,还可以互相促进,对低职称的教师也能起到一种激励作用,使这个集体始终保持积极向上的发展趋势,有利于提高体育教师队伍的整体水平。

对体育教师的职称结构,我们不妨作一个"纯理论教师职称结构"计算:假设一个单位的体育教师从刚参加工作的22岁到59岁每个年龄为一人,共有38人,而且他们都有能力按期竞升职称,这样,他们中,实习教师1人(2.63%),助理教师4人(10.53%)讲师5人(13.16%),副教授5人(13.16%),正教授23人(60.52%)。以此计算数据可以推断出,拥有副教授以上职称的教师应该占73.68%。

按以上计算结果并考虑有推迟竞升和竞升不上的情况,理想的职称结构是高、中、初级职称比例为4:3:3,具有高级职称的人数可以达到体育教师总数的50%以上,这有利于培养大批学科带头人并形成系统的学科梯队,完全胜任目前高校体育所承担的各项任务。

五、体育教师的性别结构

体育教师的性别结构应该与上课学生的性别结构相配合。体育课实施男女分班上课,一般情况下,男教师上男生班课,女教师上女生班课,这有利于学生在课堂上充分发挥自己的潜能,展示各自的才华,也方便教师进行教学管理。针对目前存在文科学校女生多,理科学校男生多的现状,体育教师也应该作出相应调整,以适应本校男女生比例。师生性别合理配置是提高体育课堂教学质量的一个重要的因素,不可忽视。

六、体育教师的知识结构

体育教师掌握的体育知识和信息应该尽量多,知识结构应该尽量合理,但想要所有体育教师都做到这一点显然不可能,可以在引进、选配体育师资上想办法,使一支体育师资队伍在整体上达到合理的知识结构要求。

(一)师资来自不同的院校,可以做到资源共享、优势互补

在一个学校体育教师队伍中,师资最好来源于多所不同的学校。各个体育大学或体育学院,由于培养方向不同,课程设置不同,学习背景不同,教学方法各异,在知识结构上也有差异。同一个学科来自不同院校的毕业生能够带来不同的信息,可以优势互补,各取所长,相得益彰,在教研教改和学术研究上也容易多角度、全方位看问题,对客观事物本身的特性和内在规律容易得出正确的判断和全面的认识,有利于提高体育教师队伍的整体教学水平。

(二)师资来自多个运动项目,可以做到项项有人把关

一个学校的体育师资的专业结构应该涵盖所有能开设的体育课程。在开设体育选项课

的情况下,各个体育课程必须有人把关。全国从小学到大学如都开设体育选项课,学生多年从事一两个体育项目的学习,单项体育知识和体育专业技能将迅速增长。今后高校体育教师将面对一批高素质、高运动技术水平的新型大学生,学校应该把重点放在引进和培养各个体育项目的把关人才上,使整个体育师资队伍素质保持在一个较高的水平。

(三)引进高学历人才,进一步完善体育教师的知识结构

引进硕士和博士学历的人才是迅速提升体育师资队伍整体实力,完善体育教师知识结构的好办法。高学历人才的教学科研能力优于低学历的教师,同时他们给其他教师带来新的信息,新的知识,能推动教研教改和体育科学研究。研究生学历教师与非研究生学历教师相比,他们有更高的科学研究水平。由于研究生学习的过程是从事单一方向的深入研究,他们系统掌握了研究的方法和手段,对事物的发展有自己独到的见解和解决问题的方法和途径,容易揭示事物的内在规律,可以帮助其他体育教师提高教学水平,而且他们对其他教师在教学和科研上起到激励和鞭策作用,有利于完善体育教师的知识结构,使整个体育师资队伍的综合能力走上新的台阶。

第三节 建立健全约束、激励机制

约束是规范人的思想行为,激励是鞭策人奋发图强。体育教师为了保质保量地完成本职工作,必须自觉遵守本职业所要求的行为规范,接受本单位制定的激励措施,不断提高教学水平。

一、约束的目的与任务

(一)约束的目的

约束是为了培养人循规蹈矩。人在社会,要受社会道德法律的约束,人在单位,要受单位规章制度的约束。没有规矩不成方圆,高校体育教师也要受到学校各种规章制度的约束。因此,无论何时何地,任何人都要受到约束。

(二)约束的任务

约束是为了在统一的规章制度下,规范体育教师的教学行为,圆满地完成教学任务。服从学校的约束是体现体育教师基本素质和教学水平的一部分。

二、约束的内容与方法

(一)时间的约束

遵守时间,按时上课下课是一位体育教师必备的基本素质。体育教学有对学生进行组织纪律教育的任务,"己所不欲,勿施于人",对学生进行纪律教育的同时,需要学生做到的,

体育教师更应优先做到。在课堂上要珍惜课堂每一分钟,充分利用课堂教学有限的时间使学生学到更多的知识,得到更多的锻炼。

约束的方法是采用各种方法检查教师的上课秩序,把检查结果作为评价教师教学质量的要素之一。

(二)言行的约束

为人师表是体育教师的本份,善待学生是体育教师的职业道德。课堂上体育教师的言谈举止,应该尽现教师职业的文化修养、专业水准和以人为本的精神。

体育课堂教学,需要有"师道尊严",更需要"爱生如子",两者不可偏废。体育实践课是在运动场上进行的,它的主要教学内容需要通过学生的运动来完成,不像其他文化课,学生只要在座位上坐好不干扰其他人就行了,教师需要使用各种有效的组织方式和教学方法来调动学生练习的积极性。

把体育教师的组织教学说成为指挥调动更贴切,每一位体育教师都应该修炼成体育运动的指挥家,有指挥调动学生完成各种练习的能力。课堂上体育教师需要有高超的技艺和丰富的语言,更要有关心学生、爱护学生、爱生如子的教育理念,对于学生中出现的异常现象要有思想准备和解决问题的预案,用平常心来对待。

学生练习不积极的原因有很多,有的学生可能是已经掌握了;有的学生可能是不理解教师的意图;而有的学生可能有逆反心理,教师要做的是及时了解学生的思维动向,拿出有针对性的方法来完成教学任务。对于上课练习不积极或根本不练习的学生,教育的方法只有两种,一种是循循善诱,答疑解惑,鼓励督促;另一种是执行纪律。

约束教师言行的方法是听课和收集所教学生的反映意见,把听课结果和学生的评分作为评价教师教学质量的要素之一,及时指导、纠正。

(三)着装的约束

体育实践课为了学生的安全和完成教学任务,对学生有着装的严格要求,体育教师应该率先垂范。穿运动服上体育课是对体育教师的基本要求,这有利于在学生中树立体育教师精神抖擞、干练挺拔的形象;有利于体育教师在讲解示范时展现技术动作的姿态美。这些都可能在学生脑海里留下美好而深刻的印象,对学生主动参加课堂练习,完成教学任务起到积极作用。约束的方法是定期、不定期地现场检查教师的上课着装,把检查结果作为评价教师教学质量的要素之一。

(四)携带教案的约束

上体育实践课,教师不可能手捧教案和教材上课,上课的内容与要求在上课前就应已熟记于心,这是体育教师上课的独到之处,但没有教案或不携带教案上课是不行的。体育教师不但要在上课前书写好教案,还应该课前预习教案,并携带教案上课,已备不时之需。

约束的方法是定期、不定期地现场检查上课教师的教案,把检查结果作为评价教师教学质量的要素之一。

三、激励的目的与任务

(一)激励的目的

激励的目的是培养人锐意创新。为了迅速提高体育教学质量,应该遵循以人为本的理念,引入激励机制,制订科学的管理制度和措施,奖勤罚懒,奖优罚劣,可以充分调动教师的积极性,发挥他们的主观能动性,鼓励他们创造性地工作。

(二)激励的任务

激励的任务是鼓励体育教师充分发挥他们的聪明才智,自觉自愿地把自己的事业与学校体育课程教学这个崇高的事业紧密结合,为提高体育课程教学质量做出贡献。

四、激励的内容与方法

(一)对写好教案的激励

教案是教师上课的基本材料,写好教案是教师备课的基本功。为了激励教师写好教案,可以提供教案格式和教案范例供教师学习,采用评选优秀教案的方法,并把评选结果与教师的教学质量评分和评比挂钩。

(二)对提高课堂教学质量的激励

提高课堂教学质量是体育教师所有活动的最终目的。为了有效提高教学质量,除了教案要写得规范、教法组织要合适外,临场的指挥调度和安排练习的合理,也是一堂体育实践课必须要做到的。学校可以使用集体看课、集体评课、举行公开课、竞赛课等多种形式激励教师钻研组织教法,促使他们千方百计提高课堂教学质量,并把竞赛课评比结果与教师教学质量和评比挂钩。

(三)对提升教师素质的激励

激励是采用外部的方式,促使内因起作用。体育教师的素质不是自然增长的,需要付出辛勤劳动和汗水。可以对带队比赛获取好名次、读研、论文公开发表、获省级以上奖项等的体育教师采用奖励的政策;健全竞聘上岗、教师挂牌上课、学生选教师上课等优胜劣汰的激励机制,把教师的素质与市场经济挂上钩,用激励的方法使体育教师产生危机感,促使他们保持继续学习的良好势头,不断创新提高。

第七章 高校体育活动管理

第一节 课余体育活动管理

课外体育活动是实现高校体育任务的重要途径,但它仅靠体育教师是难以管理好的,高校应对其加强管理,并提高学生课外体育活动的质量。高校学生课余体育活动的管理是高校体育工作的重要组成部分。如今,高校课余体育活动的重要性也随着我国教学改革的不断深入加大。但是从当前部分高校体育职能部门对学生参与课余体育活动的管理方式来看,尚缺乏合理有效的管理,失去了课余体育活动作为体育教学的延续这一功能。为此本章提出对高校课余体育活动实施目标管理模式,以及为高校课余体育活动的科学管理提供理论参考。

一、高校课余体育概述

(一)高校课余体育的各种形态及其特点

1. 休息、锻炼、娱乐交融的课间活动

课间活动一般包括:在两节课间利用10分钟进行的学生自由活动和一般在上午第二、三节课之间利用15~30分钟开展的课间操活动。通过课间活动可使学生在紧张的坐姿学习后,身体各部分得到舒展和活动,以调节身体姿势,消除局部疲劳,促进血液循环,调节精神,提高学习效率。课间操一般采用以班级为单位进行活动的形式,也可采用全校集体进行或学生自由进行活动的方式。

课间活动一般在室外进行,能呼吸新鲜空气和接受阳光的照射,有利于身心的健康发展。每节课间的10分钟休息,虽未规定要组织体育锻炼,但一般高校可根据实际情况,在场地器材的安排上,可集体与分散相结合;在内容上以锻炼、娱乐为主要形式,可开展徒手体操,如2分钟的简易广播操、眼保健操、素质操等,也可开展慢跑和轻松的游戏活动。这样,学生在课间活动中,精神上也处于"放松"状态,使学生身心都得到调整。

时间较长的课间活动,近些年也被称为"大课间"。大课间将原有的课间操时间进行调整,一般为30分钟左右,其活动内容较为广泛。通常以广播体操为主,也可根据高校和学生的实际情况,进行校园集体舞、耐力跑、跳绳、踢毽子、球类等活动,或高校自行开发的形体操、健美操、韵律操、武术操,以及一些新兴运动项目如跆拳道、搏击操。这些项目的引入,给大课间活动注入了新的活力。有些高校根据自己的特色,在乡土体育上做文章,开发当地富有特色的乡土体育项目作为大课间的主要内容。随着阳光体育运动的深入开展,各地高校借大课间活动这一平台,创设高校体育特色,开辟运动健身角或快乐体育园地,大大丰富了活动内容和锻炼手段,有效提高了全员参与水平。

但是,大课间活动在开展过程中也遇到了一些问题,如场地、器材不够,指导教师缺乏,活动内容有待进一步开发等。这些需要我们在实践中深入探索,同时加大运动场地设施的建设,提供足够的运动器材。

2. 锻炼、教育和教学共在的课外体育活动时间

课外体育活动是高校在没有体育课的当天要安排一节课外体育活动课,确保学生每天1小时的锻炼时间。课外体育活动可以采取集中与分散相结合、规定与自愿相结合、班级与个人相结合的组织形式,在体育教师或班主任的指导下,在班干部或小组长的带领下进行体育活动。

课外体育活动课在整个高校体育中具有举足轻重的地位。据计算,学生每周在课内锻炼时间累计不超过三个小时,这远远不能满足锻炼时间的需要,再加上有些客观因素的作用,体育课不能如期保障,更加缩短了学习时间。因此,课外体育活动承担了拓展和延伸体育课的学习任务,学生在课堂内学习到的运动技术,可以在课外活动中得到巩固和提高,同时获得成功的运用体验,以增强下次学习动机和兴趣。体育教师在课外活动中的角色是巡回指导和技术顾问,主要解决技术问题,起到点拨和指导作用。课外活动还有一个主要目的是增强学生体质,因此,有些高校通常将课外活动分成两个部分,一部分是以提高学生身体素质为主的锻炼内容,如耐力跑、上下肢力量练习等,这是提升学生整体体质的有效手段,班主任和任课教师的组织监督成为活动质量的中坚力量,体育教师只起到整体统筹、规划和监督作用;另一部分是自由锻炼时间,按照班级定场地、定内容、定器材,由班主任组织管理学生进行有序锻炼,体育教师巡回指导,高校领导参与监督检查,以提高活动质量和效果。

课外体育活动的主要问题还是高校场地、器材科学合理的划分和利用,以及及时、准确的指导和监督评价机制的建立。

3. 班级、年级团队健身的班级体育联赛

班级、年级体育比赛是一种有效促进高校体育发展的手段,它不仅能提高学生参与锻炼的积极性,对体育教学和课外活动是一种很好的促进和检验,同时,能在潜意识中培养学生的集体主义精神和团队荣誉感。一般基层高校大型的体育赛事是春、秋季节的田径运动会,定期举行小型班际联赛,有的高校每月一次小型比赛,如拔河、跳绳、篮球、排球、广播操、趣味运动会等,还可以根据高校特色组织特色项目的比赛,多以体育节、文化艺术节等活动载体提高学生的参与意识,做到全员发动,人人参与。这些小型比赛有效地推动了课外活动的开展,特别是班主任参与课外体育活动的积极性,利用课外活动的时间锻炼学生,组织比赛,

提升班级的凝聚力。这些比赛往往也利用课外活动的时间,以赛带练,以赛促练,既丰富了课外体育活动的内容和形式,也能逐渐形成高校的体育锻炼氛围,形成一种特有的运动文化。

4. 活动课和专长教育结合的运动俱乐部

校园内的运动俱乐部是近年来出现的课外体育活动组织形式,分单项俱乐部和综合性俱乐部两类。学生根据各自的兴趣爱好等需求自愿加入俱乐部,参加符合自己特长和要求的体育锻炼活动。其中有一部分是带有课余性质的,有一部分是为了提高技术水平,还有一部分则纯粹是为了娱乐。它的特点是有组织、有管理,有专人指导,有经费支持,具有一定的导向性,活动效果好,深受学生欢迎。

5. 检验、娱乐和文化兼得的高校运动会

运动会是高校内部自行组织的,以院系、专业、年级、班级为单位举行的竞赛活动。其竞赛形式一般由多个运动项目组成,并在同一时段进行。目前最常见的形式是田径运动会,或篮球、排球、足球及田径等多个运动项目组成的综合运动会。运动会对学生整体的运动水平是一个检验,除较为正规的运动会以外,为了检验更多学生的运动水平和让更多的学生参与竞赛,可以将田径运动会改成达标运动会,竞赛的项目则是达标的项目。也可以在原有竞赛项目设置的基础上,将《国家学生体质健康标准》的部分项目纳入竞赛中并增加一些娱乐性项目。要求全校每个学生均选择其中几项参加,将参赛的人数与竞赛的名次累计以计算出团体与个人名次。这不仅使不同层次的大多数学生有机会展示自己,同时也促进了学生进行体育锻炼。同时,运动会的赛前口号征集、班徽设计、开幕式筹备、板报设计,比赛中的征文活动、广播宣传时的知识普及等,对学生都是一个体育文化、校园文化的熏陶。

但是,运动会的科学设计一直是需要解决的问题中的重点,如能否做到各水平层次的学生都能真正体会到参与的成就感和快乐,如何真正体现竞赛的公平性,如何将思想教育内容有机融合到竞赛中,等等。

6. 提高、普及和宣传运动训练的意义

运动训练是在高校体育教学和课外体育活动的基础上,为提高高校运动技术水平,推动高校群众体育的发展,在课余时间里对具有一定体育特长的学生进行有组织、有计划的运动训练的一个过程。高校课余运动训练是高校课余体育的组成部分,是培养优秀体育后备人才的形式之一,是基础训练的一种组织形式。抓好高校课余运动训练,不仅可以促进学生全面发展,而且可以为培养优秀竞技体育人才起基础性作用。通过开展高校课余运动训练,推动了高校体育教学和群众体育活动的开展,活跃了校园文化生活,提高了教师和学生的生活质量,增强了凝聚力,丰富了高校的社会形象,提升了高校的社会声誉,加强了高校精神文明的建设,对全体学生积极参与体育活动养成终身体育习惯起着有效的宣传、推动作用。

(二)高校课余体育的意义

1.课余体育是体育锻炼习惯的养成途径

体育锻炼习惯是人们经过长期体育实践巩固下来的终身从事体育活动的行为特征。体育锻炼习惯的养成,有赖于体育意识和兴趣的培养,以及持之以恒的意志力,并有一个从不自觉、不习惯到自觉、习惯的逐步培养过程。体育意识的培养,主要依赖于有关的体育基本理论知识的学习和对体育实践的情感体验。课余体育实际上是为学生提供了一个学习与运用体育知识、技术、技能的大课堂,有关的知识、技术和技能,在这个大课堂中得到应用、深化和巩固。同时,学生参加课余体育活动可以根据自己的兴趣、爱好自愿选择其活动的内容、形式、方法,富有吸引力,能引起学生浓厚的兴趣,满足愉悦身心的情感体验。通过不断地练习、不断地强化、不断地巩固和提高,对学生体育特长的形成与保持十分重要。而体育习惯的养成有赖于体育特长的具备。体育锻炼习惯一经形成,体育活动就成了日常生活中不可缺少的重要内容,学生比较容易做到持之以恒、坚持不懈地参加。持之以恒地参加课余体育活动本身就是体育锻炼习惯养成的途径。

2.课余体育是校园文化的主体构成部分

校园文化是校园内具有教师和学生特点的一种精神环境和文化氛围,是以高校师生为主体的具有一定特性的文化潮流,课余体育活动作为高校课外活动重要形式和内容,始终在校园文化建设中,担任着重要的角色,它是校园文化的主体构成部分。课余体育有助于创造校园文化的生动丰富性,增强校园文化的凝聚力和吸引力。青少年学生最富有朝气和活力,他们不但需要课堂学习,而且需要娱乐,需要友谊,需要发展自己的兴趣爱好,需要情感和精力的宣泄。而课余体育活动恰恰是能满足青少年学生这些需要的最有效方式之一。因此,课余体育活动能够丰富校园文化建设,创造出校园文化的多样性,创造出丰富而生动的校园文化氛围。

3.具有与体育课不同性质的教育形式和效果

课余体育和体育课两者相互联系、互相补充。体育课为课余体育的开展奠定了一定的身体和技术基础,为课余体育提供有关的知识和技能准备;课余体育为学生提供了一个实践检验体育课学习效果的活动条件;相关体育知识技能要靠学生在课余体育活动中去体验和运用、掌握;勇敢顽强的意志品质、优良的体育道德作风更需要学生通过在课余体育的实践中去磨炼和培养。因此,课余体育活动能够补偿学生在体育课运动中的不足,它是体育课堂教育的延伸,是体育教育的第二课堂。

但是,课余体育相对体育课来说,又具有相对的独立性,它具有自己的体系和自己相对的独立性。由于课余体育的"课余"性,它具有如下特点。

(1)形式更加多样和灵活。与"课内"相比,"课余"不拘一格,形式也灵活生动、丰富多彩、形式活泼、讲求实效。

(2)内容更加开放并贴近生活。与"课内"相比,"课余"不受课时、教学计划甚至校园围墙的限制,其内容和形式更开放,也更贴近生活。

(3)教育意义更加丰富和综合。"课内"教学是按学科进行的,而"课余"活动则是以活动为中心进行的。因此它具有教育的综合性,它为学生提供了同时运用多种学科知识、发展多方面智力才能的机会。

(4)学生参与多数根据兴趣而选择。学生参加"课余"活动时,大多数情况下能根据自己的兴趣、爱好自愿选择。其活动内容、形式也更多由学生自主选择,因此也就更能引起他们的兴趣。

(5)学生的活动更具自主性。与"课内"相比,学生在"课余"活动中具有更大的自主性。可以说,课余活动是学生自己的活动,他们是活动的主人,教师只起到指导作用。

由于课余活动具备"课余"的特点,因此,课余体育活动学生参与的积极性高、锻炼效果明显,对培养学生的个性有独到的作用,有利于终身体育习惯的养成。

4.高校课余体育是体育教育的另一主阵地

高校的体育教育不仅有课内教育,而且还包括课外教育。课余体育是课外教育的重要组成部分,是高校课外教育的一种形式,更是课内体育教学的延伸和拓展。课余体育是学生在课余时间里运用各种练习方法,以发展身体、增强体质、活跃身心、提高运动技能和丰富业余文化生活为目的而进行的体育教育活动。它主要包括早操、课间操(大课间活动)、课外体育活动、高校运动竞赛、高校运动队训练,以及各种体育兴趣小组(俱乐部)等多种组织形式和内容。

课余体育中的教育价值是鲜明的,它可以在灵活、轻松、愉快的氛围中学习或巩固体育的基本知识、基本技术和基本技能,培养优良的品质,发展学生的个性。课余体育对学生身心的改善有着比课内体育教学更优越的条件,其时空的广延性与灵活性,运动内容、形式与方法的主体自觉性,为充分实现个体的体育教育提供了便利。随着社会的发展,生活方式的改变,赋予高校课余体育的积极因素越来越丰富,对学生身心发展的影响作用越来越明显。因此,课余体育在高校教育中具有重要的地位,是高校体育教育的另一主阵地,它与体育课内教育相互配合、互为补充,构成了完整的高校体育课程体系,积极促进学生的全面发展,成为实现高校体育教育目标的基本途径之一。

5.高校课余体育与社会家庭有更多连接点

随着现代体育发展的进一步社会化,课余体育已大大冲破了高校的时空界限,扩大到家庭和社会与家庭体育、社会体育融为一体。如何将高校课余体育、社会体育、家庭体育有机联系、相互作用、相互协调、相互促进。如社区体育的优势在于业余自愿、开放性强,但受成员的复杂性、分散性、缺乏指导性等局限;家庭体育的优势在于具有早期启蒙性、强烈的感染性和天然的连续性,体现出家庭体育是终身体育的一种形式,是终身体育的起点和归宿点,但是有封闭性和随意性的局限;高校课余体育具有法定性、规范性、教育性、指导性强的优势,但又有近期性、阶段性的局限。

由于社会的政治、经济、科技文化诸方面的迅速发展,高校、家庭、社会三位一体的终身体育教育体制将逐渐建立。家庭是体育教育的起始环节,高校是中心环节,而社会则是延续环节。由于有终身体育观念将课余体育与社会家庭体育紧密连接起来,有教育的全员性、教育过程的连续性、资源的共享性等诸多内在连接点,使高校课余体育与社会体育、家庭体育的发展必然三位一体有机结合,形成以高校体育为主,以家庭、社会体育为辅的一体化模式。

课余体育打破了单一的模式,把娱乐体育、保健体育、生活体育、竞技体育等纳入课余体育活动体系;要突破封闭的形式,向社区和学区、家庭、居民开放,打破高校体育和社会体育之间的界限,开展多种形式(如参加社区体育、俱乐部、运动协会、爱好小组等)的学生课余体育活动,使其更好地与社会家庭体育衔接,这些都已经成为课余体育的发展趋向。

二、课外体育活动的任务和管理

(一)课外体育活动的任务

课外体育活动因其特殊性,既不能用体育课取而代之,也不能简单地套用体育课的常规方法。课外体育活动的任务,归纳起来可概括为:有效地吸引和组织学生积极参与体育活动;满足学生参加体育锻炼的欲望,培养特长,发展个性,提高身体素质和运动竞技水平;加强体育交流、改善人际关系、丰富阅历,培养健康的体魄和良好的气质。

以上任务也是课外体育活动的目的和基本功能,它在客观上要求开展广泛的、多层次的丰富多彩的业余体育活动。大学生的心理特点之一,就是自主意识强、愿意按自己的兴趣爱好进行活动和锻炼,一般男生特别倾向于新颖刺激、对抗性很强的项目,而女生则倾向于非直接对抗的节奏感明快和轻松愉快的项目。因此,应因势利导有针对性地开展多样化的课外体育活动。

(二)课外体育活动的管理

由于课外体育活动具有业余性和自愿性,它尤其需要加强管理,以达到系统化、规范化和制度化,否则只会流于形式或成为散乱随机的盲目活动。因此,有必要对课外体育活动实行网络化管理,既要有相应的管理机构,也应有相应的制度和促进开展活动的机制。

课外体育活动的管理机构,应采用校级、系级、班级一条龙的管理体制,应以高校体育教学部为主导,联络各系部班级,形成有机的网络系统。这一网络系统在管理上应具备相应的管理措施和制度,以保证系统正常的运转。这些措施与制度应包括以下内容:对常规活动(如早操等)实行必要的考勤制度,定期组织可行的较大型活动(如冬春季长跑、球类和棋类比赛等),组织达标测验,在奖学金等奖励项目上也可相应地加入课外体育活动成绩等。

三、课余体育活动目标管理体系及其选择

目标管理是一种科学的、有效的管理理论与方法，它已成为现代高校管理的重要方法和技术。面向 21 世纪的高校课余体育活动目标管理就是根据 21 世纪的新趋势，建立课余体育活动的目标，并以此来指导实施目标，进行检查评定管理，它体现了高校体育课余活动的系统论和控制论的思想。在课余体育活动中进行目标管理就是要把课余活动的形式内容和教师学生相统一，既注重人的主观能动性，又重视科学管理、分工和协作，实现"自我管理"和"自我控制"，高校课余体育活动目标管理要面向 21 世纪形势发展的要求，我们认为有三个阶段和三种模式来建立课余体育活动的目标管理体系。

（一）由体育部规定课余活动是现阶段课余活动目标管理的主要模式

目前高校课余体育活动管理体系还不建全，主要还是由体育部根据高校体育工作的有关规定而制定的一些规定来进行管理，虽然通过行政规定可以达到课余活动的管理目标，但其实质并不符合目标管理的原则，缺乏系统的目标管理体系具有一定的随意性，学生往往是被动接受，不能发挥学生的主观能动性。显然，这对 21 世纪的高校体育课余活动的进一步发展是不利的。一方面我们要充分发挥体育部在行政管理上的优势，另一方面我们必须配以其他的管理模式来改变这种单一的状况。

（二）社区与体育部共同管理课余体育活动的过渡阶段的目标管理模式

从目前高校的实际情况来看，要改变这种状况以适应新世纪的要求，还得另辟蹊径。学生社区与体育部共同组织课余体育活动已在部分高校取得了成功经验。学生社区是指学生日常生活后勤管理部门。由于一起居住生活在一定情景下的学生具有一些特定的生活方式和成员归属感，学生社区以学生生活情景范围为单位来组织课余体育活动比之体育部以行政班级为单位组织对学生而言具有积极性高、参与者多、互助性强、便于组织等诸多方面的优势。由社区组织协调，体育部负责指导、检查、评定的目标管理模式不失为目前情况下高校体育课余活动管理的有效方法。

（三）以俱乐部模式开展课余活动的新阶段目标管理体系

要在 21 世纪中真正实现高校学生课余体育活动的目标，我们还得跨出更大一步，就是在高校各部门的配合下，在现有的场地设计条件下适当增加投入，创办高校各种体育活动俱乐部，并配备专门的教练和辅导员，以其先进的设施、丰富多彩的内容和系统的指导来吸引新世纪的大学生投身于课余体育活动。也有利于构筑高校体育文化环境，激发学生对体育这一现代文化现象的内在心理感受。以培养现代大学生积极的体育文化心理素质。并且可以推向社会，形成高校的体育产业，以利于实现学生课余体育活动的社会化和开放化、产业化和服务化。三种目标管理模式对比表如表 7—1 所示。

表 7－1 三种目标管理模式对比表

	对象	内容形式	优势	特性	目标
体育部	上课学生	与教学结合	便于管理	规定性	完成教学要求
学生社区	全体学生	小型多样	便于组织	普及型	全民健身
俱乐部	具有目标方向的学生	专项系统化	便于发挥自主性	特殊性	掌握提高专项技术

（四）高校课余体育活动目标管理流程

高校课余体育活动目标管理乃是课余管理活动的程序和过程，要求组织课余活动的各级组织、包括校级运动会、中间的体育部、各学院、系的体育分管组织、高校社区管理部门、专项体育协会或俱乐部以及学生个体共同商定课余体育活动的目标，并由此决定各自的责任和分目标，把这些分目标作为课余活动的开展、评估和奖励的标准。它具有三层含义：①课余体育活动的目标是组织部门与参与的学生个体共同商定的，不是由体育部或上级管理部门单方面下的规定和指标；②依据课余体育活动的总体目标制定各组织部门及教师学生个体的分目标，并以此确定各自的责任；③一切活动都围绕达到这些目标而展开，并以此作为评估的标准。

在实施课余体育活动目标管理时必须抓住两个实质：①重视学生个体能力。课余体育活动目标管理是一种学生参与的、民主的、自我控制的管理制度，是把学生个体需求与体育活动目标相结合起来的管理制度。因此必须重视学生对体育活动的兴趣和价值取向，努力培养学生享受体育活动给予的满足感和成就感，只在这样才能使课余体育活动的目标得以完成，才能真正使学生课余体育活动实现终身化和自主化，这是实施目标管理的前提。②建立课余体育活动的目标锁链和目标体系。在确定课余体育活动目标时必须要有层次，且相互配合，方向一致；同时各分目标要具体化并具有可实施性。既要兼顾学生课余体育活动的现代化，又要做到活动内容的多样性。这是目标管理成功与否的根本保证。这二者缺一不可。

四、课余体育活动目标管理的实施

（一）建立课余体育活动目标体系

1. 校体育运动委员会和体育部共同预定课余体育活动的总体目标

可以由校级体育主管领导和体育部领导根据新世纪学生课余活动的新特征以及学习实际情况预定目标，这一目标是暂时的，可以改变的，也可以由学生或教师提出，由目标实施部门及最终的学生个体经过共同商量然后确定出清晰的目标体系。目标要具有长远的意识，尽量避免目标管理具有短期行为的缺陷。另外任何层次的目标都要具体明确，最好数量化，是可以被检验的。目标应具有的内容为：学生体锻达标率、出勤率、校内外群体活动和运动竞赛计划目标，以及高校体育文化环境（硬件如群体活动的场地设施，软件如体育活动的宣传和引导）的建设目标等。由校级领导或体育部单方面决定课余体育活动目标，强迫下级和学生接受的方法不是目标管理。

2. 审议各体育组织部门责任分工

目标管理要求每一个目标和分目标都要成为某一个人的确切责任，明确职责分工，目标实施与完成时间，并尽可能做到某个目标只属于一个主管、一个部门，对需要跨部门配合的目标也要明确谁主谁从。

3. 确立各级分目标以及学生个体参与课余体育活动的个人目标

根据课余体育活动的总体目标确定各下级部门（体育部、学院、系、学生社区管委会、卫生科等）分目标，体育部主要负责制定和实施校外群体竞赛和全校性群体活动的目标；学生社区主要组织各种小型多样的群体活动目标，俱乐部主要担负专项体育群体与竞赛目标的确定与实施。同时，不容忽视确立课余体育活动的学生集体和个人目标，我们可以通过各种途径由体育任课教师、辅导员、管理员以及俱乐部教练根据各自的分目标帮助学生建立自己的个人课余体育活动目标，从而达到使外在的目标转化为学生内在的目标，让学生真正明确达标的意义和作用，使目标成为学生的一种愿望和需要；并根据个体差异及高校总体目标制定个人努力方向，使各自目标既具有挑战性，又要有实现的可能性，利用总目标的导向作用，充分调动学生锻炼的积极性和主动性。

4. 建立考核评价与奖惩制度

建立课余体育活动考评小组以及奖惩制度，在达到阶段性预定目标期限之后，对课余体育活动目标完成情况及时作出考评，决定奖惩，对目标重新分析调整，开始新一轮的循环。

（二）课堂教学与课余体育活动一体化

所谓课堂教学与课余活动一体化，就是把课堂教学看作体育理论与技能的学习，课余活动看作体育的实践来进行组织与管理，以运动项目为主线，打破常规教学班的限制，在专职教师的带领指导下开展课余活动。

（三）充分发挥学生社区的组织管理优势

小型多样的校内与校际间的群体性比赛是搞活学生课余体育活动的有效手段。传统的以学院、系、年级、班级的校内比赛往往是一些体育技能较好的学生的事，对于许多学生来说他们只是旁观者。相比之下，学生社区管理下的以寝室、楼层为单位的校内群体比赛更能动员大多数的学生参与，而且也更易组织与管理。

（四）建立体育活动俱乐部

发展学生课余体育活动的另一个重要环节是活动的内容要能吸引广大的学生积极参与，不仅要在活动形式的广度上加以扩充，还要在内容的深度上予以深化。在现有的学生单项体育协会基础上以学生自身的人力和物力，并尽可能利用社会的参与和赞助，在软硬件上增加投入，建立校内形式多样、吸引学生兴趣的体育活动俱乐部，配备专职教练和管理人员以及健全一些特例的管理制度。

五、提高课外体育活动的管理效益

体育竞赛既是课外体育活动的一种重要形式,也是对课外体育活动的开展和提高其质量的促进和保证。一方面,参加比赛需要一定的竞技水平,而且它也是对锻炼效果和竞技能力的充分展现和发挥,因此对广大课外体育活动者具有极大的吸引力;另一方面,通过体育比赛的组织和激励,能极大地促进赛前体育活动的开展。所以,比赛是广泛开展课外体育活动的必要手段。

为了搞好体育比赛,应做好相应的规划并制定必要的措施。其一,体育活动应制度化、多样化,合理分配学期时间,定期举办各项比赛并要求广泛参加;其二,竞赛过程应规范化、科学化;其三,让学生参加竞赛的管理工作,通过参与以增长体育知识、提高体育素质以及欣赏品位。由此,可提高学生对体育的兴趣及参加课外体育活动的自觉性。

为了保证课外体育活动的质量不断提高,应对活动的内容、形式、方法以及锻炼习惯的培养等,制定相应的评价标准体系及管理规则,并讲求管理效益。其一,应以必要的形式对积极参与课外体育活动者以一定的奖励。如对某些集体活动的全勤者加以奖励,并参与体育课成绩的构成,同时也可作为评比先进个人或集体的必备条件。其二,拓宽锻炼时间范围,充分利用场地器材、合理安排课外活动时间,使学生学习锻炼两不误。其三,加强课外活动的辅导时间和辅导内容,建立辅导流动站,定时定人进行辅导和培训。其四,改革活动形式,可根据不同的爱好和特长划分训练小组,也可自由地选择辅导老师,还可增设必要的项目。

总之,通过一系列有效的管理,不但能有效地促进课外体育活动的广泛深入持久地开展,而且能不断地提高其锻炼水平和效果。

六、高校运动会

(一)高校运动会开、闭幕式的设计

高校运动会的开幕式是反映本次运动会性质、特点、规模等特征的一个平台。就综合性的运动会而言,其开幕式是一项规模大、参与人员多、影响深远的体育展示活动。它作为一个具有广阔时空的超级平台,在传播体育文化、进行集体主义和爱国主义教育的同时,也提供了给予学生现场教育的机会,还是展示高校学风、校风以及体育精神的舞台。高校运动会开幕式一般包括礼仪和表演部分,包括入场、升国旗、唱国歌、领导致词、运动员裁判员宣誓、团体操等文体表演。现在开幕式的内涵在扩大,如体育先进人物表彰、校歌演唱、文体俱乐部展示、优胜旗传递、军训成果展示等都已融入了运动会的开幕式。

(二)高校运动会内容的设计

高校运动会既是对高校体育教学成果、校园体育文化、群体活动的综合体现,也是面向全体学生,以学生的参与率反映高校群众体育运动开展情况的风向标。

纵观我国大、中、小学运动会,其内容大部分以田径项目为主,注重竞技性而忽略了大众性。近几年,虽然各个高校已经注意到了这一现象并也有些改变,但是,其内容仍然显得陈旧、枯燥和单一,有相当一部分项目是广大学生力所不能及的项目,或者说是平时没有实践、体验过的项目。而且,大部分比赛项目单项较多,集体项目较少,制约了参赛人数,使大部分学生只能成为运动会的看客或者为别人加油助威的呐喊者,无法直接参与并体验体育竞技游戏给他们带来的乐趣。这一局限严重影响到了学生参与的主动性和积极性,使运动会成为了部分学生逃离校园的小假期,达不到举办校运动会的目的。因此,在运动会内容的设置上,要坚持面向全体学生,同时也要注意内容的更新。

1. 坚持运动技能的体验,注意内容的更新

在运动会项目的设置上,多选择趣味化的运动项目,既要重视体育的竞技性特征,重视体育文化的传承,又要强调体育竞技的大众性、健身性、教育性、娱乐性等特征。例如,拔河、呼啦圈、20人×100米的迎面接力、40人×60米迎面接力、10人×5级立定跳远等以集体成绩计算最后名次的各种比赛项目。还可以适当增设一些自编、自创的体操、健美操的对抗赛、武术表演比赛等项目,使学生在运动会过程中,既能欣赏到较高水平的体育竞技,又能直接参与运动竞技。

2. 坚持以学生为本,运动会要面向全体学生

运动会作为高校体育的一个重要组成部分,其主要目的是使学生进一步体验运动和比赛的乐趣,感受平常体育活动的效果,体验集体归属感,丰富学生的业余文化运动生活。因此,运动会应办成人人愿意主动参加,个个有参赛资格,并能享受体育乐趣的运动会。

(三)我国高校运动会参加人员的设计

高校运动会应立足于吸收更多的学生参加竞赛,同时还可以邀请高校领导、学生家长、老师等和学生组成团体参加比赛,也可以请领导、教师、家长担任运动会的裁判工作,借此增近学生、家长、老师间的关系。因此,高校运动会无论在比赛内容的选择上,还是在比赛规则的制定上,都应该充分考虑绝大多数学生的情况,使全体学生都有机会参加运动会的比赛,使他们充分体验参与运动的乐趣。

(四)高校运动会场地设计

高校运动会场地设计是保障高校运动会得以顺利进行的基础。运动会的场地不仅是运动会各项比赛活动的影响因素,其本身也是一种教育的因素。因此,从某种意义上说是一种特殊的教育环境。例如,场地的充分利用,器材的恰当安放,以人为本和安全比赛理念的充分贯彻,都有利于高校运动会的组织,有利于吸引学生注意力,激发学生的参与热情和兴趣,从而收到良好的效果。要设计好场地,应从以下几个方面着手。

1. 场地设计要从运动会项目设计和高校场地的实际出发

运动会的项目设计是进行场地设计的依据。因项设计、因地制宜,根据运动会项目的特

点和场地的实际情况进行场地设计是保质保量完成运动会各项任务的前提。高校运动会都有一定的时间限制,这就要求运动会场地设计要紧凑以保障项目比赛的效率,不能出现人员(观众、运动员)、项目对赛程产生影响。

2. 场地设计要从讲求规范性和合理性出发

为了顺利完成高校运动会的各项任务,在设计场地时一定要注意规范化、合理化。既要考虑阳光、风向等自然因素,又要考虑学生、教师等人为因素。如地上画的标志线,直线一定要直,圆圈一定要圆,白点要正,正方形、长方形、平行线等都要画得准确。器材的大小、高低、长短、轻重不仅要作科学的安排(根据参赛者的学段、组别等),还要摆放整齐,不能东歪西斜。

3. 场地设计需从符合学生的安全出发

安全问题应该是高校运动会场地设计必须首先考虑的问题。比如,田径场由粗煤渣铺设,煤渣块、小石头的地面如果不注意维护,就会导致凹凸不平从而使学生踝关节、膝关节扭伤,皮肤表面擦伤。在铁饼投掷区应设置保护网,跳远、跳高的场地中沙子与沙坑高度、沙子的柔软度,比赛场地入口和出口位置、进入场地人员的出入管制、场地特点、场地空间特点,人员(观众和运动员等)聚集区的合理安排等都是需要考虑的安全问题。

4. 场地设计要从充分利用场地和讲求实用性出发

高校运动会要求内容、比赛手段等多样化,参赛学生人数最大化。这种变化往往需要准备多块场地,除了运动场以外,围绕着比赛的主场地可以设计多块分场地,如拔河比赛场地、团体立定跳远场地等。同时,场地设计一定要做到简洁、实用。设计时应尽可能减少器材,特别要减少小型器材的数量,准备时可变一种器材为多种用途。

5. 场地设计要美观、协调、形象

运动会之前富有艺术性的器材布置,规范、整齐、醒目的标志线,形象、直观的标语、图片等都会给学生带来新鲜感,引起学生的注意,产生跃跃欲试的积极情绪,从而为更好地完成运动会的任务奠定基础。

(五)高校运动会计分方法的设计

高校体育运动会中产生的成绩和名次,反映着教学或训练的质量,是运动会比赛工作的一个主要部分,其计分方法应严格按照该次运动会预先设计的竞赛规则和竞赛规程的规定,这有助于充分发挥体育评价的作用。通过这一评价,能够促进广大师生日常的身体锻炼,巩固教学和训练的效果,发现体育人才,宣传和引导科学锻炼,从而推动高校群众性体育活动的开展和运动水平的提高。

计分方法是评定成绩和名次的方法之一。它是对各个运动队的集体项目、个人项目的成绩进行阶段性局部评价并实现对参赛所有队伍成绩进行最终综合评价的方法。根据运动会项目的设计可分为按录取名次计分、按成绩计分、按参赛人数计分、按遵守规则情况计分等几种计分方法。

1. 按录取名次计分

例如,某大学2017年春季综合运动会规定,各比赛单项录取前八名,按9、7、6、5、4、3、2、1计分,得分相等时,根据比赛规程评定名次,名次并列,得分平分无下一名次。集体太极拳为双倍得分。设团体总分、男子团体、女子团体,各录取前三名。团体总分为单项的得分、功法的得分和集体项目的得分之和,男子团体为男子单项得分、功法得分、简化太极拳的加倍得分和初级拳的得分之和,女子团体为女子单项得分、功法得分、简化太极拳的加倍得分和三十二式太极剑的得分之和。

2. 按成绩计分

例如,跳绳团体比赛,每队15名队员,210次/分以上计10分,200～210次/分计9分,依此类推最后计算团体总分。

3. 按参赛人数计分

例如,集体太极拳比赛参赛队人数总分50分,缺1人扣1分,依此类推计入总分。

4. 按遵守规则情况计分

例如,所有团体比赛,包括篮球比赛、足球比赛、排球比赛、健美操比赛以及乒乓球团体赛分别录取前三名。计分按单项前三名成绩计分乘以4计算,即前二名分别按36、28、24计分,其余参加各队若无违规违纪情况均计10分。

(六)高校运动会的安全保障设计

高校体育运动会是整个高校体育工作的重要组成部分,以服务与增进身心健康为目的之一。因此,为了增进健康、增强体质、促进文化学习、培养学生良好思想道德品质,举办运动会时,要认真遵循"健康第一"的原则,运动负荷的安排要合理,防止过度疲劳。同时,要加强安全教育和卫生知识的宣传,严防伤害事故的发生。高校运动会安全保障设计一般要做好下列五个方面的工作。

1. 做好高校运动会期间的医务监督

运动会报名时要对学生进行体格检查,重点检查心血管系统,必要时可做肝功能、心电图等检查,机能不良者不得参赛,如感冒、发烧、心动过速、心电图异常、外伤未愈或各种内脏器官疾病者。

2. 做好场地、器材、服装的卫生检查

跑道要平整。沙坑里沙质要符合标准,需翻松耙平并无杂物,铁锹和耙子要放在安全地方。投掷区应设明显标志。跳高用的海绵垫应大小适宜厚度足够。运动服不要过于肥大或过紧,要宽松合适,禁止将小刀、笔、钥匙等物品带在身上,以免受伤。

3. 要协助做好秩序册的编排工作

要避免和防止运动员连续参加比赛(疲劳过度易受伤)。比赛期间医务人员要坚守岗位,积极做好医疗和急救工作,防止运动员急跑后站立不动引起的重力性休克。

4. 做好比赛期间运动员的伙食工作

食物应多样化且易消化吸收,保证运动员有充足营养,于赛前 2.5~3 个小时进餐,以七成饱为宜,不吃含粗纤维多、易产生气体、刺激性大的食物,如芹菜、韭菜、大豆、辣椒等,除日常三餐外,最好增加 1~2 次点心。

5. 做好体育卫生宣传工作

充分做好准备活动(需要做 30 分钟左右,心率达到 100~120 次/分),同时注意保暖,确保在最佳状态下(准备活动做完 4~5 分钟)准时参加比赛,注意饮水卫生和公共卫生等。

(七)高校运动会的环境气氛设计

高校运动会的环境气氛无论对高校还是对所有参与者来说都具有重要的作用。高涨、热烈、良好的高校运动会环境气氛不仅具有导向、陶冶、激励的健康作用,对学生身心和谐发展,对高校校园文化建设都有重要的意义。因此,高校运动会设计时需要对环境气氛进行预先的综合设计。比如,如何进行平面布局、悬挂彩旗、陈设植物,进行升旗仪式,以及参与运动会的人员组成、精神文明奖的标准设计等都属于环境气氛设计范畴。在比赛场地的环境气氛设计应注意:

第一,横幅、宣传牌等宣传品,应形式新颖、有创新,宣传内容健康、活泼、积极向上。

第二,有拉拉队表演的,拉拉队队员动作设计应积极向上、健康大方、表演水平高、表演次数适当;队员应统一服装,队形变化自然、流畅,富于韵律,充分显示出热情、青春,感染力强。

第三,观众坐席排列整齐,观众精神状态好,鼓掌、呐喊助威热烈有序,不喝倒彩。

第二节 课余训练管理

高校课余训练、组织、管理是学校体育教育的重要组成部分,是实施国家全民健身计划在学校得以开展和落实的一项重要工作,又是我国多渠道、多层次培养优秀体育人才的重要战略措施。20 世纪 80 年代末至 90 年代以来,我国高校在国家颁布的有关文件指导下,不断改革实践,使高校课余训练取得了显著的效果,并给学校注入了新的活力。但是普通高校课余训练是一项极为复杂的系统工程,在具体操作中,仍不同程度地存在着一些问题,诸如训练形式、学生来源、经费来源、教练员运动员的管理体制等,本节针对这些问题进行了深入分析讨论和具体的实践研究,试图探索出一条适合普通高校课余训练蓬勃开展的有效途径,为我国普通高校课余训练的健康发展,以及高校体育的普及与提高提供参考依据。

一、课余训练组织管理概述

(一)课余训练组织管理研究结果与分析

1.课余训练的组织形式

(1)运动队的组成。经过调研我们发现,目前我国普通高校课余训练的运动队主要由两大类学生组成,一是从在校普通大学生中选拔出体育基础好、专项技术突出的学生,以参加省高校比赛为主要参赛目标的课余训练代表队;另一类是采取降分录取的方式从体校、体育中学等选拔出来的体育特长生,经高考文化课达到相应标准后入校组成运动队,其参赛目标是全国大学生比赛。以西北大学为例,目前排球、健美操、武术散打、乒乓球队伍就采用的是第一种组队形式,而校男篮、田径队中部分队员则采用的是第二种组队形式。

我们认为在当前的高校体育教育发展形势下,校代表队的两种组队形式各有分工,前者是基础,代表着一个学校体育工作发展的总体水平,后者则是在前者基础之上为促进高校课余训练上层次、上水平所采取的积极有效的措施,是对学校课余训练、体育科研乃至整个学校的经济实力的综合反映,二者是相互关联,相辅相成的。

(2)运动队的生源。生源的质量是最终决定运动成绩的一个非常重要的因素,好的生源运动水平起点高,再经过入队后的进一步雕琢,所能达到的运动水平预期值也就会更高,这点对于一般只有4年训练期的普通高校运动队而言尤为重要。

由于组队目的和参赛目标的不同,决定了校运动队生源的选择方式和要求的不同。例如,为参加省内比赛而组建的普通学生队主要从本校内有一定体育基础的普通大学生中选拔队员。因此,学校体育行政部门应该主动与学校招生部门积极配合,在每年度的招生工作中,充分利用国家的招生政策,结合本校运动项目开展的布局,在同等条件下,优先录取有体育特长的学生入学。掌握住这部分学生,再由各项组教练员负责从学校内普通生中遴选有一定运动基础的学生组成各运动队,展开业余训练。

对于学校重点建设的运动队,由于可以特招部分较高水平运动员入学,并且重点建设的队伍各方面投入也较大,因此对其运动成绩的预期值也就相应抬高。为了实现跨越式发展,目前部分高校高水平队采用招收退役运动员或挂靠体工队现役运动员的做法在短期内提高运动队成绩。采用这种方式短期内效果明显,但缺乏持久性,并且这种做法并不是高校课余训练的初衷,真正最终达到建设我国高校使之成为高水平运动人才培养基地的目标,还是要以此为契机培养出自己的德、智、体全面发展的优秀学生运动员。

(3)训练方式。业余训练队伍训练时间为下午第2节课后,平时一周集中训练3次,其余时间由队员根据自己情况在各项目俱乐部活动。赛前一个月强化训练,每周训练课增至5~7次。

重点运动队全年训练,平时利用每天下午第2节课后的时间训练,训练采用开放的形式进行,在不干扰训练的情况下,欢迎广大师生到场观摩,这不仅给普通学生提供了一个学习提高的机会,而且对于教练员和运动员而言,在众目睽睽下训练、比赛无疑起到了激励斗志和训练心理的作用。赛前,根据比赛的级别,利用1～2个月不等的时间进行强化训练,训练时间为全天(全国比赛)或半天(省级),采用封闭和开放相结合的形式组织训练。

2. 教练员、运动员的管理模式

(1)教练员的聘任。教练员决定着一支运动队的训练质量和比赛风格,对教练员工作进行有效的科学管理和监督就尤为重要。

调研发现,目前我国高校体育部门普遍存在着人员缺编的现象,且由于历史的原因,各校在从体育院校招收毕业生时从教学需要考虑,更多地选择了一专多能的人员,因此,目前我国普通高等院校运动队教练员绝大多数都是由体育教师兼任。高校体育教研部根据教师的专项业务能力,以及思想作风择优聘任,下达任务,各队教练员上岗之初与教研部签订任务书,并就队伍的管理、训练计划以书面的形式上报教研部备案。根据这些材料,教研部下属竞赛组定期检查教练员的工作,教研部对于不能正常履行职责的教练予以解聘。

(2)教练员的工作量。鉴于目前高校教练员多为兼职的现状,在教练员训练工作量的统计管理上要加大政策倾向。对于重点队教练员,根据学校实际情况将其训练课按课时计入该教师教学工作量,并相应减少其承担的普通体育课的教学任务,逐步向专职教练员过渡。训练课时的计算方法可以和运动队的成绩挂钩,完成预定任务全值计入,未完成任务的按所带训练课时加乘系数(小于1)计算。

(3)运动员的管理体系。特殊途径招入的运动员学生在校园内有一定的特殊性和影响力,他们较普通学生而言有着更充沛的精力,思想也更活跃一些。因此做好运动员学生的日常管理工作,不仅有利于保证他们的训练质量,而且对整个校园的精神文明建设都有很大的帮助。调研显示,目前我国普通高校对学生运动员的管理形式主要为二级管理体系,即学校竞技体育工作由校部直接领导体育职能部门,体育部门负责运动员的选拔招生、训练竞赛,学生所在系负责学生的文化课教学,体育部与学生所在系辅导员共同负责学生的日常生活管理。这种模式能够在统一的领导下发挥各职能部门的工作优势,又便于配合协调,因此为大多数高校所采用。

(4)运动成绩的指标化管理。高校特招运动员入学,其根本目的在于提高本校运动水平,在较高层次的比赛中获得好成绩为校争光,因此,运动员学生入校后对他们的各项管理都要与其运动成绩挂钩。作为各队教练员要严格训练,严格管理考勤制度,运动员训练出勤率要与训练补助挂钩。运动员入校之初,竞赛部门要与运动员签订各学年度竞赛成绩指标,对于完成指标的队员可根据获得的运动成绩适当地予以物质奖励,并按一定比例折抵学业学分,从而减少运动训练、竞赛与学习的冲突。对于不能完成指标的人员该年度取消其在学业上的优惠政策,按普通生对待,对连续不能完成指标的人员可考虑采用延缓毕业的办法,以此减少体育特招生入校后消极训练、混文凭现象的发生。

对于在本科阶段学习成绩优秀又超水平完成竞赛成绩指标的优秀队员,可采用保送攻读研究生的方式延长其在大学阶段的运动时间,目前,我国许多高校均采用了这一方法。

(二)课余训练的经费来源

1. 经费来源的现状

调查显示,目前我国高校课余训练的经费主要来源于教育行政部门的经费划拨。

普通学生训练队伍由于相对比赛任务少,运动员训练补助标准低,各校大都将这部分经费纳入体育教研部(体育部)的事业维持费中统一计划、归口管理。

调研发现,目前各高校对于通过特招运动员的重点建设的队伍大都拥有自己的专项经费,经费数额高低不等。一般由体育行政部门根据本年度训练竞赛工作的安排情况,向学校申报专项经费金额,由学校相关部门根据自身财政状况审批,专款专用。

在一些地区,省市政府、教育管理部门也会根据本地高校运动队建设的整体规划对一些在全国比赛获得优异成绩的学校运动队划拨一定比例的专项经费,用于运动的基础建设,例如场馆建设等。

2. 经费来源的新渠道

世界上大多数体育先进国家都拥有强大的经济实力并根据经济规律进行商业运作,体育商品化就是其突出的表现形式;国内竞技体育部分也有固定的国家计划投资保证金牌战略得以实施。对于国内高校的课余训练而言,由于其承担着普及与提高相结合的艰巨任务,且生存发展又处于计划经济向市场经济转型,高校课余训练乃至整个高校体育的经费都要积极地探索新的来源。

此外,重点建设队伍还可以利用自身品牌效益,主动与一些企业联网,在区域内利用其名称、形象等创造出商业价值来,以此来增强自己的造血机能。例如,广告宣传、形象代理、商业表演、成立球友会,等等。

3. 普及与提高相结合,课余训练促进学校体育工作全面发展

随着我国教育事业的发展,高校体育教育事业也逐步走上正轨,从培养学生终身体育的思想入手,实现普及与提高、群体与竞技相结合,促进学校体育事业全方位发展。学校体育应以体育教学为基础,广泛开展校内体育活动,为体育意识和体育兴趣的培养、运动能力的提高打下坚实基础。各高校应根据自身的特色,逐步形成自己的特色体育项目,例如小球类、轮滑、体育舞蹈、拓展训练项目等。在广泛普及的同时成立各类单项俱乐部,定期训练,定期举办比赛活动,突出抓好重点训练队的训练与管理工作。

(三)研究结果与建议

(1)目前,高校课余训练存在着重点训练队和业余训练队两种有显著区别的形式,随着我国教育事业费的大幅提高和学校实力的增强,重点训练队伍和业余训练队伍应逐步走向

统一,运动项目的普及应以体育教学为基础,向着单项俱乐部的形式拓展。

(2)高校中的教练员大多由体育教师兼任,要训练高水平运动队和教练员,学校人事管理部门要创造条件,促使兼职教练员向专职教练员过渡,完善教练员的任命制度、考核制度,面向社会招聘专职教练员,摆脱本校的局限。

(3)对于高水平运动员的管理,要在文化课学习和训练比赛之间寻求一个较为灵活的平衡点,以运动成绩作为中间可调控的依据,对于刻苦训练达成训练成绩和比赛指标的队员和队伍给予奖励和加分,对于训练差的队员和作风散漫的训练队伍给予相应处罚。

(4)现阶段,高校课余训练经费来源主要依赖于国家教育经费的划拨,随着经济、教育和体育事业的飞速发展,高校课余训练的规模将日益增大,训练经费来源必须多渠道筹集,高水平运动队应利用自身品牌效应制造商机,争取更多的训练经费来源。

(5)重点运动队和业余训练队相结合,以重点运动队为龙头带动校园的整体训练活动,走普及和提高相结合的道路,使高校课余训练深入人心。

二、我国普通高校课余训练的发展对策

课余训练工作作为高校体育教育的组成部分,对促进学校体育的全面开展,以及全民健身计划的落实,具有重要的推动作用。同时,这一项工作也是衡量高校体育总体质量的重要指标之一。

(一)对总体目标的认识

高水平运动队要以世界大运会、亚运会、奥运会为目标,培养体育特殊人才。总体目标向多项发展。高校运动队训练应坚持教学与训练相结合,高水平运动队应减少淘汰率,可根据市场需求,转让人才。

(二)对理论体系的再认识

高校一般水平的运动队是"以学为主",参加训练应根据自愿原则,利用业余时间,在不影响完成学习任务的前提下进行。通过训练,使学生的身心协调发展,成为德、智、体全面发展的人才和学校体育工作的骨干。

高水平运动队的训练理论体系具有相对的独立性,它不同于专业队,不能照搬我国现有的训练理论,也不能照抄外国高校的训练理论。应根据我国大学生的生理(心理)发育水平、学制年限、全国性比赛周期、学习和训练的实际,确定负荷。目前,高校高水平运动队一般采用专业队的训练理论体系,有些是适用的,有些是生搬硬套的,难免会造成训练工作的失误。

(三)重视选才与生源渠道

近年来由于受急功近利思想的影响,有的高校只顾眼前,严重影响了运动队长远战略目标的实现,阻碍了高校竞技运动的发展。根据现阶段的实际,运动员的来源应兼顾运动队的发展和效益,在多渠道并举的基础上,重点抓队伍后备人才的培养,建立高校自身的"一条

龙"训练体系。

对于高水平运动队的选才,目前部分高校已尝试从小学、中学中培养后备人才,实行"一条龙"计划,高校教师直接参与运动员的初级训练。实践证明,这是一条较成功的经验,在此基础上进一步完善"一条龙"训练计划,将是一个具有生命力的、适用于中国高校的选才之路。而一般水平运动队的选才,教练员可在高考前到高中物色,注意开展重点传统项目学校运动员的情况,以便及时发现人才。每年新生入校后,举行选拔赛,以各系新生为单位,从中选拔队员。

(四)提高教练员的业务水平

多数人认为教练员专职化是高水平运动队发展必然趋势;对教练员进行岗位培训,聘请高水平教练员来校执教,是提高高校教练员水平的有效途径。同时制定合理的训练和学习计划,以科学化训练带动运动队水平的提高。

三、课余训练管理体制的转变趋势与对策

在社会主义计划经济体制向社会主义市场经济体制转换的背景和条件下,受经济体制的制约,学校体育课余训练的管理体制也必然要作适应性的转换,即由计划型向市场型转变。因此,在适应社会主义市场经济发展的总趋势下,重新审视学校体育课余训练的地位,正视市场经济的挑战,制定并实施一系列对策,以加快学校体育课余训练管理体制的转变是当前学校体育课余训练的当务之急。

(一)政府主管部门职能的转移

政府主管部门的职能应从微观管理向宏观调控转换。应着重抓课余训练法规的研究和制定及经费的统筹。

政府主管部门通过立法,着重确定课余训练的性质、目标、管理体制的运行、职能部门的功能、作为独立法人的办学实体的权限与责任、用人单位和个人的权利与义务等。

政府主管部门通过法规立案决定成立各类学校教育的拨款委员会、考核委员会以及有关咨询顾问机构等专门机构。这些机构负责学校体育课余训练的资金分配,并对课余训练进行评估考核,也为学生个人、资助企业、学校提供咨询服务和有关信息。

(二)学校的对策

多元化办学是市场经济发展的必然,它逐步赋予学校以独立法人的资格,使学校具有更大的自主权。学校要有课余训练的市场意识,应进行市场调查,及时了解市场行情,在法律许可范围内,在为培养全面发展的人服务的前提下,根据市场需要确定训练项目形式和目标。引进企业管理方式,通过中标竞争获得主管部门的拨款,与委托训练单位、学校、高水平运动队签订合同,在互利的条件下争取经济资助。

(三)用人单位的选择

课余训练的用人单位包括学校自身、资助企业、高一级学校、高水平运动队等。应该看

到,当前社会是一个竞争的社会。学校、企业、运动队的竞争最终依赖人才的竞争。因此,用人单位要有人才意识,重视学校课余训练对于增强其竞争能力的作用,认真确定计划,通过投标签订合同的形式,与办学实体达成协议,并对训练结果进行验收。

(四)学生个人的权利与义务

市场经济推动社会的进步以及人的价值观的改变,这为学生开拓了广泛的成材之路,社会对人才质量的要求也越来越全面,因此,不但具有优秀的文化素质而且具有良好的身体素质的人才将成为人才市场的"宠儿",同时,通过业余训练以及其他的有效训练而具有一技之长的体育人才也将成为新的职业取向。所以,作为学生个人,面临更多的选择,可以根据需要、个人兴趣选择不同的训练形式。

第八章 高校体育文化管理

第一节 高校体育文化的管理与构建

一、高校体育文化管理概述

(一)高校体育文化的内涵与意义

1. 体育文化

文化是指人类在社会历史发展过程中创造的物质财富和精神财富的总和,一般分为物质文化和精神文化两个方面,而精神文化是指人类创造的全部精神财富。狭义的文化是指与经济、政治相区别的精神文化,包括科学理论、道德规范、教育、卫生、体育、文化艺术、哲学等。所以,体育运动的本质是一种文化,运动文化也可以称为体育文化,它是全人类的灿烂的文化遗产的重要一部分,属于精神文化。

2. 高校体育文化

广义地说高校体育文化是指在学校体育这一特定的范围里,人们在历史实践过程中所创造的精神财富和物质财富的总和。它包括学校在体育教学、健身娱乐、运动竞赛、体育设施、体育环境建设等活动中形成和拥有的所有的物质和精神财富。狭义的高校体育文化是指学校体育运动中所存在的一切精神现象,概要地说是指体育精神。它包括学校体育思想、体育观念、体育道德、体育意识和体育行为方式等。

高校体育文化包括广大高校学生、教师和其他工作人员的体育行为、体育运动能力和体育运动水平,以及在体育运动的过程中呈现出来的体育精神和体育价值观、形成并认可的体育规范和体育道德等多个方面的丰富内容。它是广大学生和教职工人员在日常的体育活动中形成的物质财富和精神财富之和,具有鲜活的生活特色和积极向上的精神的特点,是以高校学生为主体,在体育任课教师的引导下创造的一种独特的文化形态。

高校体育文化对激发学生体育学习和体育锻炼的热情、提高学生体质水平和运动能力、推动学生人文精神和终身体育观的形成、培养学生健全的人格、丰富学生的大学生活等诸多方面都有着重要的意义。高校体育文化的参与性很强,其自身具备的时尚性和趣味性的元素能吸引广大学生主动参与其中,而在参与的过程中,高校体育文化所具备的凝聚力和向心力又会使学生在潜移默化中受到教育,并将体育运动中有价值的、积极的方面内化为自身的行为,促进自身的全面发展。

(二)高校体育文化的发展现状

高校体育文化是高校校园文化的一个重要组成部分,也是一种极富创意和教育性的文化形态。现在,随着社会的不断发展进步,很多高校的体育工作已得到了长足的进展,为学生身体素质水平的提升和个性全面发展奠定了一个良好的基础。

(1)目前,很多高校的体育考评方法仍然局限于传统的考试评分和达标测试等方面,评价方式单一化,教学方式模式化,不利于学生体育兴趣的培养和激发,不利于体育活动的创意组织,不利于高校体育文化的多样化发展,高校体育文化的氛围有待进一步强化。

(2)体育场地和体育器材等必备的体育设施,是学生能顺利开展体育活动的基础和前提。在体育设施的调配和管理上也有待进一步的完善,合理地调配和管理能大大提高体育设施的利用率,以满足体育教学和学生组织开展体育活动的需求。体育设施是体育运动的基础条件,所以要促进高校体育文化的发展,必须要重视高校体育设施的建设和管理。

二、高校体育文化的构建

高校体育文化的构建,从精神生产的角度来看,广义是指一切由学校体育所创造出的以物化形式存在的精神产品;狭义是指学校体育精神的产生、创造及其过程。高校体育文化的构建可以分两个方面。一是从纯粹的精神生产的角度来创新和发展学校体育运动和技术;二是从弘扬体育精神的角度,在广泛的意义上进行高校体育文化(物化)产品的开发与生产。

(一)高校体育文化构建的目标和内容

1.高校体育文化构建的目标

(1)根据文化的社会功能,通过高校体育文化建设,丰富学生的课外文体生活,促进学生全面素质发展,加快素质教育的进程,争创"全国高校课外文体活动示范区"。

(2)初步形成一套符合青少年身心发展规律的,具有现代教育特征和普遍推广价值的,高校体育文化的构建方法和模式。

(3)进一步深化体育课程与教学改革,从理论和实践上完善"大单元小循环式"课外体育活动模式,解决学生个性体育发展与学校体育全面发展的矛盾,有效地改善学生的体质状况,促进学校传统体育活动项目的建设与发展。

(4)充分发挥高校体育文化的知识传承功能,解决学校当前在体育活动与文化学习之间存在的矛盾问题。建立一种相互作用、渗透融合、共同发展的新型学科关系,以优化和整合课外活动教育资源,提高学校的整体教育效率。

2.高校体育文化构建的内容

高校体育文化的建设,能极大地丰富学生的课外文体生活,并有利于调动和激发学生参与体育运动的热情,进而养成终身体育锻炼的习惯,促进学校体育和学生个性体育的发展。

特别是主题式高校体育文化的构建过程,能进一步弘扬体育精神,营造一种积极、健康、文明、向上、团结、和谐的高校体育文化氛围,从而实现环境育人教育理念;而各种体育文化作品的创作过程,也是学生综合实践能力的提高和其他各种形态文化共同发展的过程。另外,从学校整体教育的优效性看,主题式高校体育文化的构建打破了单一学科教学的模式,实现了学校有限教学资源的共享,还从整合学习、双向建构和多元发展的框架式知识建构的角度来促进学生全面(即和谐)素质的发展,并确保每一位学生受益,以提高学习有效性。

因此,我们应该大力加强高校体育文化建设,并从改善学校教育的软环境和综合实践活动的角度,与学校其他校园文化融为一体系统化的建设,以充分发挥校园文化建设的功能与作用,从而更有效地发挥高校体育文化的示范、导向、凝聚、选择和辐射功能,最大限度地挖掘高校体育文化的思想性、知识性、科学性、创造性和社会性价值,提高社会主义学校的办学水平。

高校体育文化建设的内容应该包括以下几个方面:

(1)高校体育文化的构建模式(包括组织机构、内容形式、操作策略等)。

(2)适合高校创建的高校体育文化内容和产品。

(3)高校体育文化构建与学校德育工作的相互促进的关系。

(4)高校体育文化构建与学生个性体育和学校体育共同发展的关系。

(5)高校体育文化的构建与其他各种形态文化发展之间的关系。

(二)高校体育文化构建的策略

高校体育文化根据青少年的身心发展规律,以"生动、活泼、自主发展"为主题,以推进素质教育和配合"减负"工作为核心,以培养学生的创新精神和实践能力为重点,以广大高校生都能积极参加文明、健康、活泼的课外文体活动为目标。

1.充分发掘传统体育的文化内涵

重视对传统体育活动其内涵文化的发掘,加强对高校体育文化内容的研究,努力发挥体育文化的功能,使学生可以从不同的角度来全面地了解体育、关心体育,从而调动广大学生的体育积极性。

2.强化校园环境的体育文化氛围

"学校无处不教育",要充分发挥学校体育文化潜在的教育功能,强化学校体育文化氛围,加强"高校体育文化"建设功能的宣传,大力弘扬体育精神,努力提高高校体育文化内容和设施的教育性,并意图通过主题式体育文化的构建,以营造一种良好的育人环境。

3.体育文化建设的多元化

改革传统的体育课外活动的内容与形式。把校园文化建设与体育活动有机地结合起来,改变以竞技为主的单纯的体育比赛形式,使体育活动向大众化、娱乐化、健身化、个性化方向发展。让更多喜欢体育运动的人,能够参与到体育比赛中来,以进一步提高学生体育活动的积极性。

4. 创建学校特色的体育文化

学校每年都要开展不同层次的体育活动,可以根据科学、艺术、实用、系统的原则和各自的特点,形成自己有特色的体育文化活动内容与形式,以满足不同层次、不同兴趣学生对体育文化的需求,以吸引各种怀有不同目标的学生去关心、观察、体验、认识体育,并最终参与到体育运动中来。

(三)高校体育文化的构建方法

1. 培养高校学生的体育文化精神,促进体育文化素质教育的实施

培养学生的体育文化精神,促进体育文化素质教育的实施,是高校体育文化建设的根本保障。高校在进行高校体育文化建设的过程中,要通过一定的宣传手段和引导方式,营造一个良好的氛围,培养学生的体育文化精神和体育文化意识,促进学生养成锻炼的习惯。

首先,体育任课教师在课堂教学过程中,一定要注意理论内容的讲解,要引导学生透彻理解体育的本质和社会意义,帮助学生树立正确的体育学习态度,激发学生学习的自觉性和积极性。

其次,要定期举办体育文化活动,如体育文化讲座、体育文化竞赛、体育文化展等,从而有计划、有目的、有步骤地拓宽学生的体育文化知识面,培养学生的体育文化精神。

最后,可利用高校体育俱乐部或体育协会的方式,分门别类的从各个方面对学生的体育运动技术、体育活动规则、裁判规则等方面进行强化,让学生在通过体育放松和娱乐的同时,提升自身的体育文化素质修养,从而促进体育文化素质教育的实施,为高校体育文化的构建奠定坚实的基础。

2. 利用现代信息手段推动高校体育文化的营造和传播

随着现代信息技术的飞速发展,现代信息手段在高校体育文化的营造和传播过程中也开始扮演着越来越重要的角色。现代信息网络在传播速度和内容容量上都具有独特的优势,能完整、有效、迅速地传播高校体育文化的内涵和意义,使学生对高校体育文化形成更加全面以及正确的认知和理解,使高校体育文化的功能得到进一步的扩展。

传统的体育教学方式一般是以课堂教师讲解、示范的模式来进行的,这样的教学方式偏重于体育技能和体育知识的传授,而对体育精神和体育文化的涉及则很少,忽略了体育活动中思想和文化的方面,对高校体育文化的构建十分不利,而现代信息技术手段的运用则能有效地弥补这一点,现代信息技术手段能综合大量的信息,并以图形、动画、声光技术等诸多生动的方式加以呈现,使学生的兴趣和热情得到充分的激发,使高校体育文化的传播更加便捷,从而推动高校体育文化的建设。

3. 改革高校传统的高校体育文化的组织和管理方式,提高学生的参与积极性

高校体育文化的有效组织和管理,是高校体育文化活动顺利实施的基础和保障,传统的高校体育校园文化的组织和管理模式一般是由学校或院系的体委、体育教研室等具体组织和安排的,学生在整个过程中扮演的只是参与者的角色,而无法涉及活动的具体组织和实施,这样的组织和管理模式,会严重影响学生参与体育活动的积极性,所以,要对传统的高校体育文化的组织和管理方式作出一定的调整,让学生直接参与到高校体育文化活动组织和实施的整个过程中,重视学生的个体需求和个人能力的发挥,站在学生的立场来选择体育活动内容和活动方式,让学生直接、民主地参与进来,使他们在参与的过程中获得成就感和满足感。除此之外,通过体育活动的筹划和组织,在联系和协调的过程中,学生还能获得一定的社会经验,提高自己的管理能力,学校还会因学生的积极参与,在一定程度上节省体育活动筹划组织所需要的人力和物力,所以,将学生纳入高校体育文化的组织和管理过程,对推动高校体育文化的建设和发展具有明显的成效。

(四)高校体育文化构建过程中应注意的问题

1. 重视学生体育课外活动的组织和开展

学生的体育课外活动是高校体育文化的一个重要组成部分。学生体育课外活动组织开展的数量和质量会直接影响高校体育文化的构建。丰富的、多样化的课外体育活动能对传统的体育课程起到一个良好的补充作用,能让学生在娱乐和放松的过程中进一步提升自己的运动能力和技能水平,培养运动兴趣和运动习惯,从而提高学生的体育文化素质修养,营造一个健康的体育文化氛围,推动高校体育文化的构建。所以,高校在日常的教学管理过程中,一定要注意多组织开展多样有趣的课外体育活动来丰富学生的课外生活,如趣味比赛、体育知识竞赛、体育摄影展等,让学生在潜移默化中将体育精神内化为自身品格的一部分。

2. 高校体育文化的构建要注意凸显本校特色

每个学校所处的地理位置不同,周边的人文环境不同,学校已有的文化传统和资源优势也不尽相同,所以高校体育文化在建设的过程中也要注意凸显本校的特色。利用当地的资源优势,根据本校的实际情况,组织合适的体育活动,并且在活动组织和开展过程中注意总结,逐步形成自己的文化特色,有自己特色的高校体育文化会更丰富、更活泼,而且有利于已有精华的传承和高校体育文化教育功能的充分发挥。

3. 高校体育文化的构建要注意紧跟时代脚步,不断推陈出新

高校体育文化作为一种独特的文化形态,必须要能反映时代的特色和需求,并且随着社会环境的不断改变,及时作出适当的调整。只有高校体育文化的形式和内容始终符合学生的需求,才能吸引更多的学生参与其中,也才能让学生在参与的过程中获得社会所需要的技能、培养社会认可的素质和能力,从而让高校体育文化发挥其应有的作用,实现高校体育文化的良性发展。所以,高校体育文化的构建要注意紧跟时代脚步,始终把符合时代需求作为一个基本的原则贯穿于整个发展过程中。

除了紧跟时代脚步之外,高校体育文化要想得到持续健康的发展,还必须要具备创新精

神,只有在发展的过程中不断推陈出新,才能保持良好的发展态势。创新不但能拓宽已有的发展思路,还能让高校体育文化在继承既有精华的基础上,始终保持新颖性和吸引力,从而充分调动学生以及其他教职工人员参与的积极性,让学生得到教育和锻炼的同时,推动高校体育文化建设不断发展。

4.高校体育文化的构建过程中要注意体育小群体的发展

高校体育文化是高校师生体育活动和体育行为过程中的精神财富和物质财富的综合,其主体是高校师生,然而因为个人的身体素质水平、体育运动能力、兴趣爱好、优势特长等因素的不同,参与者在参与体育活动时会根据自身的实际情况来进行选择,并且选择具有一定的方向性,所以在体育活动的过程中,很容易出现相对稳定的体育小群体,比如篮球队、足球队、健美操兴趣小组等,这些相对来说比较固定和稳定的体育小群体,就是一个个小的体育文化圈,这些小的体育文化圈形成了高校体育文化,所以说,在高校体育文化的构建过程中一定要关注体育小群体的发展,只有这些小群体健康发展了,才能营造良好的、有活力的高校体育文化氛围。

第二节　高校体育科研与信息管理

一、高校体育科研管理概述

学校体育科学研究工作是整个体育科学研究工作的一个重要组成部分。体育科研的管理对体育科研水平的提高有密切的关系,管理水平低,即使有好的科研人才,先进的设备,也难于发挥最佳效益,加强学校体育科研的管理是学校体育工作中的一个重要问题。

(一)体育科研经费设备管理

目前我国学校教育的经费主要依赖于国家政府部门的拨款。但是,随着我国社会主义商品经济的发展和以市场为取向的经济体制改革,学校的规模不断扩大,而政府部门对学校的资金投入很难跟上其扩大规模,这使学校的经费在各方面的投入受到限制,学校的体育科研工作也受到影响,要获得科研工作的发展,必须冲破原有的封闭性,重视市场的需要,运用价值规律和物质利益原则,提高效益,利用市场经济为学校体育科研提供更多的资金。

科研经费的计划和使用是关系到科研项目成功与否的重要环节,合理计划和使用经费往往能达到事半功倍的效果。科研经费的计划设置,必须全面地考虑,尽量做到符合实际、切实可行,杜绝盲目性、片面性和随意性。科研设备的购置应有目的性和有效性,建立校与校之间的科研设备互用关系,使科研设备高效利用。

(二)建立网络化的科技管理创新体系

科技管理创新体系的建立是使政府部门的信息网络化,让这些信息进入科研单位、进入社会、进入市场,实现资源信息共享,提高科研单位的科研能力。科研成果是科研工作者知识创新的结果,最初只是科研工作者(或科研单位)的"私人知识"。由于社会分工的原因,知识创新、知识应用往往由不同社会组织承担,被封闭在两个不同的社会组织系统内。一般而言,知识创新主要由各类科研机构、教学科研型的大学来承担,知识的应用则主要由社会的其他部门来完成。科研成果要赋予应用,必须有一种有效的联络机制来执行。应用开发部门具有对科研成果进一步加工和应用的能力,它把科研成果向外输送和扩散,提供给社会上的应用组织进行应用,使科研成果商品化,最终使之进入市场。因此,必须利用高校、研究所的知识能力,政府部门的开发信息,应用开发部门对科研成果进一步的加工及应用能力,连接成新的体系,合成产业链,促进科研成果的扩散和反馈。这是对旧的管理观念的突破,是使科研工作产生良性循环的关键。

(三)学校体育科研人员的管理

1. 对体育科研骨干的管理

要注重提高科研骨干的体育知识、技能、组织能力和科研能力,以及能带领或独立进行科研的工作能力,对工作出色者应及时表扬和奖励,应要求他们定期向组织汇报自己完成任务的情况,使他们真正成为体育科研工作的带头人。

2. 体育科研人员的量化考核

对体育科研人员进行量化考核,这能具体地反映出科研人员及学校的科研情况。我们可以将科研定量化考核评分内容确定为学术论文、学术著作、科研立项、经验收的科研项目、科研经费、科研获奖、国家专利、成果转让等 8 大项 32 小项。

(四)选题和成果检验的管理

通过信息的沟通,科研工作者能够获取第一手体育科学情报,了解以前的科研情况和现今的科研动态,避免选题的不正确和重复。选题还要进行论证,分析它的理论价值和实践价值。科研源于实践,又服务于实践,因此科研成果必须回到实践中经受检验;进行再实践、再认识,体育科研成果的检验评定,是反馈信息的调节行为,是检查科研任务实施程度的必由之路。

加强学校体育科研管理的目的在于有效地组织开展学校体育科研活动,提高科研管理水平,调动广大体育教师体育科研的积极性,提高科研效率,获得更多更好的科研成果,促进学校体育事业的发展。

1. 学校体育科研管理的基本内容

(1)制定体育科学技术政策。

(2)选择制订体育科研计划。

(3)科学地组织学校体育科研队伍,并按科研工作需要和个人能力组织科研人员。

(4)建设相应的研究室、实验室、课题组。

(5)为学校体育科研工作提供必要的物资条件。

(6)提供体育科研工作所需的图书与情报资料。

(7)加强研究人员的培训工作。

(8)组织成果鉴定、推广和评奖等。

2.学校体育科研计划

开展体育科研是提高体育教学质量的必要条件,也是提高教师理论水平的有效途径,还是深化体育教学改革的重要措施。因此,通过体育科研管理,不仅能获得体育科研的成果,还能促进教育教学质量的提高。体育科研管理的重要内容是制订体育科研计划。在制订体育科研计划时,需要注意以下几点:

(1)要深入调查研究。全面了解教师的理论水平、科研能力和有关科研条件,对不同职称的教师在研究课题方面提出不同要求。

(2)要坚持体育科研为体育教学改革服务。联系当前教学中存在的问题进行研究,如培养学生体育能力问题,优化课堂教学结构问题,改革教法与学法问题等。

(3)要正确处理科研与教学的关系。以教学推动科研,以科研促进教学,使科研与教学相结合。

(4)举办体育学术报告会。应定期举行体育科研成果交流活动,对教师的体育科研成果给予奖励。

(5)建立教师体育科研档案。保存好教师的科研成果资料,作为教师晋升职称的依据。

3.学校体育科研组织

完成学校体育科研工作,必须依赖于一定的组织及设立相应的管理制度。

(1)设立学校体育科研机构。学校体育科研机构的设立随科研项目、课题的来源不同而不同。一般应由科研项目、课题批准部门作为最高管理部门,学校科技处(社科处)和体育教学部(室)均应根据学校有关科研管理政策加以管理,项目、课题负责人为具体管理者。

(2)明确学校体育科研职责。学校体育科研职责权限,同样因项目、课题的来源不同而不同。但主要职责应由项目、课题负责人承担,并对研究成员进行具体分工。但是任何体育科研课题都需要划分为课题前期管理、中期管理和后期管理三个阶段。各阶段的管理要求也有所区别,前期管理要准,中期管理要紧,后期管理要狠。

(3)建立学校体育科研管理制度。制定学校体育科研工作管理规定,一方面是为了保证项目、课题任务的顺利完成,另一方面也是鼓励和约束广大体育教师自觉主动地参加体育科研工作的需要。除了按照国家、地方科研管理部门颁布实施的有关科技法规,制定本单位的相应规定之外,还可以结合学校人事分配制度改革(岗位津贴),制定体育教师岗位职责和体育科研工作任务,明确科研奖惩管理规定。

二、高校体育信息管理

学校体育信息管理是指对学校体育各种信息的收集、加工、利用和储存的一系列活动过程。学校体育信息的主要表现形式是反映学校体育发展状况与趋势的情报、资料,如体育教学档案,学生体质测定、业余运动训练的各种资料、数据,学校各种体育活动和竞赛活动的情况记载、成绩记录,体育教师科研情况及科研成果,有关学校体育发展状况的各种统计资料、报表,以及各种体育报刊等。学校体育信息管理应加强对各种信息的收集、汇总、加工、处理、分析、储存与传递,使之形成相互协调、密切结合的运转机制。还应创造条件,逐步推广运用电子计算机,建立一个"灵敏、准确、及时、适用"的学校体育信息管理系统。

在学校体育信息管理中要做好体育管理的统计工作,如体育统计报表是按照国家或上级统一规定的表格形式、内容、上报时间和报送程序,定期向国家或上级报告计划执行情况和重要体育工作情况的一种报告制度。它是获取体育信息的重要来源和渠道。体育管理的统计工作,主要是收集并记录、整理和分析有关体育事业的各种数据统计资料,为各级体育领导决策研究提供可靠依据,对国家体育事业的发展状况做出客观的反映,对各项体育政策、计划、措施的执行情况进行检查和监督。体育统计与报表要及时、准确、系统、齐备。它要求建立严格的规范,包括报表的格式和指标体系,建立和完善统计组织体系。学校体育的统计与报表按照原国家教委发布的《教育统计工作暂行规定》进行实施。体育局系统实施的统计与报表制度,也包括学校体育工作的某些指标与数值,如《国家体育锻炼标准》达标率,经常参加体育活动的学生人数,体育传统项目学校布局情况和学校参加业余训练的运动队数与运动员数等。

第三节 高校体育知识管理

一、高校体育知识管理概述

体育知识是对体育信息采用归纳、演绎、比较等手段进行数据挖掘,使有价值的部分凸显出来,并与已知的体育知识相结合所得的结构化信息。知识管理是以"人"为中心,以信息资源为基础,以技术为手段,以创新为目的,系统化、组织化地识别、获取、开发、使用、存储和交流组织所需的知识并将其转化为提高核心能力的思想和活动。它是一种新型的管理模式,从概念上讲有三个特征:创新性,要求破陈出新;人本性,以人为服务对象,体现以人为本的理念;增值性,解决混沌状态与需求间的矛盾。体育知识管理就是面向体育工作者,对体育信息进行采集、挖掘,增强有序化、系统化、结构化,进而使体育知识为人所用。体育知识管理可以起到对体育事业有利积累的作用。体育知识管理的实施主体是参与体育事业的各类人群,包括体育科研工作者、体育事业管理人员、体育训练人员,等等。体育知识管理的对象是各类体育知识。

人类认识世界的目的是改造世界,是生产实践。体育知识管理的目的同样是为体育实践服务,把获得的知识用于体育事业的实际应用。体育知识管理的实现一般由体育知识库系统、知识发现、知识表达、知识共享、知识转化与应用几个部分组成。

二、高校体育知识管理的过程

对已有数据进行知识发现之前得有知识库的准备,知识库系统由知识库和知识库管理系统组成。知识库是随智能决策系统引入的,其中包含解决问题时所使用的知识。知识库中除内嵌专家系统、业务规则外,还包括在数据挖掘过程中得到的知识。知识库管理系统负责对知识库中的知识进行增加、删除、修改、维护等操作。信息大爆炸的时代,对我们而言有直接生产力作用的是知识。在信息的海洋中我们需要去提炼所需的知识,这就是知识发现。知识发现就是从大量数据中发现有用的知识的整个过程,数据挖掘是知识发现过程中的一个关键步骤,它利用特定的数据挖掘算法从数据中抽取模式,不包括数据的预处理、领域知识结合及发现结果的评价等步骤。

(一)体育数据收集

体育数据收集可以采用多种方式进行,除了运用传统走访调查外,还可以借助计算机网络手段,如使用 Web 页面方式展开体育信息调查问卷,还可以使用应用中的体育信息管理系统的数据积累,另外当下互联网上使用广泛的 RSS 也是个不错的形式。RSS 是一种被广泛采用的内容包装定义格式,任何网站的任何信息源都可以采用这种方式来发布信息,包括专业综合性体育站点、体育院校站点、科研机构站点、甚至体育爱好者站点等。它来源多样化,但却有个性化聚合的特点,并且时效性强。

(二)体育数据挖掘

数据挖掘就是从大量的、不完全的、有噪声的、模糊的、随机的实际应用数据中,提取隐含在其中人们事先不知道的、但又是潜在有用的信息和知识的过程。数据挖掘也是知识发现过程的核心步骤,它涉及的数据量比较大。首先是数据仓库中的信息单元。

体育科研中的常用技术有概率统计与神经网络、模糊系统、决策树、进化计算等。神经网络技术是一种模仿动物神经网络,以人工神经元为运算单元分布式存储的互联的智能信息系统。运用组合网络可以对体育赛事中的影响因素进行归类。把神经元网络与体育专家系统结合形成智能决策系统对体育事业的应用提供支持。模糊系统将人的思维和判断方法定量化,在体育领域的应用中,可以把模糊技术与神经网络结合起来。如可以对一些健康指标进行监测分析,为运动员的健康提供保障参考。决策树法是根据逻辑关系将决策问题绘制成一个树型图,按照从树梢到树根的顺序,逐步计算各结点的期望值,然后根据期望值准则进行决策的方法。我们在研究体育问题时,决策树法可以为体育方案决策提供理论依据,用决策点代表要决策的问题,用方案分枝代表决策方案,用概率分枝代表方案可能出现的各种结果。进化计算是模拟自然界中生物的进化过程和进化方式对工程问题进行优化求解的技术,包括遗传算法、遗传规划、进化规划和进化策略。在一定意义来讲,体育比赛正是对自然界"物竞天择,适者生存"规则的诠释。

(三)知识转化与应用

同其他领域的知识管理一样,体育知识管理的最终目的也是为了应用,以转化成生产力。体育高等教育的目的是培养优秀的国家体育人才,除了具备过强的专业技术,还需要有过硬的科研水平。体育统计是我国高校体育本科教育的重要科目,在体育科研中扮演着重要角色。体育知识管理中渗透着体育统计的重要内容。另外,通过对体育课程考核数据的挖掘,我们可以探寻这些显性信息背后隐藏的问题。比如评价方法是否合适、考核标准是否公平等。把体育知识管理的思想运用于体育统计教学科研中是推动学科发展的助力剂。在体育学科教学中,运用体育知识管理的思想对学生的训练成绩进行知识发现也是必要的,同时结合学生的健康指标可以进行新的知识发现。

在体育教学的运动训练中要讲究科学指导,这是竞技体育项目取得优秀成绩的必备条件。在运动训练中,经常要对运动员的体质健康指标进行测试,通过对大量的历史体质数据库进行数据挖掘可以得到一些统计手段难以实现的结果。比如我们结合营养学知识可以获得不同体质与营养关系的知识,通过体质数据跟踪数据库可以得到不同时间和年龄段体质与训练成绩间的关系。采用聚类分析挖掘技术对体质影响因素进行分析,为体质健康研究提供依据。如根据生物力学专家测定出的数据进行数据挖掘可知,跑鞋的重量每增加100克,体能消耗增加1%。通过知识管理手段,我们相信这样的研究也必将为保健和健身提供有力的指导。

竞技体育通常讲究运动员要有实力,实际上它是一个团体运作,田忌赛马的典故告诉我们,策略往往比实力更有决定作用。发挥校园网络的优势,可以更有利于体育知识管理的应用。首先,利用校园网络环境可以实现知识共享与传播。这可以借助一些工具来实现,现有的一些同步交流工具如即时通信软件、聊天室等;还有其他交流工具,如博客、BBS论坛、留言板等。其次,利用安全的网络环境可以提供知识管理的安全保障。采用分布式策略可以提高知识管理水平,一是分布式存储可以降低"把鸡蛋放在一个筐里"的风险;二是分布式的收集可以拓宽数据来源,不仅可以加强科研数据的收集力度,而且还有利于提高知识管理策略水平。另外,体育知识管理对于其他科研也有一定潜力。

三、高校体育知识管理的内容

(一)体能的概念与分类

1.概念与分类

体能也叫体适能,主要通过体育锻炼而获得。保持良好的体能可以使我们的身体更健康、精力更旺盛、生活更美好、寿命能延长、生命更有价值。体能可分为两类:与健康有关的体能和与动作技能有关的体能。前者包括心肺耐力、柔韧性、肌肉力量、肌肉耐力、身体成分等,后者是指从事运动所需的速度、力量、灵敏性、协调性、平衡和反应等。

2. 与健康有关的体能

(1)心肺耐力。心肺耐力指一个人持续身体活动的能力。心肺和血管的功能对于氧和营养物的分配、清除体内垃圾具有重要的作用,尤其是在进行一定强度的活动时,良好的心肺功能则显得更加重要。心肺功能越强,走、跑、学习和工作就会越轻松,进行各种活动保持的时间也会越长。

(2)柔韧性。柔韧性是指身体各个关节的活动幅度以及跨过关节的肌肉、肌腱、韧带、皮肤和其他组织的弹性和伸展能力,可以通过经常性的身体练习而得到提高。柔韧性是绝大多数的锻炼项目所必需的体能成分之一,对于提高身体活动水平、预防肌肉紧张以及保持良好的体态等具有重要作用。

(3)肌肉力量。肌肉力量是一块肌肉或肌肉群一次竭尽全力从事抵抗阻力的活动能力,所有的身体活动均需要使用力量。肌肉强壮有助于预防关节的扭伤、肌肉的疼痛和身体的疲劳。如果腹肌力量较差,往往会导致驼背现象。需注意的是,不应在强调某一肌肉群发展的同时而忽视另一肌肉群的发展,否则会影响身体的结构和形态。

(4)肌肉耐力。肌肉耐力指一块肌肉或肌肉群在一段时间内重复进行肌肉收缩的能力,与肌肉力量密切相关。一个肌肉强壮和耐力好的人更容易抵御疲劳的发生,因为这样的人只需要花很少的力气就可以重复收缩肌肉。

(5)身体成分。身体成分包括肌肉、骨骼、脂肪和其他等。体能与体内脂肪比例之间的关系最为密切,脂肪过多者是不健康的,其在活动时比其他人需要消耗更多的能量,心肺功能的负担也更重,因此,心脏病和高血压发生的可能性更大。另外肥胖也会使人的心理健康水平下降,故寿命就会缩短。要维持适宜的体内脂肪,就必须注意能量吸收和能量消耗之间的平衡,体育锻炼是控制脂肪增加的重要手段。

3. 与动作技能有关的体能

(1)速度:速度指快速移动的能力,即在最短的时间内移动一定的距离。在许多竞技运动项目中,速度对于个人取得优异成绩至关重要。

(2)力量:力量指短时间内克服阻力的能力。举重、投铅球、掷标枪等项目均能显示一个人的力量大小。

(3)灵敏性:灵敏性指在活动过程中,既快速又准确地变化身体移动方向的能力。灵敏性在很大程度上依赖于神经肌肉的协调性和反应时间,可以通过提高这两方面的能力来改善人的灵敏性。

(4)神经肌肉协调性:神经肌肉协调性主要反映一个人的视觉、听觉和平衡感与熟练动作技能相结合的能力。在球类运动中,这种体能成分显得尤为重要。

(5)平衡：平衡指相当运动或静止站立时保持身体稳定性的能力。滑冰、滑雪、体操、舞蹈等项目对于提高平衡能力是很好的运动，闭目单足站立练习也有相当好的效果。

(6)反应时：反应时指对某些外部刺激作出生理反应的时间。反应快速是许多项目中优秀运动员的特征，特别是在短跑的起跑阶段，反应时的作用更大，与健康有关的和与动作技能有关的体能成分有重叠之处，例如，心肺耐力、肌肉力量、肌肉耐力、柔韧性和身体成分等体能成分无论是对健康还是对技能性要求较高的运动都是十分重要的，但是，从事不同活动的人对体能的每一成分发展程度的要求是不一样的，要达到较高的、与动作技能有关的体能水平，就必须使上述的每一成分都得到充分的发展。

(二)体能的自我评价方法

1. 心肺功能的评价

(1)12分钟跑测试。12分钟跑测试是目前国内外最简单评价心肺功能适应能力的方法之一。运动生理学的研究表明，在12分钟内心肺功能适应能力强的人比适应能力弱的人跑的距离更长。心肺功能适应能力也表示全身耐力的水平。

测试的方法最好是在400米的跑道上进行。测试前要充分做好准备活动，在跑的过程中尽量快跑，如感到呼吸困难，应该减慢速度，及时调整呼吸。但在开始和结束时，应避免全速跑和冲刺跑。

(2)台阶实验。台阶实验是男生用高40厘米台阶，女生高35厘米台阶做踏台上下运动。测验前测定安静时的脉搏，然后受试者做轻度的准备活动，主要是活动下肢关节。上下台阶的频率是30次/分，因而节拍器的节律为120次/分（每上下一次是四动）。受试者按节拍器节律完成实验。

被测试者从预备姿势开始，完成如下动作：

①被测试者一只脚踏在台阶上；

②踏台腿伸直成台上站立；

③先踏台的脚先下地；

④还原成预备姿势。

用2秒上下一次的速度（按节拍器的节律做）连续3分钟。做完后立即坐在椅子上测量运动结束后的1分钟至1分半钟、2分钟至2分半钟、3分钟至3分半钟的3次脉搏数。并用下列公式求得评定指数，计算结果包含有小数的，对小数点后的1位进行四舍五入取整进行评分。

注意事项：

①心脏有病的不能测试。

②按2秒上下一次的节奏进行。当受试者跟不上节奏时应及时提醒，如果三次跟不上节奏应停止测试，以免发生伤害事故。

③上下台阶时,膝关节都应伸直。

④被测试者不能自己测量脉搏。

2.肌肉力量评价

一次重复最大量测试也称1RM测试。虽然这种测试肌肉力量的方法能被广泛接收,但对上了年纪的或身体比较差的人是不适宜的。由于这种测试会导致损伤,被测试者应在经过几周力量练习,并在技术和力量方面都有所提高的情况下进行测试,以免受伤。年纪较大或脑力劳动者需进行6周的力量练习,而大学生需进行1到2周的力量练习便可参加1RM测试。

1RM测试旨在测验选定了肌肉群的力量,测试方法如下:

先做5～10分钟有关肌肉群的准备活动,然后,选择毫不费力便可举起的重量进行练习,并逐渐增加重量,直到只能举起一次,真正的1RM测试是测一次能够举起的最大重量。

计算测试成绩的方法是:一次最大力量除以体重再乘以100,即为肌肉力量。例如,假定一位68千克的男子,他的仰卧推举为80千克,则他的肌肉力量分数为:

$$肌肉力量分数 = 一次最大力量/体重 \times 100$$

即,肌肉力量分数$= 80 \div 68 \times 100 \approx 117.7$。

3.肌肉耐力评价

(1)一分钟俯卧撑测试。标准的俯卧撑测试应按下面的方法进行:首先,身体呈俯卧姿势,并用两手撑地,手指向前,两手间距与肩同宽,两腿向后伸直,用脚尖撑地。然后曲臂使身体平直下降,使肩与肘接近同一平面,躯干、臀部和下肢要挺直。当胸部离地2.5～5厘米,撑起恢复到预备姿势为完成一次,俯卧撑是男学生测量肌肉耐力的简单方法。

(2)仰卧起身测试。仰卧起坐主要是测试腹部肌肉力量,然而在向上移动身体时,腿部肌肉同样也参加了工作。通过完成一个不完整的仰卧起坐(即仰卧起身),腿部肌肉的利用将被排除。仰卧起身与仰卧起坐的不同之处在于:第一,前者在上升阶段时,上体与垫子的角度不超过40(即肩部抬起大约15～25厘米);第二,仰卧起身避免了背部承受过大的压力。因此,在国外仰卧起身正在逐渐取代仰卧起坐,成为更常用的评价腹肌耐力的方法。

仰卧起身测的测试方法:仰卧在垫子上,两脚稍分开,屈膝呈90°,两臂伸直,在指尖处贴一胶带,靠近脚的方向再贴一条平行于第一条的胶带(间距8厘米)。仰卧起身就是抬起你的上体使指尖触到第二条胶带,再返回原来位置。

4.柔韧性评价

(1)肩部柔韧测试:肩部柔韧性测试评价的是肩关节的活动范围。测试方法:站直后,举起右手,前臂向体后下方弯曲,并尽量向下伸展,同时,用你的左手在体后去触及右手,尽可能地使两手手指重叠。完成右手在上的测试后,以相反方向进行测试(即左手在上)。一般总是一侧的柔韧性好于另一侧。

两手手指所重叠的距离就是肩部柔韧性测试的得分(单位:厘米)。测量手指重叠的距离应取近似值,比如,某一重叠距离为1.9厘米,应记为2.5厘米;如果两手手指不能重叠,得分应记为-2.5厘米;如果两手手指刚好碰到,得分应为0。

(2)坐位体前屈:测试学生在静止状态下的身干、腰、髋等关节可能达到的活动幅度,主要反映这些部位关节、韧带和肌肉的伸展性和弹性及学生身体柔韧素质的发展水平。使用坐位体前屈测量计测量。将仪器放置在平坦地面上。测试前,用尺进行校正,即将直尺放在平台上,使游标的上平面与平台呈水平,将游标的刻度调到0位。

受试者坐在连接于箱体的软垫上,两腿伸直,不可弯曲,脚跟并拢,脚尖分开约10~15厘米,踩在测量计垂直平板上,两手并拢;两臂和手伸直,渐渐使上体前屈用两手中指尖轻轻推动标尺上的游标前滑(不得有突然前伸动作),直到不能继续前伸时为止。测试计的脚蹬纵板内沿平面为0点,向内为负值,向前为正值。记录以厘米为单位,取小数点后一位。如为正值则在数值前加"+"符号,负值则加"-"符号。

注意事项:

①测试前,受试者应在平地上做好准备活动,以防拉伤。

②测试时,如发现两腿弯曲或两上臂突然前伸时应重做。

③测量计应靠墙放置。

④身体前屈两臂向前推游标时两腿不能弯曲。

5.身体成分评价:腰围—臀围比例测试

腰围—臀围比例测试的基本原理:过多的腹部脂肪与疾病的(如心脏病和高血压等)发生是直接相关的。因此,腹部有大量脂肪堆积的人腰围—臀围比例高,他们比腰围—臀围比例低的人更容易患心脏病和高血压。测量腰围—臀围比例的步骤如下:

(1)测量工具为无弹性的卷尺。站立、不要穿宽大的衣服,否则会使测量结果产生偏差,测量数值应精确到毫米。

(2)测量腰围时,把卷尺放置于肚脐水平处,并在呼气结束时测量。

(3)测量臀围时,把卷尺放在最大周长处。

(4)完成测量后,用腰围除以臀围,得出腰围—臀围比例。

(三)体育锻炼的基本原则

体育锻炼的原则是身体锻炼基本规律的反应,也是锻炼者安排锻炼计划、选择锻炼内容、运用锻炼方法所要遵循的原则。尽管具体的锻炼手段和方法因人而异,但为了达到体育锻炼的目的,提高锻炼的效果,在锻炼中我们应遵循以下基本原则。

1.体育锻炼的FIT监控原则

FIT是次数(Frequency)、强度(Intensity)和时间(Time)三个英文单词的缩写。要想取得良好的锻炼效果,必须在体育锻炼中科学地安排好锻炼的次数、锻炼的强度和锻炼持续的时间。

(1)次数:表示每周进行体育锻炼的次数,要想获得良好的体育锻炼效果,每周应进行 3～5 次的体育锻炼,作为大学生应该保证每周进行 5 次体育锻炼。

(2)强度:锻炼强度常用心律间接地表示,目前推荐的锻炼强度范围为自己最大心律的 60%～80%。最大心律可采用下列公式来估算,即最大心律＝220－年龄。只有超过一定强度的锻炼才能有效地引起机体的适应,同时在适应一定运动强度后,还应逐渐加大锻炼的强度,才能使身体健康水平逐步得到提高。

(3)时间:是指每次运动的持续时间。有效的持续锻炼时间是 20～60 分钟,对于一个适应较低的大学生而言,至少应持续 20～30 分钟的锻炼,而适应水平较高的大学生可能要持续锻炼 40～60 分钟。另外低强度的锻炼要求运动的时间长于大强度的练习时间,如以最大心律 80% 强度进行锻炼,仅需 20～30 分钟即可,而以最大心律 60% 强度进行锻炼,需要 40～60 分钟。

2. 超负荷原则

超负荷原则是指在进行体育锻炼时身体或特定的肌肉所受到的刺激强于不锻炼时或强于已适应的刺激强度。在进行体育锻炼时只有遵循超负荷原则,身体健康素质才能在现有的基础上逐步得到提高。为了发展有氧耐力水平,可以通过增加每周的练习次数、每次练习的持续时间和练习的强度来达到超负荷的锻炼目的。

运用超负荷原则指导体育锻炼最重要的因素就是要从自己体能水平和身体承担负荷能力的实际出发,恰当的确定锻炼负荷的大小。负荷通常包括负荷量与负荷强度。负荷量一般是以练习的次数、时间、距离、重量来表示;负荷的强度是以练习的速度、负重量、密度来表示。负荷量与负荷强度二者相互影响、相互制约,在强度最大时,负荷量最小;负荷强度是次最大强度,负荷量应达到中等;负荷量最大时,负荷强度应是最小强度。

超负荷锻炼有利于提高健康和体能水平,但并不是每次锻炼时都练习得筋疲力尽,事实上,即使不进行超负荷练习,以适宜的运动量进行练习,对健康也有促进作用。

3. 循序渐进原则

体育锻炼对增强体质、促进健康的作用是循序渐进、逐步提高的,该原则要求在进行体育锻炼或发展某种身体健康素质时应该逐渐增大运动负荷。要想获得理想的锻炼效果,增加运动负荷不宜太慢或太快。运动负荷增加太慢会限制身体健康素质的进一步提高,增加太快可能造成疲劳过度或引发运动损伤。若要循序渐进则可采用"百分之百规则"。这个规则的含义是:每周的运动强度或持续运动时间的增加不得超过前一周的 10%。当锻炼者达到自己所希望的体能时,就无需再增加运动强度和持续时间。以某种固定的负荷进行有规律的锻炼,就能保持这种体能水平。但值得注意的是:如果停止锻炼,体能水平就会随时间的推移而恢复到锻炼前的水平。

4. 安全性原则

安全性原则要求在体育锻炼的过程中始终注意保护自己,做到安全第一。其主要内容包括:不要盲目参加超过自己能力的活动;每次练习前必须做好充分的准备活动;饭后、饥饿或疲劳时应暂缓锻炼,生病刚愈不宜进行较大强度的锻炼;每次锻炼后,要注意做好整理、放松活动;在制订或实施自己的锻炼计划前,一定要经过体检和医生的认可。如果你患有某种疾病或家族遗传病史,需要找大夫咨询,在有医务监护的情况下按照体育教师和医生的建议进行锻炼。

5. 专门性原则

专门性原则是指锻炼时针对身体的某一部位或某一机能进行反复的练习。如果锻炼的主要目的是为了提高有氧能力,就应该选择慢跑、步行、自行车、有氧操、游泳等运动项目进行锻炼。为此,进行身体锻炼时,应根据自己确定的锻炼目标来选择适当的锻炼内容与方法,这样才能更好地帮助自己实现锻炼目标。

6. 恢复性原则

人体机能的提高是通过锻炼、疲劳、恢复、再锻炼这样一个循环往复的过程而实现的。由于锻炼会使身体产生疲劳,因此,要想从锻炼中获得最大的效益,在下一次锻炼之前必须注意休息,保证体力得以恢复。

7. 锻炼效果的可逆性原则

锻炼效果的可逆性是指停止锻炼而引起体能水平的下降,虽然每次锻炼后需要一定休息时间进行恢复,但休息时间过长则会降低体能水平,所以保持体能水平需要通过有规律的锻炼。研究表明,停止力量练习 8 周后,肌肉力量下降 10%,停止耐力练习 8 周后,耐力水平下降 30%～40%。

8. 大小运动量相结合原则

交叉采用大小运动量进行身体锻炼,不仅能够提高效果,而且还能防止伤害事故的发生。因此,应做到不要连续几天进行大强度运动或大运动量锻炼;大强度或大运动量运动一周最多只能进行三次;每周可以安排一次超大强度运动;掌握自己身体状况,如果疲劳没有很好恢复或出现过度疲劳症状,应停止锻炼或减小运动量。

(四)体育锻炼的监控方法

1. 知晓自己的体能和健康状况

在开始体育锻炼前,有必要了解自己的体能水平,这有助于你通过一定的方法和手段来改变体能方面的不足之处,有助于体现锻炼带来的益处,从而树立自己坚持体育锻炼的决心。

在准备参与体育锻炼前也有必要了解自己的健康状况。如果你身患疾病,则需要咨询医生或体育保健专家,这样才能科学地进行锻炼,否则,体育锻炼不仅无益于健康而且还可能造成生命危险。疾病史自评量表会使你清楚地了解自己的疾病史;健康状况自评量表能使你清楚地了解自己的健康状况;适合健康状况运动量表,能使你根据自己的健康状况安全地调控运动量。

2.运用心律来调控运动强度

在一定范围内心律与运动强度成正比,因此心律可以帮助了解和控制体育锻炼过程中的运动强度,它可以准确地告诉你运动强度是否需要增加或减少。触压桡动脉和颈动脉就可以测量心律。触压脉搏时不要用力太大,以便保证血液的正常流动。

为了准确地测量运动时的心律必须在运动结束后的5秒钟内测量,测量10秒钟的心律再乘以6,作为一分钟的心律。为了科学地用心律调控运动强度,应当掌握最大心率和靶心率的计算方法。

最大心率:人体做极限运动时的心搏频率。无论人们年龄的大小还是性别有所差异都可以采用下列公式来估计出自己的最大心率。

$$最大心率=220-年龄$$

靶心率:通过有氧运动提高人体心血管系统机能时有效而且安全的运动心律范围,通常用它来调节运动负荷,下列公式可以计算或检测运动时自己适宜的心律范围。

$$靶心率=最大心率\times 60\%\sim 最大心率\times 80\%$$

注意:成人靶心率的上限为最大心率$\times 80\%$;青少年靶心率的上限为最大心率$\times 85\%$。

靶心率为人们提供了运动时安全有效的心率范围。学会了如何根据靶心率来调控自己运动时的锻炼强度,就应该利用这种方法指导自己的实践活动。

3.体育锻炼过程中的调控

危险信号:

第一组:如果发生以下任何一种情况,即使只有一次,也要停止运动并在咨询医生后才可以恢复运动。

(1)心脏不正常,包括不规则的心跳、心脏快速跳动,或者是心悸、突然的心跳,或者在正常的心跳之后出现很慢的心率。

(2)胸、手臂或喉咙感到疼痛或压力,这可能在运动中或运动后发生。

(3)眩晕、突然丧失协调、神志迷乱、出冷汗、目光呆滞、面色苍白、忧郁或者晕厥。在这种情况下,要停止运动,也不要做放松运动,躺下并抬高脚或者坐下把你的头放在双腿之间直到症状消失。

第二组:立即试用建议的疗法,如果没有作用,就去看医生。

(1)长期的快速心跳。这可能在接近训练区域上端时和运动后5~10分钟内发生。要改变这个情况,可以把运动心跳保持在训练区域的下端,并且逐渐增加训练量,当症状仍不消失时,就去看医生。

(2)关节炎发作。休息直到症状消失再参加活动,如果常用药物而没有作用,就去看医生。

第三组:一般可以不用医生就可消除的症状,但最好告诉医生。

(1)运动后的恶心或呕吐。减少运动量并延长放松时间。

(2)在运动停止后仍持续10分钟以上的严重呼吸困难。运动强度应保持在训练区域下方或下端,在运动中能够保持谈话,如果在运动中呼吸困难,就停止运动,去看医生。

(3)疲劳恢复过慢。如果在运动后24小时仍不能消除疲劳或在运动后出现失眠就要降低运动强度,保持在训练区域下方或下端,并且缓慢地增加运动量。

(4)侧肋剧痛(隔膜痉挛)。坐下前倾,试着把腹部器官向上挤压以舒张隔膜。

4. 过度疲劳的十大症状

(1)运动后第二天肌肉非常疼痛。

(2)肌肉的疼痛感随着锻炼的次数逐渐增加。

(3)体重不正常的持续下降。

(4)以前能完成的练习任务现在完不成。

(5)安静状态下的心率增加了8~10次(在每天相同的时间和状态下测量)。

(6)对体育锻炼感到厌倦。

(7)感冒、头痛等症状增多。

(8)食欲下降。

(9)颈、腋、腹股沟部的淋巴结肿大。

(10)便秘、腹泻。

如果在锻炼过程中,出现上述过度疲劳症状,则应减少运动量或停止锻炼,直到过度疲劳症状消除。

5. 对锻炼环境的监控

在阳光下锻炼身体,可以直接接受太阳辐射到地球上的光线、紫外线和红外线,这对人类的健康与生存尤为重要。但是,这些射线和自然环境中的一些有害因素也会随时威胁我们的健康。

(1)太阳射线对人体运动的不良影响。在体育锻炼时,皮肤过度暴露在强烈的阳光下会产生很大的伤害。紫外线可使局部皮肤毛细血管扩张破坏表皮细胞。过强的红外线照射对机体有害,它可使局部皮肤温度过高,甚至产生烧伤。

(2)热环境中的体育锻炼。只有体温恒定在37℃时,机体才能维持正常的生理活动。

(3)湿度对体育锻炼的影响。在温度适中时空气中的湿度对人体影响不大,而在低温或高温时,较大的湿度对人体十分不利。

(4)冷环境中的体育锻炼。在冷环境下肌肉的黏滞性增大,伸展性和弹性降低,工作能力下降,更容易引起运动损伤。

(5)避免在空气污染的环境中进行体育锻炼。大气中的二氧化碳是影响体育锻炼效果的重要污染物,它们可导致胸闷、咳嗽、头痛、眩晕及视力下降等,严重的还可以导致支气管哮喘。

(五)锻炼计划的制订

1.健康和体能现状

在制订计划前,要了解自身健康与体能情况,有助于制订符合自己实际状况的锻炼计划。

2.确定锻炼目标

确定锻炼目标是制订锻炼计划的重要环节。在设置个人锻炼目标时,遵循以下几点建议:

(1)设置目标要有针对性,针对自身健康和体能的薄弱环节设置锻炼目标。

(2)设置目标必须是实现的,也就是说通过努力能达到的锻炼目标。

(3)目标设置应包括短期和长期目标。

(4)根据总的锻炼,还应设置锻炼过程各个阶段的目标,即起始阶段目标、渐进阶段目标、维持阶段目标,从而保证总目标顺利实现。

3.选择锻炼模式

锻炼模式包括锻炼方式、频率、强度的持续时间等。

(1)锻炼方式指个体从事某种专门性的身体练习活动,参加锻炼者要选择适合自己的运动项目作为锻炼的方式。

(2)频率指每周锻炼次数。一般来讲以每周锻炼3~5次为宜。

(3)强度指锻炼时人体承受的生理负荷量。

(4)持续时间指每次锻炼用在主要锻炼内容的总时间。

4.措施和要求

要注意保证锻炼计划顺利实施的措施和锻炼安全告诫。

(六)肌肉工作的主要形式及影响肌肉力量大小的因素

1.肌肉工作的主要形式

(1)向心收缩:如弯举。

(2)等长收缩:练习中肌肉长度不变,如静力性练习,持铃前平举。

(3)超等长收缩:肌肉先拉长(离心收缩)后紧接做向心收缩,如蛙跳。

2.影响肌肉力量大小的主要因素

(1)肌肉横断面大小。

(2)肌群的协调能力。在现实生活中常见到两人肌肉粗细相同但力量不同,这和肌群的协调能力和运动时肌纤维参加工作的数量有关。未经过特殊训练的一般人的肌肉中有60%为可动纤维,40%为不动纤维,只有通过一定负荷的训练将不动纤维转变为可动纤维,肌肉体积才能发生变化,力量才能增长。举重和健美运动员可动纤维可达90%。

(3)肌肉收缩前的初长度。只有肌肉收缩前的适宜拉长,才能发挥最大的力量。因此肌肉的弹性和合理的运动技术是十分重要的,如投标枪的引枪动作。

(4)肌肉收缩的代谢适应。肌肉收缩与放松有赖于能源物质供应,通过锻炼使肌肉中的毛细血管增多,氧气和能源物质供应充足,酶的活性增加,使力量得到发挥。

3. 介绍发展肱二头肌的主要练习方法

(1)肱二头肌的位置和功能。位于上臂前侧,具有牵拉小臂向大臂靠拢的功能。

(2)练习方法:各种姿势的哑铃弯举,如站立式、坐式、斜板等,反握单杠臂屈伸。

(七)提高肌肉力量锻炼效果的因素

1. 主要因素

(1)强度:负重抗阻的大小。一般讲,极限负荷85%以上的重量为大强度,60%～80%为中等强度,50%以下为小强度;通常以竭尽全力只能做1～3次的重量为大强度,6～12次为中强度,15次以上为小强度。

(2)组数:使用器械的回数。一般4组以下为少组数,4～8组为中组数,8组以上为多组数。

(3)次数:一组中的动作重复的次数。通常以1～5次为少数次数;6～12次为中次数;15次以上为多次数。

(4)密度:每组之间休息时间的长短。间歇时间达2～3分钟为小密度;1～1.5分钟为中密度;每组间歇30秒以内为大密度。

(5)动作速度:动作快慢。据研究,快速对发展爆发力有利,混合速度对增长力量有利,而慢速和中速则对发展肌肉有利。

要根据锻炼的目的进行负荷因素调节,如发展爆发力、增加肌肉体积,或增长肌肉耐力削减脂肪等。

2. 力量素质练习方法介绍——发展肱三头肌的主要方法

(1)窄距俯卧撑、双杠臂屈伸各进行3～4组每组6～8次以上。

(2)哑铃或杠铃仰卧推举(窄、中等握距)3～4组,每组6～8次。负重强度:极限负荷60%～80%的重量。

(八)力量练习中的运动负荷及其因素调节

1. 在力量练习中要有十分明确的目的

根据确定的目的和任务以及自身的情况,进行运动负荷因素的调节。一般情况如下:

(1)发展最大力量(绝对力量)的练习,采用的方法是:强度大(极限强度的85%)、次数少1~5次、中等组数(6~8组)、中密度(间歇1~1.5分钟)、中等速度。

(2)爆发力:中等强度(60%~80%)、快速度、中次数(6~10次)、中等密度(1~1.5分钟)、组数(6~8组)。

(3)发展肌肉体积:中等强度(60%~80%)、中慢速度、中等密度(1~1.5分钟)、中组数(4~8组)、中次数(6~12次)。

(4)发展肌肉耐力:小强度、快速度、多组数、多次数、大密度。

如采用循环练习方法,每组动作之间间歇控制在30秒以内,循环练习之间间歇时间为2~3分钟。根据水平可采用测心率方法,一般140次/分左右为宜,恢复至100次/分以下可做下一循环练习。

2. 发展胸大肌的主要练习方法介绍

(1)哑铃仰卧飞鸟3~4组每组6~8次以上。负重强度:极限负荷60%~80%的重量。

(2)宽握杠铃仰卧推举2~4组每组6~8次以上。负重强度:极限负荷60%~80%的重量。

(3)宽距俯卧撑3~4组每组10次以上。

(九)进行力量素质练习应遵循的几个原则

1. 力量练习应遵循的基本原则

(1)超负荷原则:锻炼所承担的负荷应超过自己平日的有限负荷。肌肉力量增长过程是一定负荷练习—使肌体产生疲劳—恢复—超量恢复而不断提高的过程,只有适度的超负荷训练,才能产生疲劳和实现超量恢复过程,肌肉力量的增长通过超负荷强度或通过负荷总量来实现,根据个人所设定的目的任务和自身的情况的需要合理安排。

(2)渐增阻力原则:力量素质所采用的是抗负荷练习,必须遵循渐进原则,不要过分追求快速增长,大家都知道,肌肉力量增长过程是一定负荷练习—使肌体产生疲劳—恢复—超量恢复而不断提高的过程,为提高肌肉力量,必须在消除疲劳的基础上,重新提高负荷量与强度,亦即遵循加大—适应—再加大—再适应,直到最大的原则,最终达到超量恢复的目的。

(3)消除疲劳原则:没有疲劳就没有锻炼,但疲劳若不及时消除,同样也很难达到理想的锻炼效果。根据研究提供的资料,利用间隔锻炼或采取肢体不同部位交替练习是帮助和调整恢复行之有效的办法。通常小负荷24小时恢复,中等负荷48小时恢复,大负荷72小时恢复。

2. 介绍锻炼肩部肌肉的主要动作方法

(1)持铃前平举(三角肌前束)、侧平举(三角肌中束)、俯身反飞举(三角肌后束)。

(2)提铃耸肩(斜方肌)。

(十)体育锻炼对心肺功能的良好影响

1. 经常从事体育锻炼对心血管系统有着良好的影响

(1)经常进行体育锻炼的人,心肌细胞能获得更充足的氧气及营养供应,因而心肌细胞产生营养性肥大,使心脏重量增加,容积增大,搏动有力。例如,一般人心脏重量约300克左右,运动员可增重至400~500克,一般人心脏容积为750毫升,运动员可达1000毫升以上,专家认为坚持运动起码可使心脏推迟衰老10~15年。

(2)由于心肌收缩有力,每搏出血量增多,因而安静时心跳次数比一般人慢。一般人安静时为75次/分,而训练有素的则可减至50~60次/分,甚至更慢,使心肌获得更多休息时间,从而使心脏有更大储备力。例如,一般每分钟心输出量约5升,运动时大大增加,锻炼者可增至30~35升,甚至达40~45升,说明心脏有很大储备力。

(3)锻炼还可改善体内物质代谢过程,减少脂肪在血管壁的沉积,保持与增进血管壁的良好弹性;促进体内脂肪的消耗;还能使具有保护性的高密度脂蛋白增加。这些都对血管疾病起到积极预防的作用。

2. 体育锻炼的好处

(1)减轻各种压力和紧张,有助于放松身心。

(2)增强体力和耐力;改善睡眠状况。

(3)有助于减轻和控制体重,增强肌肉,改善体形。

(4)改善呼吸系统和心血管系统的功能,预防心血管疾病。

(5)增加身体的柔软性,延缓衰老。

(十一)耐力素质及其种类的介绍

1. 耐力素质

耐力素质是指有机体长时间工作抗疲劳的能力。

2. 耐力素质的种类

耐力素质分为心血管耐力和肌肉耐力,而心血管耐力又分为有氧耐力和无氧耐力。

(1)有氧耐力通常又称为一般耐力,它是指机体在氧气供应比较充足的情况下,坚持长时间工作的能力,其有氧耐力的训练目的在于提高机体输送氧的能力,一般5000米、10000米和马拉松都是衡量有氧耐力的项目。

(2)无氧耐力通常又称为速度耐力,它是指有机体在氧供应不足的情况下能坚持较长时间工作的能力。那么,人体长时间在缺氧状况下运动,势必会产生"氧债"即产生乳酸堆积欠氧,只有到运动后才能偿还。所以,其无氧耐力的训练目的在于提高机体承受"氧债"的能力,一般800米、1500米甚至3000米都是衡量无氧耐力水平的项目。

3. 一般性耐力素质练习方法介绍

(1)跳绳练习:2~3分钟中、慢速跳,完成2~3组,每周练习2~3次。

(2)匀速跑练习:根据自己的能力完成1000～3000米的匀速跑,每周练习1～2次。

(3)变速跑:100米快～100米慢,田径场2～4圈,每周练习2～3次。

(十二)有氧运动的重要内容及标志

1. 最大吸氧量

最大吸氧量的是心脏功能强弱的重要标志,能直接反映个人的最大有氧代谢能力。它是指人体在激烈运动时,呼吸与循环系统功能达到最大能力人体每分钟所能摄取的氧量,简单地说,就是运动时每分钟能吸入并被身体利用的氧的最大数值。普通健康人:最大吸氧量为2～3升/分钟;经常锻炼人:最大吸氧量为4～5升/分钟;优秀运动员:最大吸氧量为6～7升/分钟。

2. 增进最大吸氧量应注意的因素

增进最大吸氧量的有氧锻炼应注意下列三个因素:

(1)运动强度:本节介绍一种用心率来掌握和控制运动强度的方法——卡式公式法,它是芬兰的卡沃宁提出的计算公式,即有氧训练强度阈(每分钟心率次数)=安静心率+[(220－年龄)－安静心率]×60%,例如,一个安静时心率为70次/分、年龄为20岁的大学生,那么其有氧训练的强度阈应是:70+[(220－20)－70]×0.6=70+78=148次/分,即这位大学生在从事有氧能力锻炼时心率为148次/分左右是合适的。

(2)一次锻炼的持续时间:至少为5～10分钟以上,根据健康状况及锻炼基础最好持续15～20分钟甚至30分钟以上,效果更好。

(3)锻炼频度:每星期锻炼多少次。每周锻炼3次(隔日一次),最好养成每天坚持锻炼的习惯。

3. 专项耐力的训练方法

采用所练习项目的四分之一段落,进行重复跑4～6组,每组间隔2～3分钟,强度控制在80%左右。

(十三)运动中常见的生理反应

中长跑中出现的"极点"及"第二次呼吸"的生理反应。

1. 极点

在中长跑时,能量消耗大,特别当下肢因流血量减少,加大了大脑氧债的积累,并达到一定程度时,就会出现呼吸急促、胸闷难忍、下肢沉重、动作不协调,甚至有恶心的现象,这在运动生理学上称为"极点"。

2. 第二次呼吸

当"极点"出现后,情绪要稳定,并适当减慢速度,加大呼吸深度,坚持下去,上述生理现象将会逐步缓解与消失。这是由于氧供应逐步得到增加,机体功能重新得到改善,从而运动能力提高,动作重新变得协调有力,这标志着"极点"已经有所克服,生理过程出现新的平衡,此种现象运动生理学成为"第二次呼吸"。

"极点"与"第二次呼吸"是中长跑中常见的生理现象,即使优秀的中长跑运动员也会出现"极点",只是随着训练水平的提高上述生理反应将会被推迟和减轻。

(十四)营养与健康

生命的存在,有机体的生长发育,各种生理活动及体力活动的进行,都有赖于体内的物质代谢过程。体内进行物质代谢必须不断地从外界获得新的物质,主要是从食物中摄取。

1. 营养素的概念

营养素是指能在体内消化吸收、供给热能、构成机体组织和调节生理机能,为身体进行正常物质代谢所必需的物质。

2. 营养素的分类

人体所需要的营养素有碳水化合物、脂肪、蛋白质、维生素、无机盐、食物纤维和水共七类。

3. 蛋白质的组成

蛋白质由碳、氢、氧、氮以及硫、磷、铁、铜、碘等元素组成。构成蛋白质的各种元素分别组成不同的氨基酸,氨基酸是构成蛋白质的基本单位。

4. 蛋白质的分类

依据蛋白质所含氨基酸的种类、数量和比例的不同其营养价值不同。按营养价值蛋白质可分为以下三类:

(1)完全蛋白质,也称优质蛋白质。其所含必需氨基酸种类齐全、数量多、比例适合人体需要,并且能够被人体充分吸收利用,能维持身体健康和促进生长,这类蛋白质包括动物性食品中的乳类、蛋类、鱼类及瘦肉,植物性食品中的豆类及其制品。

(2)半完全蛋白质。这类蛋白质所含必需氨基酸的种类虽然适合人体需要,但数量和比例不适合。此类蛋白质仅能维持生命,不能促进人体的正常生长,如米、麦、土豆和干果中的蛋白质属于半完全蛋白质。

(3)不完全蛋白质。这类蛋白质所含必需氨基酸种类不全,其营养价值低,很少会被人体利用,大部分经过氧化释放出热能就被浪费掉,如玉米中的玉米醇蛋白,肉皮、蹄筋中的胶质蛋白都是不完全蛋白质。

5. 供给量与来源

(1)一个人一天需要吃多少蛋白质,这应根据年龄、性别、劳动强度和健康状况来定。一般成年人每天每公斤体重需要1~1.5克蛋白质;正在生长发育的青少年每天每公斤体重需要1.5~3克蛋白质;至于在患病情况下可根据病情作相应增减。但是,仅考虑蛋白质的"量"是远远不够全面的,还需注意蛋白质的营养价值(质量)。

(2)人体所需蛋白质一般来源于动物性食物和植物性食物。动物性食物常指瘦肉、鱼类、奶类和蛋类等,属于优质蛋白质,其营养价值一般高于植物性食物,所以一般认为动物性食物营养好。植物性食物常指米、面、大豆、蔬菜等。除大豆、芝麻、葵花籽等是优质蛋白质外,其余均不属于优质蛋白质。植物性食物中,谷类虽然蛋白质含量不算高,但它是我国人民的主食,一日三餐70%的蛋白质来自谷类,不可忽视,植物性食物中的大豆蛋白质含量高达40%。

(十五)维生素的种类及其缺乏可能导致的疾病

1. 维生素的概念及分类

(1)概念:维生素是维持人体生命正常代谢和功能所必需的一种营养素,化学本质均为低分子有机化合物。人体不能合成维生素,必须从食物中获得。维生素不能为机体提供热能,也不是机体的构成物质。虽然机体对维生素需要量很少,但因其各有重要的生理功能,故当机体中某种维生素缺乏或不足时,就会引起代谢紊乱以及出现相应病理症状,这称为维生素缺乏症。

(2)分类:维生素的种类繁多,结构各异,理化性质和生理功能也各不相同,通常按其溶解性质分为脂溶性维生素和水溶性维生素两大类。

脂溶性维生素包括维生素 A、D、E、K,它们只溶于有机溶剂而不溶于水,在食物中常与脂类一起,在吸收过程中与脂类相伴进行。可储存于脂肪组织和肝脏,故过量可引起中毒。

水溶性维生素有 B 族(B_1、B_2、PP、B_6、B_{12}、泛酸、叶酸、生物素)和维生素 C,它们易溶于水,在体内仅有少量储存,易排出体外。

2. 维生素缺乏可能引起的疾病

(1)脂溶性维生素缺乏可引起:夜盲症、上皮组织角化、生长发育受阻、佝偻病、软骨病等。

(2)水溶性维生素缺乏可引起:胃肠道功能障碍、脂溢性皮炎、坏血病、口舌唇炎病等。

(十六)体育锻炼的代谢特点与营养补充

在进行体育锻炼时,机体的能量消耗比安静时要大大增加。安排锻炼期间的饮食,加速运动后的体力恢复,防止过度疲劳,合理的营养就显得十分重要。

1. 速度性运动

速度性运动是典型的大强度运动,如短跑。快速跑时对神经过程的灵活性和协调性要求高,同时体内高度缺氧,故能量的来源主要是糖的无氧分解供应。在锻炼后膳食中应含有丰富的蛋白质、糖,还必须有足够的磷、维生素 B_1、维生素 C、铁,此外还应多吃蔬菜、水果等碱性食物,进一步调节体内的酸碱平衡。

2. 耐力性运动

耐力性运动如长跑、超长跑、骑自行车等,运动强度较低,但持续时间长,运动所需总热能大,能量代谢以有氧供能为主。为了保证热能的来源充足,增强机体的摄氧能力,膳食中应含有较高的糖、维生素 B_1、维生素 C 及铁、钾、钠、钙、镁等元素,并适量补充脂肪和蛋白质。

3. 球类运动

球类运动对人体的要求较全面,对力量、速度、耐力、灵敏等素质均有较高的要求,所以对营养的要求也全面,膳食中的糖、蛋白质、维生素 B_1、维生素 C、磷等一定要充足。

4. 游泳运动

游泳运动在水中进行,机体散热较多,膳食中除供给必需的糖和蛋白质外,还要求足够的脂肪和维生素 B_1、维生素 C 及磷等。

5. 体育锻炼与水的补充

体育锻炼中水的代谢特别旺盛,如踢足球 1 小时,出汗量高达 2~7 升。在高湿环境下运动,出汗量更大。因此在锻炼中要及时补充水分,同时注意钠、钾盐的补充。一次补水量不能太多,以 150~200 毫升为宜。

(十七)影响心理健康的因素

1. 需要对健康的影响

需要是人对其生活和发展所必备的客观条件在头脑中的反映。人的欲望无止境,这是一种很自然的现象。人的需要由低到高分为五个层次:生理需要、安全需要、归属需要、尊重和被人承认的需要、自我实现的需要。

2. 现代社会对心理健康的影响

现代社会给人们心理造成的困惑与压力主要有:

(1)生活节奏加快,使人普遍产生时间紧迫感。

(2)竞争的日趋激烈,体现在社会的方方面面,这些竞争虽然有助于开发人的潜力,推动社会发展,但同时也造成了许多竞争方面的心理问题。

3. 人的主观因素对心理健康的影响

(1)性格类型的影响。

(2)思维方式的影响。

(3)自我意识的影响。

(4)家庭环境的影响。

(5)学校教育环境的影响。

(6)长期的心理应激会造成学生精神紧张,易诱发疾病。

(十八)体育对心理健康的促进作用

1. 振奋精神

当在学习和生活中碰到困难和挫折而产生烦恼和压抑情绪时,通过体育锻炼可以摆脱烦恼,振奋精神。

2.低焦虑反应

大学生因名目繁多的考试以及对未来工作分配的担忧会产生持续的焦虑反应,经常参加体育锻炼可使焦虑反应降低。

3.提高智力功能

经常参加体育锻炼可以提高注意力、记忆力、反应速度、思维和想象能力,还可使人的情绪稳定、性格开朗、疲劳感下降。

4.建立良好的自我概念

坚持体育锻炼可使体格强健,精力充沛,对于改善人的身体自我概念、身体表象、身体自尊至关重要。

5.培养坚强的意志品质

体育锻炼要不断克服客观困难(如气候条件、动作难度、意外等)和主观困难(如胆怯畏惧心理、疲劳和损伤等),从而培养良好的意志品质。这种坚强的意志品质能够迁移到日常学习和生活中去。

6.消除疲劳

大学生持续紧张的学习可造成身心疲劳和神经衰弱,保持良好的情绪状态和中等强度的体育锻炼可以使他们的身心得到放松,减轻或消除疲劳。

7.提高社会健康水平

现代社会需要合作精神,一个人想在社会中取得成功和成就,就需要与他人合作,需要得到他人的帮助。合作能力既是体育参与者必备的素质,也是通过体育活动需要发展的一种能力。经常参加体育活动,特别是参与集体性的体育活动,有助于加强合作意识,有助于培养团队精神。

8.治疗心理疾病

通过体育锻炼可以消除由于学习和其他方面的挫折而引起的焦虑和抑郁症等心理疾病。

(十九)体育锻炼对促进社会健康的作用

1.体育锻炼有助于人际交往

体育锻炼能增加人与人接触和交往的机会。通过参与体育活动,可以忘却烦恼和痛苦,消除孤独感,并逐渐形成与人交往的意识和习惯。特别是性格内向的人更应多参加集体性的体育活动,逐步改变自身的个性。

2.体育锻炼有助于培养合作精神

合作的优越性体现在个人与他人一起工作时所获得的社会效益,如增加交流、相互信任等。在一些相互依赖性的任务(如足、篮球运动等)中,合作会使活动变得更为有效,团队要获得成功,每个成员就必须相互协作、共同努力,才能使集体目标得以实现,同时个人的作用也能得到充分发挥。

3.体育锻炼有助于形成竞争意识

竞争是体育运动的主要特性之一。在体育运动过程中,时时刻刻都充斥着竞争,既有对自身的挑战,也有与他人的争胜;既有人与人的竞争,也有团队间的竞争。需要注意的是,竞争中要有良好的体育道德,不要伤害他人,要通过正确的竞争培养自己积极进取、顽强拼搏的精神。

(二十)情绪对身体健康的影响

1.不良情绪对消化系统有影响

俗话说"食欲是情绪的寒暑表",消化系统是最能接受人情绪影响的器官之一,如情绪紧张,可使人吃不下饭;由于悲伤过度,即使勉强吃下东西也难以消化,甚至会引起呕吐等不良反应。这是因为在紧张、忧虑情绪长期反复刺激下,大脑皮层功能发生紊乱,不能很好地控制和调节植物神经系统,主要表现是:腹痛、腹泻、便秘、恶心、消化不良、腹胀、心口部烧灼感以及失眠、头痛、多梦、记忆力减退、精神萎靡等症状。

2.不良情绪对心血管系统的影响

现代医学研究表明,一个人如果长期处于愤怒、紧张、恐惧的状态,特别是严重的惊吓,容易导致神经、内分泌系统调节紊乱,久之会形成高血压病。焦虑、紧张、愤怒、烦恼等不良情绪,会引起血液中某些激素大量增加,出现呼吸急促、心跳加快、血压升高、肌肉紧张、血管收缩等一系列生理反应。导致大脑供血不足时,造成心脏供血不足,就会出现心绞痛、心肌梗塞,甚至猝死。

3.不良情绪影响人的美容

当一个人精神过度急躁、焦虑时,这些不良刺激会直接影响中枢神经系统的功能,造成血管痉挛,引起血液循环迟缓。皮肤就好像一面镜子,它能把大脑中许多心理活动反映出来。不良情绪不但会影响皮肤的色泽,还可导致各种皮肤疾患,如牛皮癣、痤疮、脂溢性皮炎、湿疹、慢性荨麻疹等。

4.不良情绪对免疫系统的影响

紧张、悲哀、压抑等不良情绪可导致免疫功能低下,导致癌症的发生;相反平衡的心理状态有助于调动神经——内分泌,以及免疫系统的功能,促使免疫细胞、各种免疫因子活化,可对癌细胞进行"围剿",并将其一举歼灭。

(二十一)健康人格的标准

1.人格的定义

心理学认为,人格是一个人的整体精神面貌,是有一定倾向的所有心理品质或特征的总和。

2. 健康人格的标准

健康的人格是指在社会实践活动中,人格的各个方面都能得到充分的、统一的平衡和发展,其才能能够充分地发挥,并能力尽所能为社会为国家作出自己的贡献。健康人格的标准可以归纳为以下几个方面:

(1)和谐的人际关系。具有健康人格的人宽容大度、善解人意、尊重别人、助人为乐,有较强的集体归属感和团队精神。

(2)良好的社会适应能力。能积极适应社会形势发展,能在思想行为上跟上时代的步伐,关心社会并具有良好的适应新环境的能力。

(3)积极向上的生活观。对生活、对人生抱有乐观积极的态度,对前途、对未来充满信心和希望,并积极采取行动,为实现自己的奋斗目标而努力。乐观开朗,能够克服生活中遇到的困难和挫折。即使在最艰难的时刻也不放弃对生活的渴望和追求。

(4)清晰的自我意识。即对自己有清醒的认识,并能客观地进行自我评价,以接受改造的态度对待自己的缺点错误,并能有效地进行自我控制、自我调节和自我改造,不断提高自身的素质。

(5)好的主导心境。主导心境是指一个人情绪状态的主流。每个人的情绪波动都是不可避免的,只要乐观积极的情绪占上风、居主流,就是健康的情绪。

四、高校体育知识管理的发展与完善

随着体育事业的发展、体育产业的兴盛,体育逐渐成为一个全球性的大市场。体育领域的各种数据不断膨胀,体育信息空前迅速地充斥我们的生活、工作空间。计算机技术、网络通信技术、管理技术的进一步发展为体育教学与科研提供了必要条件。高校体育科研中,面临着大量的体育数据,传统的体育信息管理技术已逐渐不适应时代的要求。

综上,我们对体育科研中的体育知识管理给出以下建议:

第一,注意各类体育数据,包括定义知识库、数据采集及数据挖掘中所使用关键词的统一性,这样能避免组织内出现奇异的信息和纳入新的干扰知识体系,避免在交流沟通与任务通信时产生歧义。

第二,体育知识管理发展方兴未艾,保证关键词与规则的集合要有一定的开放性和扩展性,尽量避免由于数据不全导致新信息和新知识无法产生的状况产生。

第三,重视体育信息的时效性,尽量在信息的时效性消失前挖掘出其有用的价值,并使之沉淀于已有的知识库中。

第四,要保证体育数据来源的可靠性和逻辑性,采用适宜的数据组织格式、合理的事实结构,防止由于错误或逻辑混乱的信息加入到体育知识库中。

第五,关注体育知识库的结构化问题,要注重对知识库的迭代挖掘,避免知识彼此割裂,甚至出现知识孤岛。在不断加入新知识的同时要更新知识库的拓扑结构,理清各块之间的关系。通过不同领域知识的交叉融合,使它们统一协调起来,并不断用新的知识体系去"度量"新出现的问题。

  体育领域的信息迅速膨胀,传统的体育信息管理技术逐渐不适应时代发展的需求,应用数据仓库和知识管理技术对体育信息进行管理和深层次的分析是历史的必然。如何在新形势下推动体育教育事业更加健康地向前发展,体育领域的知识管理研究必将为之作出不可估量的贡献。

第九章　高校体育竞赛管理

第一节　高校运动训练管理

一、高校运动训练管理概述

学校体育高校运动训练与竞赛是学校体育工作的一个重要组成部分。科学地进行高校运动训练和运动竞赛是提高运动技术水平，培养群众体育活动骨干，选拔配备体育后备人才的基本途径，对于推动学校体育工作的开展，实现学校体育目标具有重要作用。

（一）高校运动训练管理

高校运动训练是指利用课余时间，教练员对部分在体育方面有一定才能的学生进行系统的训练，全面发展他们的身体，为不断提高专项运动成绩、培养体育骨干而专门组织的一种教育过程。它是全面贯彻我国教育方针，实现学校教育目标和体育目标的一项重要措施，也是我国体育运动普及与提高的中间环节。

1.高校运动训练的概念

高校运动训练是指利用课余时间，对部分在体育方面有一定天赋或有某项运动特长的学生，以运动队、代表队、俱乐部等形式对他们进行系统的训练，旨在全面发展他们的体能和身心素质，提高某项运动技术和水平，培养竞技体育后备人才。

2.高校运动训练的定位

高校运动训练是学校体育的组成部分，是学校贯彻普及与提高要求的重要内容。高校运动训练是我国运动训练体制的一个组成环节，是培养体育后备人才的必经之路，是基础训练的一种组织形式。我国大部分在国内、国际比赛中夺取优异成绩的运动员都启蒙于高校运动训练。开展高校运动训练，对全面贯彻我国教育方针和体育方针，实现学校教育目标和体育目标，推动"全民健身计划"和"奥运争光计划"的实施具有积极的意义。

3.高校运动训练的目标

高校运动训练的目标可以分为以下几点：全面发展体能，提高运动能力。输送后备人才，培养群体骨干。塑造良好品质，提高适应能力。对具有运动特长的在校学生进行全面身体训练，发展体能，掌握参训项目的基本技术和战术，为进一步的专项运动训练奠定身体、心理、技术、战术和思想品质的良好基础，为全面健身运动的广泛开展提供资源。

4. 高校运动训练管理的特点

学校课余体育训练与一般运动训练相比,有许多共同的方面。

首先,学校课余体育训练与其他运动训练一样,主要目的是提高专项运动的技术水平,创造优异的运动成绩,因此在训练项目、内容、方法和手段等方面具有相似性。

其次,为了使运动员能承受体育竞赛时的极限运动负荷和心理适应能力,在运动训练过程中,科学地安排生理负荷以及变化的速度和幅度。

再次,参加运动训练的运动员,无论是青少年还是成人,即使是接受相同的训练内容,他们在身体、技术、战术、心理、智力等方面仍存在不同的特点,所以,在训练要求、内容、方法与手段方面,都要做到区别对待。

最后,运动训练的结果就是要使运动员在各类比赛中发挥最佳运动水平,创造优异成绩。

然而,学校课余体育训练以在校青少年学生为主,所以,它与一般运动训练相比,又有其自身的特点。

(1)针对性。高校运动训练管理是针对学生而进行的,其管理和其他类型运动训练管理有所区别,在目标计划的制订组织实施等方面都要考虑到这一点。

(2)基础性。高校运动训练主要是进行基础训练,这是在训学生年龄特征、课余训练以及运动训练规律所决定的。学生正处于生长发育时期,他们的思想作风、道德品质、身体机能均处于形成和发展阶段。因此,在管理过程中,要加强思想教育,训练从打基础方面考虑,使他们能够全面发展。

(3)业余性。高校运动训练的显著特点是业余性,即利用课余时间(每天下午文化课学习后以及每年的寒暑假和其他节假日等)进行运动训练。以学期和学年为周期的运动训练,是其他专业训练所没有的。学生的训练时间基本上都在每天下午文化课学习之后以及星期天和每年的两个假期。这就要求在计划的制订、执行等方面要适应业余性这一特点。

(4)广泛性。学校课余体育训练的广泛性是指凡是愿意参加课余体育训练的学生,不分成绩高低,有无运动天赋,都可以参加课余体育训练。如果能以学生体育俱乐部的形式组织课余运动训练的爱好组和提高组,就能扩大训练对象的范围,不断壮大运动训练队伍。

5. 高校运动训练的组织形式

自20世纪70年代末期原国家体委提出业余训练要"全国一盘棋,组织一条龙,训练一贯制"以来,全国从上而下建立起形式多样、层层衔接的青少年业余体育训练体系,包括青少年业余体育训练初级形式(基层学校运动队、传统体育项目学校、体育班、普通业余体校),中间层次(重点业余体校、体育中学、训练中心、体育俱乐部)和最高层次(体育运动学校、竞技体校、优秀青年队)。随着我国体育体制改革的深入,作为业余体育训练基础的学校课余体育训练,呈现出多层次、多形式、多渠道并存的局面。

(1)学校运动队。学校运动队包括班级代表队、年级代表队及学校代表队等。它是我国学校高校运动训练最普遍、最广泛的组织形式,也是我国运动训练体制的基础。其主要任务是全面发展学生运动员的身体,增进健康,增强体质,打好思想、身体、技术、战术等方面的基础,逐步提高专项运动技术水平,推动学校群众性体育活动广泛开展,为国家培养和输送体育人才。

(2)体育传统项目学校。体育传统项目学校是开展学校高校运动训练的有效组织形式。它的主要任务是普及群众性体育活动,广泛开展体育传统项目训练;更好地增强学生体质,提高传统项目的运动技术水平;培养输送有某项运动专长的后备体育人才。体育传统项目学校,通常以小学和初中为主,以城镇为主,以田径和本地区重点项目为主,国家教育和体育主管部门对体育传统项目学校实行分级分批申报,批准命名,并颁发证书。证书一般有效期为三年,以促进竞争,提高效益。

(3)基层运动训练点。基层运动训练点是在学校群众性体育活动广泛开展的基础上,以一两个传统运动项目为重点的训练场所。它是由县区体育和教育部门根据需要,共同规划、全面布局设置的。也有的基层训练点是以某一重点学校为基地,吸收附近学校有培养条件的学生参加训练的,通常也把这些参加训练的学生编制成一个班,以便教学、训练工作的统一安排和管理。

(4)体育运动后备人才试点校。培养体育运动后备人才试点校是在深化改革的过程中,从体育传统项目学校中,选择一批学校领导重视、师资力量强、全面贯彻教育方针、推行素质教育、重视学校体育、运动场地器材设备条件好、教学质量较高的学校试办的一种专项运动训练的形式。其目标是在课余时间,对部分全面发展的学生进行系统的、科学的运动训练,不断提高运动技术水平,创造优异的运动成绩,培养优秀的体育运动人才,推动学校群众性体育运动的广泛开展。

(5)青少年体育俱乐部。青少年体育俱乐部的主要任务是培养青少年体育兴趣和爱好,养成终生体育锻炼的良好习惯,增强青少年体质,并向其传授体育运动技能,发现和培养体育人才。

6.高校运动训练管理的基本要求

(1)加强领导,健全高校运动训练的管理机构。

(2)按照儿童、少年、青年生理和心理发育的客观规律、营养条件和运动训练原则,进行系统的、科学的训练。

(3)切实抓好运动员的政治思想教育和文化课学习。

(4)建立一支高水平的高校运动训练的教练员队伍。

(5)加强运动训练科学研究的管理,建立科学选材、科学训练、质量评估制度。

(6)建设必要的体育场馆、设施和保证高校运动训练经费。

(7)把高校体育竞赛纳入高校运动训练之中,使竞赛为促进、检查、指导高校运动训练工作服务。

(8)加强教育部门与体育部门的紧密配合,处理好学校高校运动训练与体育部门业余运动训练之间的关系,高校运动训练与整个体育运动训练之间的关系,处理好运动训练与文化学习的关系,运动队训练与课外体育锻炼的关系,使参加训练的学生得到全面发展。

(二)高校运动竞赛的管理

高校运动竞赛是指运用借助运动项目及游戏等活动,充分利用课余时间,在校内、外组织学生进行的各种运动竞赛活动。高校体育竞赛是学校课外体育的重要组成部分,是推动学校群众性体育运动广泛开展,增强学生体质和提高运动技术水平的重要措施。

课余体育竞赛是实现我国学校体育目标的基本途径之一,是构成学校体育完整体系不可或缺的元素。它可以及时检查和了解学校群体工作的开展情况,有助于师生间体育交流。通过学校开展各种类型的课余体育竞赛激励青少年力争上游、奋勇拼搏的竞争意识和开拓精神,培养学生良好的心理素质;集体项目的竞赛有助于学生的合作精神和角色意识的养成,激发学生的责任感;通过对体育竞赛优胜者的奖励,能给学生带来精神上的满足和情感上的愉悦,激发他们锻炼身体和发展才能的愿望;通过竞赛有利于普及各种体育活动,在一定程度上提高学生的运动竞技水平。

1.课余体育竞赛的特点

(1)课余性。学校在校以学习为主,因此课余体育竞赛应充分利用学生的课余时间或节假日,并注意学期划分与季节的特点,合理安排。

(2)群众性。学校体育是面向全体学生的教育性活动,不存在选拔与淘汰,课余体育竞赛应考虑到全体学生的需求:体育运动竞赛项目的设置、竞赛规程和比赛规则的制定都应从全体学生出发,使大多数学生都有机会参加,防止比赛变成只有少数体育尖子生参与,大多数学生只能旁观的运动竞赛。

(3)教育性。课余体育竞赛最重要的目的是以竞赛为手段,培养学生团结协作、勇于进取的上进心,培养迎难而上、勇往直前的坚强品质、培养学生遵守规则的习惯,使其养成自律的良好品行。

(4)多样性。课余体育竞赛为了吸引、鼓励不同水平和层次的学生参加,必须考虑其多样性。一是竞赛内容的多样性,二是竞赛的组织形式、场地、器材、方法等方面的多样性,在参赛办法、计分方法等方面调动广大参赛学生的兴趣与热情。

2.高校运动竞赛的形式

高校运动竞赛包括校内竞赛和校际竞赛。

校内运动竞赛一般由体育教研室(组)或有关专门机构负责,根据制订的高校运动竞赛计划进行组织管理,开展灵活多样的、学生喜爱的班级之间、年级之间、科系之间的竞赛活动。

校际运动竞赛一般由上级教育主管部门负责,体育局协助,以当地就近为主,普通小学校际体育竞赛一般不出区、县,普通中学校际体育竞赛一般不出地、市。中等专业学校和职业学校的体育竞赛一般在省、自治区、直辖市范围内进行或由主管部(委)及其行业体协组织安排。全国大中学生运动会及单项体育竞赛一般安排在寒、暑假期间进行。

课余体育竞赛的常见形式有以下几种:

(1)学校运动会,是学校规模最大的竞赛活动。最常见的形式是学校田径运动会,或篮球、排球、足球及田径等多个运动项目的综合运动会。

(2)单项运动竞赛,只进行一个运动项目的竞赛。例如,田径项目中某一个项目的竞赛、各种球类竞赛等。该形式项目单一、组织简便、易于开展。

(3)单项娱乐性(趣味性、健身性)比赛,指师生自创的、民间流传的以及学生喜闻乐见的体育竞赛,如踢毽子、跳绳等竞赛。这种竞赛不受场地限制,竞赛内容、规则可以由学校自定,对技能要求不高,参与面比较广,能充分发挥学生的想象力,调动学生参赛和锻炼的积极性。

(4)季节性单项比赛,如冬季长跑等,容易成为学校的传统竞赛项目。

(5)体育节或称体育周、体育文化节(健身周、健身节、健身文化节),是指将体育竞赛、体育文化知识讲座、体育知识竞赛等有机融合的活动,包括体育竞赛与表演、参与与观赏运动技能、体育知识普及与提高有机结合,对丰富学生课余文化生活,提高学生对体育知识的了解和参加体育活动的兴趣等都有十分重要的意义。

(6)校际间交流比赛,多为单项交流比赛,目的是为了加强学校之间的交流,互相学习,共同提高,促进团结和友谊。

3.高校运动竞赛的组织与领导

学校组织和开展运动竞赛工作,应在主管体育工作的校长直接领导下,由各有关部门和人员(体育教研组(室)、总务处、卫生室、共青团、学生会等)参加,组成相应的机构来负责组织领导体育竞赛工作。

(1)全校运动会的竞赛组织委员会。竞赛组织委员会的成员,一般应由党、政、工、团、体育教研组(室)、总务处、学生会、医务人员等组成。他们全面负责竞赛工作,制订各种计划,审批有关报告和通知等文件。在组委会领导下可设立有关办事机构。如大会秘书组、宣传组、竞赛组和后勤组等。秘书组是组织委员会的常设机构。负责召开组委会,执行组委会决议,检查督促竞赛工作的进行,制订比赛工作日程计划,协助有关部门工作,主持大会期间日常工作等。

宣传组是负责思想教育和宣传报导工作。负责出黑板报、墙报,广播宣传以及印发有关学习文件和参考资料等工作。

竞赛组是比赛中业务工作的中心，主要由体育教师担任，负责编排比赛秩序册，组织裁判工作，做好成绩记录和统计评定、审查成绩记录等工作，及时召开有关会议，解决比赛中出现的有关问题。

后勤组是负责编制经费预算，保证比赛的场地器材和设备的供应，搞好医务卫生和防伤急救等工作。

(2)体育教研组(室)。各种球类比赛、广播操、健美操比赛等，一般由体育教研组(室)负责，并会同班主任或年级主任统一安排，具体由体育教师分头组织进行。

(3)团、队、学生会。为了培养学生的独立工作能力，在体育教师的帮助和指导下，由共青团、学生会、少先队等学生组织，负责举办一些简单易行的群众性的比赛活动，如跳绳、拔河、踢毽子、登山、越野跑、接力跑等。

(4)班内组织。在班主任和班级体育委员的组织安排下进行小型多样的比赛。如《国家体育锻炼标准》某个项目的比赛、各种游戏比赛活动，越野跑、班级旅游活动等生动活泼、小型多样的比赛。

4.高校运动竞赛的基本要求

(1)明确高校运动竞赛的宗旨。组织高校运动竞赛应以人为根本，要有利于学生全面发展，有利于培养学生终身体育意识及能力。要从学校实际出发，贯彻灵活多样、广受欢迎、基层为主、勤俭节约的原则。

(2)做好宣传教育工作。要采取各种宣传手段广泛宣传比赛的意义、作用以及各种体育知识，并及时通报竞赛中的好人好事，特别是那些既是优秀运动员，又是"三好学生"的典型事例，以树立学校的赛风和学风的榜样，同时要及时批评和制止比赛中的不好风气和现象。

(3)坚持竞赛的业余性和经常性。学校运动竞赛要尽量利用节假日和课外时间进行。按照运动项目的特点和气候季节特点，使某一竞赛项目形成传统，定期举行。还要在项目的设置、比赛办法、标准的确立等方面要考虑适应学生的特点。每年春秋两季应尽可能举办田径运动会或球类单项赛。冬季可组织越野跑、象征性长跑、拔河、跳绳、武术、滑冰等活动。夏季可开展游泳比赛活动等。使学校活动经常不断，小型多样。

(4)依靠领导与组织，发动群众、培训骨干。体育部、体育教研室(组)应依靠学校领导，在主管校长的直接领导下组织和抓好竞赛工作。对竞赛活动的计划安排、工作进程和存在的问题，要主动、及时向领导汇报。同时还应与总务处、教务处、卫生室、学生会、共青团等有关部门的人员密切联系和配合。竞赛管理过程要充分发挥体协、共青团、少先队等群众组织的作用。要根据各项比赛的需要，利用业余时间培训体育骨干和裁判人员，提高他们的业务能力，统一工作方法和要求，明确分工和职责并进行现场示范和实习。

(5)高校运动竞赛要与课外体育锻炼密切结合。竞赛活动是学校高校体育活动的一个方面。虽然它有多方面的作用，深受师生欢迎，但不能用大量的课余时间来搞竞赛活动，学校组织运动竞赛的时间,尽可能不占用上课时间。要把竞赛活动与锻炼活动有机地结合起来,使锻炼活动中有比赛,使比赛为学生的全面锻炼服务,成为推动锻炼活动开展的动力。因此,在时间、经费的安排上都应统筹兼顾,使竞赛促进学校体育锻炼活动的开展。

(6)厉行节约,勤俭办竞赛。学校高校运动竞赛应特别讲求实效性和节俭性,节省一切可节省的经费开支,尽可能用较少的钱办好竞赛活动,把学校有限的资金用在改善场地设施上。还要按照场地、经费等实际情况,尽量扩大竞赛活动的群众性。

二、学校课余体育训练的实施

学校课余体育训练工作的开展和实施,需要学校各方面的协调配合。首先需要根据学校的传统和条件,确定体育训练的项目,再就是组建运动队,这不仅需要选拔具有一定特长的学生组成运动队,而且要遴选热爱业余训练工作的体育教师担任运动队教练,同时还需要建立相应的规章制度,以保证课余体育训练的正常开展。

(一)运动队的组建

1. 确定训练项目

学校课余体育训练的开展首要问题是确定训练项目。因此,刚开始建立运动队的学校,最好先集中精力从一两个项目开始训练,再逐步形成传统。

2. 参训运动员的选拔

对于参加课余体育训练学生的选拔,可以参照竞技体育运动员选材的步骤展开,即根据运动项目的特点和要求,以科学的方法对部分在校学生进行各种能力与有关因素的测试和预测。

(1)身体形态指标:根据不同运动项目对运动员身高、体重、体围、跟腱、足弓及臀部等身体各部分的要求,在测试和家访的基础上,判定其在形态方面发育潜力的大小,预测学生的最终形态特征。

(2)生理机能指标:通常是对心率、肺活量、最大吸氧量等指标进行测试。由于不同运动项目对运动员生理机能也有特殊的要求,如中长跑、游泳项目特别要求运动员心肺功能强;体操则要求运动员前庭分析器功能良好,所以,还要根据不同运动项目的特点,适当增加测试的指标。

(3)身体素质指标:主要包括力量、耐力、速度、灵敏、柔韧和平衡能力等。选拔学生时,需要根据参加训练项目的特点,增加能反映专项运动能力的身体素质指标进行测试。选拔参训运动员要考虑的条件和因素很多,除了测试上述参考数外,还要考虑遗传因素、年龄因素、运动素质发展的敏感期、心理素质、家庭、社会在过去和未来对学生的影响等。此外,学校选拔运动员时,要重视学生文化学习,以及思想品质表现等情况,使学校运动队符合学校教育要求,为培养全面发展的人服务。

3. 指导教师的配备

学校课余体育训练的指导教师或教练员,大多是由本校的体育教师担任,也可以选择其他有体育专长的老师担任。有些条件较好的学校,还会聘请业余体校的教练或体育俱乐部的教练来校担任运动队教练。

4. 规章制度的建立

学校课余体育训练是学校教育和体育的组成部分,要建立各项规章制度,加强对学校课余体育训练以及运动队的管理。

(1)训练制度。建立严格的训练作息制度,规定每周、每次的训练时间与要求。

(2)奖惩制度。学校对运动成绩和学习成绩均好的参训学生给予物质奖励或减免学杂费,或给予其他的精神和物质奖励。

(3)比赛制度。根据校内外比赛的任务和规模大小,对于外出参加比赛的学生提出具体要求,包括遵守纪律、服从裁判、尊重观众、团结一致、顽强拼搏、赛出风格、赛出水平等。

(4)教练员责任制。建立教练员负责制,对学生的训练、学习、生活、思想等方面全面负责,使训练工作正常进行。

(5)学习检查制度。建立每个参训学生的训练档案(包括运动员档案卡和运动员登记表)和运动队的工作日记,密切观察学生的情绪变化和关注学习情况,并根据学生的实际情况制订切合实际的训练计划,保证参训学生文化学习和运动成绩保持良好状态。

(二)学校课余体育训练计划的制订

1. 年度训练计划

年度训练计划是根据学校学年教学周期安排的训练计划。年度训练计划的内容通常包括以下内容:

(1)上一年度训练情况和本年度的训练目标。

(2)身体素质、技术、战术训练及运动成绩所要达到的指标和心理训练的要求。

(3)全年训练阶段的划分,各个时期身体训练和战术训练的比重、内容以及训练负荷的安排。

(4)参加比赛的时间安排。

(5)检查评定训练效果的时间与方法。

由于学校课余体育训练属于基础训练,比赛任务较少,一般按学期和季节将年度训练计划划分为秋季、冬季、春季和夏季四个训练阶段。

秋季阶段:全面发展身体素质,进行技术教学与训练,改进技术上存在的不足,测验身体素质、技术、心理和生理方面的各项指标。

冬季阶段:适当减少技术训练的比重,增加身体训练的比例。进一步发展与全面提高身体素质和专项身体素质,发展一般耐力和专项耐力,并巩固专项技术,测验身体素质和技术训练的各项指标。

春季阶段:系统地提高训练的强度和密度,适当增加技术训练,提高技术水平,继续发展身体素质,参加校内外的各种比赛。

夏季阶段:继续加强身体训练,不断提高训练的强度和密度,加强技术训练,积极参加各种比赛,提高身体素质和技术、战术水平以及各项心理与生理指标。

此外,可根据年度比赛任务和运动项目的特点,按竞技状态发展规律确定训练阶段。

2. 阶段训练计划

阶段训练计划是根据年度训练计划中所规定的各阶段的任务、内容、要求和训练次数等而制订的。阶段训练计划的内容比年度训练计划更为具体,它能使训练内容的安排、主要训练手段的选择和负荷量的确定更加切合训练过程的实际,学校课余体育训练的阶段一般以3个月为一个阶段。

阶段训练计划根据训练任务或重点的不同,可以分为基础训练阶段计划、准备比赛阶段计划、比赛阶段计划、恢复阶段计划和临时性短期集训计划等不同类型。制订阶段训练计划要从学生的具体情况出发,要明确阶段训练的时间,身心负荷安排的节奏,以及阶段训练的重点内容、解决的难点问题等。

3. 周训练计划

周训练计划是根据阶段训练计划,并结合课余体育训练实际,制订的一个星期的训练安排。课余体育训练每周一般可安排3～4次,每次训练时间约1.5～2小时。周训练计划应将不同的训练内容,如技术、战术训练与身体素质训练交替进行。

4. 课时训练计划

课时训练计划是最基础的训练计划,包括训练目标与要求、课的进行顺序、课的内容与主要手段、课的组织形式、课的时间与负荷安排等,一般可采用教案的形式或卡片的形式。

以上四种训练计划,从步骤来看,是先制订年度训练计划,后制订阶段和周训练计划,最后制订训练课计划。

从内容来看,是把计划逐步详细化与具体化。

从要求来看,要根据学校现实条件以及学生的身心状态,确定每种训练计划的目标,合理安排训练的时间、内容和负荷,防止训练过度。

(三)学校课余体育训练内容的安排

1. 身体训练

身体训练是指在体育训练过程中运用各种有效手段和方法,增进学生运动员的身体健康,改善体形,全面发展身体素质和运动能力,为掌握运动技术和战术,创造优异运动成绩打好基础的训练过程。身体训练是技术、战术训练的基础,包括一般身体训练和专项身体训练两种。身体训练要根据不同年龄阶段学生身体素质发展的敏感期,进行针对性的训练,促使该素质在相应的年龄阶段得到充分的发展。同时,还要通过全面的身体训练,使他们身体各器官系统功能和综合素质得到整体提高,并逐步发展专项运动素质。

2. 技术训练

技术训练包括基本技术训练和高难技术训练。基本技术是专项运动技术的主要技术结构部分,是掌握高难技术的基础。高难技术是与基本技术相对而言的,是指专项运动技术中难度较大、比较复杂和要求较高的一些动作。

(1)要抓好基本技术训练,使学生牢固掌握专项技术的基本功。

(2)从一开始就帮助学生建立正确的动作概念和表象,重视技术规格与要求,杜绝错误技术动作的出现,形成正确的动作定型。

(3)应将基本技术训练与身体素质训练结合并贯穿于全过程,使基本技术训练与身体训练相得益彰。

(4)要求学生运动员按统一的技术规格进行训练外,还应考虑到个人特点。

(5)在选择技术训练内容时,不仅要注意从易到难,而且要注意符合技术之间的迁移规律,避免技术的消极迁移和互相干扰。

3. 心理训练

心理训练是指在运动训练中,有意识地对运动员的心理过程和个性特征施加影响,使他们学会在训练和比赛中调节自己心理状态的训练过程。要针对学生的不同年龄、性别、训练水平等实际情况,有目的地加强心理训练,培养他们的心理调控能力,提高心理稳定性,以使他们适应任何复杂的比赛环境,发挥运动水平。

4. 战术训练

战术是在一定的身体训练和技术训练的基础上,根据比赛的需要形成的,是根据比赛对手的水平和外部情况,正确地分配力量,充分发挥自己的特点,限制对方特长,争取比赛胜利的行动方案。战术可分为一般战术和专项战术,学校课余体育训练以一般战术训练为主。

(1)引导运动员熟悉比赛规则,利用规则部署战术方案。

(2)引导运动员了解专项技术的基本形式和比赛战术变化的规律,培养战术思维能力。

5. 品德与作风训练

学校课余体育训练是一个培养人、塑造人的教育过程,其最终目的是把学生运动员培养成为社会所需要的全面发展的一代新人。因此,在体育训练过程中,可以根据学生的年龄特征与心理发育程度,在训练过程中进行爱国主义和集体主义教育,培养勤学苦练、克服困难、勇敢、顽强、坚毅的意志品质和顽强拼搏、团结协作的精神,塑造尊重同伴和对手、胜不骄败不馁、赛出风格赛出水平的体育道德风尚。

(四)学校课余体育训练方法的运用

1. 重复训练法

重复训练法是指在相对固定的条件下,按照一定的要求,反复进行某一练习的一种方法。由于重复练习是在承受一定的负荷强度之下进行的,所以,它有利于提高机体各器官系统的功能水平,又有利于建立和巩固动作技术定型和熟练地运用技术。在运用重复训练法时要注意以下几点：

(1)正确运用重复训练法。

(2)规定适量的练习负荷。

2.变换训练法

变换训练法是指练习过程中,在有目的地变换练习条件(环境、速度、重量、时间或动作的组合)的情况下进行训练的一种方法。在运用变换训练法要注意以下几点：

(1)在训练中变换各种练习条件,目的是为了巩固和提高技术和技能,所以,要明确变换练习条件的目的和具体任务,有针对性地变换练习的负荷、动作的组合、练习的环境和条件等。

(2)及时纠正学生的错误动作,在技术、战术训练中,采用变换训练法达到训练目的后,应及时恢复到正常情况下的练习,以避免由于变换练习条件,形成的与正确技术存在的偏差,并及时加以纠正。

3.循环训练法

循环训练法是指根据训练的具体目标,建立若干练习站(点),运动员按照既定的顺序、路线,依次完成每站(点)的练习,周而复始地进行训练的一种方法。在运用变换训练法要注意以下几点：

(1)根据训练的目标确定各站的内容和站的数量。

(2)针对学生的特点因人而异地确定负荷。

(3)组合和变换循环练习的形式。

4.竞赛训练法

竞赛训练法是指运动员在比赛的条件和要求下进行练习的一种方法。它能有效地提高运动员运用知识、技术和战术的能力以及身体训练水平,对培养实战能力具有积极的作用。在运用竞赛训练法要注意以下几点：

(1)要符合学生的年龄特征。

(2)注意运用时机。

三、高校体育竞赛的启动

运动竞赛的过程管理是指对某项具体竞赛活动的管理,即依据年度竞赛计划的规定,确定某项具体竞赛活动的组织方案,进而建立相应的组织机构,有目的地协调竞赛活动中的人力、财力、物力、时间、信息,保证整个竞赛活动顺利进行的过程。

就一次比赛来说,其组织管理工作可依次分为赛前工作管理、赛中工作管理和赛后工作管理三个阶段。其中,赛前准备工作的管理是关键环节。

(一)赛前工作管理

赛前管理工作主要包括讨论、确定竞赛活动组织方案、制定竞赛规程、组建组织机构、拟订具体工作计划和行为准则、编制秩序册等,由竞赛筹备委员会(或筹备小组)负责。组委会正式建立后,则由组委会负责。

1.讨论、确定竞赛活动组织方案

在竞赛计划的统一部署安排下,一项决赛活动要有步骤地展开,必须首先进行总体设计构思并提出组织方案。竞赛组织方案大体包括以下内容:

(1)比赛名称和目的任务。根据比赛的内容、性质、赛制、时间和规模等因素确定比赛名称;根据比赛性质、项目特点和本地区、本部门的具体要求等,确定比赛目的和任务。

(2)比赛的主办与承办单位。

(3)比赛时间和地点。

(4)比赛规模。包括规定参赛者范围、比赛等级、比赛场馆设备器材的档次要求与数量等。

(5)比赛的组织机构。包括竞赛组织管理各职能机构设置和工作岗位安排和人员配备的数量等。

(6)经费预算。包括竞赛经费来源与筹资计划、经费使用原则与使用范围、收支计划与增收节支措施等。

(7)工作步骤。确定竞赛整体工作的阶段划分和各阶段的工作重点与具体步骤。

2.制定竞赛规程

竞赛规程是组织实施某一项(届)运动竞赛的主要政策与规定,对该项竞赛活动的组织管理具有高度的权威性和指导性,是竞赛组织者都必须遵循的法规。竞赛规程由主管竞赛的部门制定。单项竞赛活动需制定单项竞赛规程,综合性运动会则需同时制定竞赛规程总则(即总规程)和单项竞赛规程。

(1)竞赛规程的主要内容:包括竞赛名称、竞赛时间和地点、竞赛项目及组别、参加单位、运动员资格、参加办法、竞赛办法(采用的竞赛规则和所采取的赛制、团体总分的设置办法、决定名次和计分的办法等)、仲裁委员会的组成以及有关经费的规定。

(2)制定竞赛规程的注意事项:制定竞赛规程是一项非常严肃、细致和慎重的工作,应努力做到以下几点。

①竞赛规程的制定要以竞赛的目的、任务和竞赛计划为依据。

②竞赛规程要与国家颁布的有关方针、政策、法规相适应,并与体育竞赛制度、计划和国际组织的有关规定及国内竞赛的有关规定协调配套。

③竞赛规程的制定要符合客观实际。既要符合国家、地区的情况和体育项目的实际,又

要反映国际、国内体育运动发展的水平和趋势,以及运动员对竞赛的需求状况等。

④竞赛规程应充分体现公平竞争精神。

⑤竞赛规程应提前制发。竞赛规程下发的时间应视情况而定,一般应提前半年到一年。比赛的规模越大,层次级别越高,其制发时间应尽早提前,以便参赛单位和运动员有时间进行充分准备。

⑥单项规程要与总规程吻合。综合性大型运动会各单项竞赛规程的制定要以总规程为依据,口径一致,不允许有矛盾现象。

⑦应具有稳定性。竞赛规程一经审定颁发必须严格执行,不能朝令夕改、变化无常,并尽可能少发补充通知或修改规定。

3. 建立竞赛组织机构

建立竞赛组织机构是运动竞赛组织管理工作的关键环节。各种竞赛的组织机构一般采用委员会制。运动竞赛的组织委员会,是全国领导整个竞赛组织工作的最高机构,其机构编制、人数等没有具体限额,应视比赛性质和规模而定。大型运动会组委会一般由政府一级行政领导担任组委会主任,主办单位的有关领导为副主任,并吸收包括有关体育部门的各职能机构领导,协作单位职能机构的领导,各单项竞赛委员会主任,与本次比赛有关的新闻、服务、公安等单位负责人,以及部分有代表性的参赛单位负责人为委员,使运动会能在各方面的积极支持下顺利进行。竞赛组委会一般设主任一名,副主任和委员若干名。地方或基层小规模比赛的组织领导小组,其成员人数应当相应酌减。

竞赛组织委员会直属职能部门应根据组织竞赛需要完成的各项任务来设置,并与竞赛规模相适应。一般包括办公室、竞赛、宣传(新闻)、保卫、行政、后勤等主要工作机构。另可根据竞赛需要,设外事接待、大型活动、工程、科研、集资等部门。组织机构成立后,应根据精简高效的原则,视实际需要分批借调工作人员,以节约人力、财力。

4. 拟订具体工作计划和行为准则

组织委员会成立后,应根据竞赛规程、组织方案和责任分工,拟订各职能部门的具体工作计划和有关行为规范,如竞赛工作计划、宣传工作计划、大型活动计划、安全保卫工作计划和财务计划,以及工作人员守则、作息制度等,经组委会讨论审定后执行。目前,在运动竞赛的组织过程中,常采用编制计划网络图和工作流程图的方法来制订运动竞赛总体规划和各职能部门计划。

5. 编制竞赛秩序册

竞赛秩序册是运动竞赛组织和具体竞赛秩序的文字依据,它由运动会的竞赛部门负责编制,报组委会审定后颁发。综合性大型运动会需要在各单项竞赛秩序册的编制基础上及时汇编总秩序册,各种类型运动竞赛的秩序册都必须提前下发。

竞赛秩序册一般应包括比赛名称、时间、地点;主办与承办单位;竞赛组织机构图;运动竞赛规程和补充规定;大会各部、处、室人员名单;各项目决赛委员会、仲裁委员会成员和裁判员名单;各代表团名单;运动竞赛总日程表和各项目竞赛日程;分组名单;竞赛场地示意图;最高纪录表等内容。此外,基层运动竞赛根据需要,也可将运动员、教练员、裁判员守则及各种评优条例等内容附在竞赛秩序册后。

(二)赛中工作管理

赛中管理工作始于开幕式,直至闭幕式结束。主要的管理活动包括以下几方面。

1.开幕式的组织

开幕式的程序一般应包括宣布开幕式开始,裁判员、运动员入场,入场式队伍行进序列一般为国旗先导队、会旗会徽先导队、乐队或鼓号队(亦可在固定地点演奏)、鲜花方队、红旗(或彩旗)方队、标语牌方队、裁判员队伍、各运动队队伍、尾队,奏乐(国歌、会歌)升旗,领导人致开幕词,运动员代表讲话(或宣誓),裁判员、运动员退场,开幕式表演开始,宣布开幕式结束。

为了保障开幕式既庄严隆重、热烈欢快,又紧张精练、圆满安全,一般应成立开幕式临时指挥系统,负责控制、指挥开幕式各项活动准确、顺利进行。全国性大型综合性运动会,开幕式现场临时指挥机构一般由大型活动部牵头,组委会及其他部门临时选派有关人员配合组成。根据需要,可以在总指挥部下设负责开幕式各项具体工作的分指挥部。例如,入场式分指挥部,负责开幕式仪仗队、各代表团队伍、裁判员队伍的组织以及与入场式相配合的奏乐、献花和升旗仪式等组织工作;背景台表演分指挥部,负责背景台人员的组织及现场指挥等项工作;大会宣传分指挥部,负责开幕式大会现场宣传、新闻发布、记者组织、观众教育及会场环境布置等项工作;嘉宾区分指挥部,负责主席台及嘉宾区的各项组织接待工作;大会服务分指挥部,负责会场所需水电、音响设备、电信、医疗急救以及各类服务保障工作;安全警卫分指挥部,负责开幕式场内外安全保卫、警卫人员配备及交通管理组织指挥工作。

小型运动会由于规模小、人数少、开幕式的组织工作相对简单,可由组委会任命3～5人,分工合作,组成临时指挥小组具体负责。负责的具体内容可以参照大型运动会的分工和办法进行。

2.赛事活动的管理

赛事活动展开以后,主要指挥管理人员要深入赛场第一线,对赛事活动进行全面具体的组织领导。要以果断、及时、准确为原则,严格掌握比赛进度,加强职能部门之间的协调配合,防止比赛出现脱节、漏洞和误差。遇到困难或问题,要及时召开碰头会、现场办公会或组委会会议,注意研究解决决赛中出现的各种问题,确保赛事活动顺利进行。

在赛事正在举行的过程中,负责运营部门的员工要尽可能满足运动员、赞助商和观众的需要并保证赛事的一切活动按计划进行。为了做到这一点,许多管理人员都倾向于采用目前世界上普遍流行的时间表管理法。所谓时间表是指工作人员把每日详细、具体的工作内容和运营管理责任用精确到分钟甚至秒钟的时间计算出来进行安排。时间表可以让管理者对管理工作中一些重要信息一目了然。它应包括这一天中有些什么活动,这些活动的具体时间,每项活动所需物力、人力、每项活动由谁负责等。因此,在赛事举行的过程中,管理人员要严格按时间表规定的时间、内容去实施工作计划。另外,适当的灵活性和应变能力也是保证赛事顺利进行的必要条件。

3. 人员管理

竞赛期间的人员管理,主要包括对裁判员、运动队(员)及观众的教育和管理工作。

(1)裁判员的管理。运动竞赛能否顺利进行,与裁判员队伍的水平高低密切相关。要抓好裁判员的职业道德教育,把"公正、准确、严肃、认真"八字方针贯彻到裁判员工作的始终,杜绝"私下交易"、本位主义等不良裁判作风;要在赛前组织裁判员认真学习竞赛规程、规则和裁判法,统一认识,统一尺度,周密研究可能出现的问题和处理办法,重要岗位的裁判员要反复训练,并组织必要的考核;要开好赛前裁判员准备会,合理分工,重要场次比赛要提前认真研究,慎重安排水平较高的裁判员担任临场工作,对抗性强的项目和评分项目,尽量安排与参赛队无关的裁判员,确保万无一失,公正准确;要及时认真地组织每场比赛的赛后裁判总结与讲评,做到裁判工作天天有小结,阶段有总结,全程有评比,不断提高裁判工作质量。

(2)参赛运动队(员)的管理。较正规的运动竞赛应事先拟订运动队(员)的管理教育计划,采取分级管理办法,即大会抓各队,提出统一要求和具体规定,并做好各队之间的协调工作,定期召开联席会议,听取意见,处理问题,改进工作;领队、教练员抓队员,负责全队运动员的管理。通过严格、切实有效的管理,使各队自觉做到公平竞赛、团结拼搏、文明礼貌、互相尊重,保持良好的竞技状态,创造优异成绩,不断提高运动竞赛的综合效益。

教练员与运动员是运动队人员构成的主要成分,虽然教练员与运动员生活在同一个集体中,共同的目标是一致的,但是由于两者在运动队中担负着不同的"角色",各自承担的职责及任务不同。因此,对两者的要求也各有不同。

教练员是运动队管理工作的重要决策者。运动队管理工作的主要任务和核心工作就是搞好训练,而教练员是训练过程的主要设计者,是训练活动的主要组织者,也是训练管理工作的重要决策者。同时,教练员是运动队管理链中的信息沟通者。教练员在运动队中对训练工作最具发言权。因此,他应及时掌握本项目运动训练发展的最新动态和与本运动队有关的其他运动队的信息,并及时向领队和其他管理人员通报信息。

影响运动员竞技水平的因素是多方面的,教练员的水平即是其中一个重要因素。教练员除具备普通人必须具有的基本素质外,还应具备:强烈的事业心、奉献精神与崇高的道德情操;坚实的专业知识和全面的基础理论知识;熟练的专项训练操作能力与创新能力及适应于运动队生活环境的能力运动员是运动队管理工作的主要对象,运动员是运动训练工作中的主体,竞技体育系统中的一切工作的成效最后都集中地表现于运动员的参赛成绩之中。

因此,全部管理工作也就必然主要围绕着运动员的训练、比赛的成功而组织和展开。同时,运动员是运动队管理工作的积极参与者。运动员在运动队的管理工作中不仅仅是被管理者,同时还应该是管理工作的积极参与者。运动员的积极参与可为运动队的管理工作带来巨大的活力,使得管理工作更加切合运动训练的实际情况,取得更为理想的成效。

运动员的基本素质:高度负责的事业心和强烈的进取精神;坚韧不拔的顽强意志品质;强烈的学习追求与准确的独立分析、判断和理解能力;高度的自控能力和抵御不良思想、落后意识的能力。从心理学角度讲,运动员在训练和比赛中要经历多变的心理过程和多种情绪的体验,调节心理状态就取决于自身的控制能力。具有高度自控能力的运动员将善于保持稳定的心理状态,有助于训练和比赛,有助于创造优异的运动成绩。

(3)观众的管理。观众是体育比赛的重要参与者,特别是当比赛处于紧张激烈的竞争时,若对观众的组织管理不当,很可能影响比赛的进行,甚至破坏社会的安定。因此,加强对观众的组织管理,既是保证比赛顺利进行的必要措施,又是充分发挥竞赛积极功能的客观要求。因此,竞赛组织者应该从人们的社会心理承受能力和赛场的特殊氛围出发,寻求防患于未然的、系统的预防治理方法。

(4)后勤管理。竞赛期间的后勤管理工作包括认真检查比赛场地、设备和器材的部署与使用管理情况,落实运动员、裁判员的住宿、用餐、洗澡、交通和保卫管理,监督比赛各项预算执行情况,以及医务方面的伤病预防和临场应急准备等具体工作。

(5)闭幕式的组织。在各项竞赛活动结束后,必须根据事先确定的闭幕式组织方案,准备并完成闭幕式的各项组织工作。闭幕式的形式没有固定限制,也如开幕式一样随竞赛活动的规模、等级、任务的不同而各具特色,并有大致相同的组织程序。一切均应根据现实需要灵活决定,但一定要注意与开幕式的安排前后呼应,形成整体效果。

闭幕式的基本程序是:宣布运动竞赛闭幕式开始,裁判员、运动员入场(也可不入场),宣布比赛成绩和获奖者名单,发奖,致闭幕词,宣布大会闭幕,闭幕式表演开始,宣布闭幕式全部结束等。闭幕式的组织工作和指挥系统由开幕式指挥系统负责,大型综合性运动会一般由大型活动部牵头。

(三)赛后管理工作(其他收尾工作)

竞赛闭幕后的管理工作主要包括以下内容:

(1)办理各队离开赛区的各种手续,确保及时离会。

(2)介绍借调人员返回,填写与寄发《裁判员工作登记卡片》。

(3)物资设备的归还、转让、出售和处理工作。

(4)竞赛财务决算。

(5)汇编、寄发比赛成绩册和其他技术资料。比赛成绩册的编制,应根据各项决赛规程中有关录取名次和计分方法的规定。成绩册的主要内容依次为:破纪录情况,各单项名次情况,获其他奖励名单及各项比赛成绩表。

(6)填报等级运动员和破纪录成绩。

(7)移交、整理有关文档资料。

(8)向新闻单位发布比赛情况。

(9)工作总结,上报有关部门。

(10)评比表彰工作。对参与大会工作的单位和个人、支持与协助大会的单位和个人,以及竞赛的各级组织者、指挥者和工作人员进行表彰,表示致谢。

第二节　高校体育竞赛组织管理

一、高校体育竞赛计划的制订

制订运动竞赛计划是运动竞赛管理的首要环节,也是有效组织运动竞赛的重要手段,运动竞赛计划制订得科学与否直接影响运动竞赛管理的效果。因此,不断提高运动竞赛计划的科学性是加强运动竞赛管理的重要问题。

(一)运动竞赛计划的含义

运动竞赛计划是指为了实现某一特定的竞赛目标,预先对竞赛的具体内容和步骤所作的筹划与安排。运动竞赛计划对确定训练项目、划分训练周期、安排训练内容及组建人才梯队等都具有重要的指导作用,同时,对推动群众体育事业的发展也具有重要作用。

1. 运动竞赛计划的种类

运动竞赛计划按照不同的标准可分为多种类型。常用的几种划分方法有:按照计划的范围可以分为全国运动竞赛计划、地方运动竞赛计划和基层运动竞赛计划;按照计划的期限可分为中、长期和短期(年度)运动竞赛计划;按照竞赛的任务可以分为竞技体育竞赛计划、群众体育竞赛计划和学校体育竞赛计划。

2. 运动竞赛计划的内容

运动竞赛计划的内容体系一般由以下几个部分构成:

(1)运动竞赛的目的、任务。

(2)运动竞赛的种类与规模,包括举办运动竞赛的次数、各种类型竞赛活动的次数和人数等。

(3)执行运动竞赛计划的基本要求与主要措施。

(4)运动竞赛日程安排:运动竞赛日程安排是根据竞赛任务、目标具体制定的,一般以表格形式排列,即把竞赛名称、参加对象、竞赛日期、竞赛承办单位和竞赛地点等各项内容按照一定的次序和格式列入表中。其特点是简明直观,条理清晰。

(二)体育赛事计划制订的步骤

制订体育赛事计划主要有以下五个步骤。

1. 确定目标

目标是未来行动的出发点和最终归宿,是制订计划的前提。目标应该尽量准确,通常由数量指标和质量标准来表示。在确定目标时应该注意以下原则:一是合理性原则。目标不能太高也不能太低,要制订得恰如其分,应尽可能使目标既具有挑战性和激励性,同时又是通过努力可以实现的。二是可以检验性原则。制订的目标应该是清晰明了可以检验的。这就要求在制订目标时,尽可能使用一些明确的数量指标来表示,无法直接用数量来表示的指标,可以借助一些间接的指标来表示。

2. 分析环境

环境条件具体包括:社会政治经济条件、教育科技水平、社会文化心理、民族传统习惯、人口与自然资源、体育事业的发展水平等。只有了解计划执行时期的预期环境,即计划实施的假设条件,才能使计划目标符合事情,也才能充分利用一切可能利用的有利条件发挥优势,并把各种不利的限制条件转化为无害条件和有利条件。

3. 提出方案

一个计划制订之前必须要有几个可供选择的备选方案,因此,备选方案的质量在很大程度上影响决策的质量。为了保证备选方案的质量,首先,要注意以确定地掌握准确的目标为中心,避免备选方案偏离目标而无的放矢;其次,应了解有多少条道路可以奔向目标,从中选择距离最短、障碍最少的捷径;最后要运用系统的观点,对备选方案进行精心设计,使之成为经得起推敲的、内部均衡协调的人工封闭系统。

4. 确定方案

几个可行的备选方案提出来以后,接下来就要运用优选决策法,采用经验判断、数学分析等定性和定量决策方法,仔细分析各个方案的优劣,根据已确定的计划目标和可能提供的环境条件,来权衡各种计划因素和评价比较各个备选方案,对备选方案经过一番科学的论证和比较后,再做出审慎的决断,从备选方案中选择出较为理想的方案,加以不断地补充完善。在现实中,决策方案的选择往往采用相对满意的标准。

5. 编报计划

首先是主管体育赛事的职能部门在调查研究、听取各方面意见和权衡利弊的基础上确定未来的体育赛事打算,进而制订体育赛事的计划。目前,在我国要举办体育赛事,通常是由各地区、各部门根据上级机关下达的控制数字,结合本地区、本部门的具体情况组织编制计划草案,然后逐级上报上级决策机关。由最高决策机构最后进行汇总和综合评价,制订出指导全局的计划草案,然后报请有关部门审定,经主管部门审批后,作为正式计划文件下达各部门、各地区和基层单位贯彻实施。

二、高校体育竞赛的实施

(一)年度体育竞赛日程计划

年度体育竞赛日程计划是对全校一学年的体育竞赛活动所做的全面规划和安排,其内容一般包括本学年的竞赛项目、竞赛时间、竞赛地点、参赛单位、参赛人数、主办单位。

制订年度体育竞赛日程计划时应考虑的因素有以下几点:

(1)群众性:安排时应考虑以不同层次学生的需求、小型多样、学生喜爱、组织简便为原则。

(2)可行性:竞赛时间和次数的安排应根据学校教育计划、季节特点节假日等因素综合考虑,次数适宜,时间分布均匀。

(3)常规性:竞赛的项目和时间要相对固定。对于校运会、学校传统体育项目等重点比赛要安排在比较固定的时间,方便学生有计划地训练。

(4)简便性:竞赛日程计划表的排列应便于检查与操作。

(二)竞赛规程

竞赛规程是根据学校年度体育竞赛日程计划而制订的具体实施某一项体育竞赛的政策与规定。它对该项竞赛活动的组织管理具有高度的权威性和指导性,是竞赛参加者和组织者都必须遵循的法规。举行任何一项竞赛活动首先都要制定竞赛规程。

在竞赛活动中,竞赛规则和规程共同协调和制约着体育竞赛过程。所不同的是,竞赛规则主要是对技术规范及有关场地器材条件的规定,而竞赛规程则着重于竞赛组织管理方面的规定。

1.竞赛规程的内容

竞赛规程的内容主要是根据竞赛的性质、目的、项目特点而定。竞赛规程一般包括下列内容,制订规程时,可根据项目的不同特点和规模大小等需要取舍与补充。

(1)竞赛的名称。竞赛的名称要写全称。

(2)竞赛的目的、任务。

(3)竞赛的时间、地点和承办单位。竞赛开始与结束的年月日(包括预、决赛)、地点都要写具体。

(4)竞赛项目。说明这次比赛设置的竞赛项目、组别。

(5)参加单位。按顺序写明参加此次竞赛的每个单位。

(6)参加办法。

①规定参加比赛运动员的资格或标准。如运动等级、运动成绩、年龄、性别、健康状况、达标规定、代表资格等。

②规定每单位参加男、女运动员的人数,领队、教练、工作人员人数,每名运动员可参加

比赛的项目数,每项限报人数以及参赛的其他规定。

(7)竞赛办法。

①确定竞赛采用的规则、赛制。如采用淘汰制、循环制还是混合制等;比赛是否分阶段进行,对于分阶段进行的比赛,各阶段的成绩如何计算。

②竞赛的编排。

③规定计算名次和计分的办法。

④公布竞赛规则以外的特殊规定。

⑤对运动员违反竞赛规定(如弃权、罢赛等)的处罚办法。

⑥规定比赛的器材、运动员的比赛服装、号码的要求。

(8)录取名次与奖励办法。

①规定此次比赛录取的名次、奖励的名次和奖励的办法等。

②设立技术奖、体育道德风尚奖、破记录奖及其他奖励的内容、名额、评选办法、奖励办法等。

(9)报名手续与报到。

①规定运动队、裁判员(长)等报名的起止日期。

②规定运动队书面报名的格式、份数、报名表投寄的地点、单位、日期(一般以寄出或寄到邮戳日期为准),以及违反报到规定的处理办法。

③确定运动队、裁判员(长)等人员报到的日期、地点、单位。注明报到时应携带的材料物品以及违反报到规定的处理办法。

(10)裁判员与仲裁委员会。

①确定裁判长、裁判员的选派或聘请办法、名额分配等。说明对裁判员的资格或等级要求,以及对裁判员赛前准备工作的要求。

②仲裁委员会的组成和执行时使用的有关条例或规定。

(11)注意事项或未尽事宜。

①必要时可以说明食宿交通条件与标准。

②有关未尽事宜的补充和通知办法。

在竞赛活动中,竞赛规程和竞赛规则共同协调和制约着运动竞赛的全过程。规程着重于竞赛的组织管理,规则主要是对技术规范以及确定成绩和有关场地器材条件的规定。一般情况下,综合性的大型竞赛,至少要在一年或半年前下达竞赛规程,使参加者能根据规程安排来调整训练计划,为参赛作好充分准备。基层的小型竞赛,也应在数月前印发,使参赛单位能根据竞赛规程的宗旨、内容和要求,组建队伍,确定竞赛和训练目标,积极准备,迎接比赛。在制定竞赛规程时应遵照一定依据和原则。

2.制定竞赛规程的依据

(1)以运动竞赛计划为依据。竞赛规程应依据单位、系统或省、市及全国性、国际性体育组织的竞赛计划来制订。竞赛规程是多年度或年度(学校则以学年或学期)竞赛计划中,安排的某一次竞赛活动实施的具体法规。其内容可根据情况发展的需要,进行适当修正。

(2)以竞赛目的和任务为依据。竞赛规程应体现出运动竞赛的方针、政策和体育发展的远期目标与近期策略,有效地调整与推动体育的改革和投资方向。此外,对该比赛项目的训练指导思想、人才梯队建设和良好的赛风起着引导、促进及培养的作用。同时还根据国际、国内乃至本单位的有关规定,以及对运动竞赛的需求,全面考虑竞赛的目的任务来制订规程。

(3)以客观实际条件为依据。即以当时的经费条件、场地设施和人员情况为依据,来制订竞赛规程。

3.制订竞赛规程应遵循的原则

为使竞赛规程制订得科学、合理,保证竞赛的质量,应遵循下述主要原则:

(1)可行性原则。竞赛规程所提出的比赛组织方案和内容,必须从当时的实际出发,做到切实可行。在竞赛管理工作中,应充分利用人才、物力、财力和时间,本着艰苦奋斗、勤俭节约的原则,实施对竞赛过程最优化的设计和组合,以达到机构精简,工作效率高,竞赛效果好的目的。对群众体育竞赛项目的确定,要考虑到有群众特点的传统项目和近代体育项目,注意普及和提高、娱乐性和竞技性相结合。对群众性的体育竞赛活动,其时间、场地安排不能像正规的竞赛一样,应根据竞赛的规模、水平、参加对象及现有的场地情况灵活安排,必要时可根据场地条件来设置比赛项目的确定竞赛时间。

(2)公平性原则。竞赛规程是参加者共同遵守和执行的规范与准则,其内容应使全体参加者在客观条件相同的前提下展开竞赛。无论是主办单位和承办单位以及当地所属的主队,或外来的客队,均应享受同等的待遇。在限定的时间、空间和等同条件下进行竞赛,使比赛结果具有真实性。这样才能有利于充分发挥参赛者的技术、战术特长,提高竞赛的质量和综合效益。

(3)稳定性原则。竞赛规程一经公布,就应相对稳定,不能随便更改。若规程中确有不合理的内容需要修正或补充时,须经制订部门尽可能在比赛前进行修改。修改的内容影响到参赛单位和承办单位的准备工作时,应征得多数参加单位的同意,方可变动。一般在比赛开始后,规程不能再改动,以保证规程的严肃性和权威性,规程的最终解释权应属主办单位。

除此之外,还应注意保持规程的连续性,综合性运动会竞赛规程总则与单项规程之间,不同单项竞赛规程内容之间,以及年度之间应连续一致,不能前后矛盾。文字表达要简明准确,内容要详尽完整,切忌表达含糊,自相矛盾。

学校体育竞赛规程的制订时间要提前,一般可在赛前一个月或更长一些时间发给各参赛单位,以便参赛单位提前组织力量进行训练,充分作好赛前准备。

在拟定校内体育竞赛规程的竞赛办法时,应立足于吸引更多的人参加比赛,鼓励争取最好成绩。竞赛的分组,可采用按系、年级分组,以班为单位参加比赛的办法,以利于调动学生的积极性。评定名次既评个人名次也评团体名次。确定计分时,对破记录者可加分,对达标高的班级可加分。竞赛的方法要有利于促进学校群众体育活动的经常开展,有利于提高比赛成绩。

三、高校体育竞赛的方法

(一)比赛的方法

1. 淘汰法

淘汰法是在比赛过程中逐步淘汰成绩差的,最后决出优胜者的一种方法,分为单淘汰和双淘汰两种形式。

(1)单淘汰是指将所有参赛选手(或队)编排成一定的比赛次序,相邻的两名选手(或队)进行比赛,败者被淘汰,胜者进入下一轮,直至整个比赛最后场的胜者为冠军负者为亚军。

(2)双淘汰是按编排的比赛顺序进行比赛,失败两场则淘汰,最后全场胜利者为冠军。这种方法可以避免一次失败就被淘汰,但由于组织编排比较复杂一般不常用。

淘汰法的优点是可以在较短的时间内完成比赛任务,确定优胜者。但其最大的缺点是,除第一名外,其余名次很难反映出该次竞赛的真实水平,相互学习的机会也相应减少。为了弥补其不足,可采用种子法、补赛法等方法作为补充。种子法是经过调查了解并和有关方面协商讨论,选择若干实力较强的队或个人作为种子队或种子选手,有目的、有计划地进行编组,防止他们在预、次赛中相遇,以尽可能的客观反映竞赛水平。补赛法是在决赛后用补充比赛来确定第二名以下名次的方法,一般以种子法为前提,以便正确决定第二名以下的名次。

2. 循环法

循环法是在比赛过程中,参赛者都要按照一定的次序相互轮流进行一次比赛,最后综合全部比赛的胜负来决定名次的一种比赛方法。较多的用于集体项目的球类比赛和其他对抗性项目的比赛中,它分为单循环、分组循环、双循环三种形式。

(1)单循环是指所有参加比赛的队之间均要轮流相遇一次,最后根据各队胜负场次的积分来决定名次。该比赛形式能较客观地反映竞赛的真实水平,但比赛日期较长,故参赛队不能太多。

(2)分组循环是将参赛队分成若干个平行小组,在组内先进行单循环比赛,排出各小组名次,然后再按名次重新分组。根据具体情况,分组循环可分 2~3 个阶段进行,即预赛、复赛和决赛。该比赛形式一般在参赛队较多的情况下,为了既节省比赛的场次和比赛的日期,又能较客观地反映出各队名次所采用的方法。

(3)双循环是指参赛队先后进行两次单循环的比赛方法。这种方法使参赛队均能相遇两次,最后按各队在全部比赛中胜负场数的积分多少排列名次。该比赛形式能充分发挥各队的水平,但赛期较长,学校课余竞赛一般不常用。

3. 顺序法

顺序法是参赛者按一定的顺序表现成绩的比赛方法,一般适用于以时间、距离、重量、环数等以客观标准确定成绩的项目,它分为分组和不分组两种形式。

(1)分组顺序法是把参赛者分成若干组,按组序分别进行比赛根据组数多少,可采用预赛、复赛、决赛结果决定名次,也可以一次比赛(决赛)决定名次。例如,田径比赛中的短跑和中长跑比赛等。

(2)不分组顺序法是在同一比赛时间内不能同时有两人以上(含两人)进行比赛的项目中采用。例如,田径比赛中的跳高和跳远比赛等。

顺序法可使参赛者的竞赛条件基本相同,对抗性强、竞争激烈有利于创造好成绩。但费时较多,在参赛者较多的情况下难以评定全部名次。运用顺序法时,如果参赛人数太多,可先进行资格赛(及格赛),合格者才能参加正式比赛。

4. 轮换法

轮换法是在同一比赛时间内,参赛者按规定的轮换顺序依次进行不同项目的比赛,最后综合各项目的成绩来决定名次的一种比赛方法。一般在竞技体操和综合性项目中采用。这种方法能节省比赛时间。但参赛者同时比赛的项目不同,条件不一致,竞争气氛也不浓。

在学校课余体育竞赛中,除了上述比赛方法外,还可以采用一些非正规的、由竞赛的组织者和参加者共同约定的比赛方法。

(二)评定成绩与名次的方法

竞赛中的成绩和名次,反映着学生学习和自我锻炼或训练的效果和质量。为促进学校群众性体育活动的开展,提高学生的运动技术水平,必须按照竞赛规程和规则的规定用正确合理的方法来评定。

评定成绩和名次的方法包括个人和团体两种。

1. 评定个人成绩和名次的方法

个人的竞赛成绩,应严格按照各项运动竞赛规则的规定来评定成绩,然后根据成绩确定名次。

(1)根据客观标准评定成绩和名次。例如,田径、游泳、跳绳、踢毽子等比赛项目的成绩都是以时间、距离、重量、数量等实际计量确定参赛者的成绩和名次。若遇两人或两人以上成绩相等时,则按竞赛规程和规则的规定处理。

(2)根据规定条件和动作质量评定成绩和名次。例如,广播操、健美操、武术等比赛项目的成绩均由裁判员根据竞赛规程和规则,判断参赛者完成动作的质量、难度等评定分数,再以得分多少计算成绩和名次分数,再以得分多少计算成绩和名次。

(3)根据战胜对手或特定因素评定成绩和名次。例如,乒乓球、排球、羽毛球以局为单位,网球以盘为单位,均以三赛两胜或五赛三胜定胜负;篮球、足球是按在规定时间内命中球数决定胜负;棒球、垒球以七或九局中得分多少决定胜负。

2.评定团体成绩和名次的方法

团体名次一般是在各单位参赛者个人成绩和名次的基础上计算和评定的。

(1)按参加者所得分数的总和来评定团体名次。例如,校田径运动会,得分总和多者,名次列前。

(2)按规定参加人数所得名次的总和来评定团体名次。它适用于以时间、距离、重量及次数确定成绩的单项比赛。例如,冬季长跑等项目。

(3)按参赛者的平均成绩来评定团体名次。采用这种方法时必须计算每一团体的总成绩,然后按人数除以成绩,求得平均成绩来确定名次。这种方法适用于团体人数不相等的情况,即当按单位人数规定参加比赛人数的一定比例时,采用这种方法进行比赛较为合适。

(4)按达到规定的标准人数评定成绩计算团体名次。这种方法可以鼓励更多的人参加比赛,可用于《学生体质健康标准》测试赛,采用这种方法时,赛前各参赛单位要先报一个控制人数,以控制数为基础,再将实际参赛数和达到标准数作比较,以百分比大小定名次。

评定成绩和名次的方法对于引导学生积极参与体育竞赛,促进群众性体育活动的开展和运动技术水平的提高有着重要的意义。评定成绩和名次时,无论采用哪一种方法,都应根据实际情况,力求客观准确,使参赛者和团体在竞赛中受到教育和鼓舞。学校课余体育竞赛的评价与奖励应具有象征与教育意义。体育的动作美、同学的情谊美、礼仪的庄重美、奖品的自然美和谐地结合在一起,学生既得到身体的锻炼,又受到美的陶冶。

第十章 高校体育科研管理

任何学科的建立和发展都与本学科的科学研究息息相关,学校体育也不例外。学校体育有其自身的发展规律,需要人们去探索和研究;学校体育课程教学有其自身的规律,需要人们去总结、向前发展;体育教师的认知需要通过科学研究去深化和提高;学校体育科学研究本身也需要一个科学的管理来规范,等等。从事学校体育工作需要有科学的头脑、科学严肃的态度、科学严谨的作风、科学的工作方法,才能使体育课程教学朝着正确的方向开拓、创新,稳步向前。

第一节 体育科学研究

一、目的与意义

21世纪,世界科学技术发展的突飞猛进,必将推动高等学校体育工作者科技意识和科学文化素养的提高。高等学校体育科学研究是体育科学研究的重要组成部分。高校体育教师生活在知识密集、人才荟萃的环境里,最有条件充分利用高等院校现有的资源和条件,进行多学科、多层次的体育科学综合研究,全面深入地探索学校体育课程教学中的各种矛盾和规律,更好地运用体育科研成果,继续深化学校体育改革,不断提高体育课程教学质量,有效增强学生体质健康,提高学生运动技术水平,为祖国培养更多高素质的建设者和合格的公民,逐步建立起具有中国特色的高等学校体育教育体系,全面完成学校体育的目标和任务。

进入知识经济时代,信息技术在教育领域广泛运用,时代呼唤综合型素质的教师充实教育第一线,"教书匠"式的教师已经越来越不适应时代的需要了。为此,联合国教科文组织提示各国教育界:"使教师们从一心传授知识的工作中摆脱出来,使他们能够更好地致力于他作为一个教育家所应负的使命。"提高科研意识,增强科学文化素养,成为一个综合型的学者和教育家是时代赋予学校体育教学工作者的光荣使命。

高校体育科学研究主要是指从事与高等学校体育课程有关的学术课题的研究活动,如运动生物力学、运动生理学、运动心理学、运动医学、运动健身、体育测量与评价、软件开发、体育经济研究、体育教学研究、群体活动研究、体育训练研究等。体育教师积极开展体育科学研究工作,有利于从教学型向教学科研型发展,从一个普通的体育教师转变成睿智的体育学者和体育导师,更有利于学校体育课堂教学活动的健康开展。

二、从事科研的动力

体育教师搞科研的动力来源有两个,一个是为了晋升职称,提高自己的社会地位;一个是不满足现状,不甘因循守旧,立求锐意进取。虽然在体育教学改革中两个动力来源都起作用,但真正持续起决定性作用的是后者。立志改变现状,坚持锐意进取,才是从事体育科研的原动力。

鲁迅先生说:"不满是向上的车轮。"在学校体育教学改革的进程中,搞体育科研有阶段性、曲折性,需要有一批能人智士长期、持续地进行跟踪研究。搞科研很辛苦,有风险,也有机遇,需要一批有坚韧不拔、吃苦耐劳、不畏艰辛、百折不挠、志向远大的人来承担此任。没有立志改变现状,坚持锐意进取的原动力,很难将此项事业继续下去。

三、科学发现来源于观察

俗话说:"只有想不到,没有做不到"。瓦特观察水蒸气冲起壶盖产生灵感发明了蒸汽机,牛顿观察苹果落地产生灵感发现了万有引力定律。自古以来,科学发现都来源于观察和思考。爱因斯坦说:"提出一个问题往往比解决一个问题更重要"。提出问题的前提是要能观察问题,发现问题。一位好的体育教师应该有敏锐的观察力,在错综复杂的情况下能理出头绪,抓住关键。这种观察力的形成需要长期有目的的训练和培养。体育教师首先要在工作实践中做到勤于观察,然后才能做到善于观察,做体育事业的有心人。

(一)养成提"为什么"的习惯

科研的起源是"假设"。体育教师在工作中要养成假设的习惯,经常为难自己,多提几个"为什么"。工作中不能怀疑一切,但有疑虑就会去观察,有观察就可能有发现,有了发现就会有研究。所以,一位成功的体育科研工作者最善于使用"为什么""假如"来观察事物。

(二)观察事物的来龙去脉

任何事情都不是孤立的,与外界有着千丝万缕的联系,往往一件细小事情与它所处的系统就有关系。观察事物要抱着科学的态度,有系统工程的理念,不放过每一个细微环节,了解事情发生的全过程和来龙去脉。这样,才能使观察的结果客观、真实,思考问题才能全面。

(三)善于观察

善于观察是科研的基本功。在观察中,主要是发现事物运行过程中出现的不足。每件事情都有一个自然形成的过程,在一定环境下,自然形成的一般有它的一套规律和法则,而且有的规律和法则是多年积累的结果。但任何事情都不可能十全十美,肯定有其不足,科研就是要找出不足,不断修改法则,完善规律,推动历史的车轮向前。

1. 对事物的观察

观察事物不但要观察其内在的规律,也要观察事物变化中的现象。在特定条件下形成的法则,现在条件变了,相应的东西是不是也随之改变;在一般情况下形成的东西,在现在特定环境下,是不是也随之改变;历史遗留的东西,在现有条件下,是不是随之改变等。任何事情不可能一成不变,不断发生变化才是永恒的。

2. 对文献资料的观察

每一篇论文和文献资料都有它的时间性和侧重面,在研究的过程中,要善于找出它们的不足和与现在情况不适应的地方。如是否只有结果没有解释,只有一般阐述没有定量研究,文献结论与自己观点不同或已过时等。都可以作为研究的课题。

3. 全方位思维方式

以哲学的辩证法立体、多角度观察和双向思维分析,是科研广泛采用的方法。既然一件事情不是一成不变的,一个事物与外界有着千丝万缕的联系,单一的观察分析方法可能会造成错误的结果,至少难以让人心悦诚服。为了科学的严谨性,观察和思考问题需要全方位地进行。

4. 利用现代手段观察

进入了信息化时代,观察事物增加了很多平台,比起报刊杂志、图书资料和专业学术报告会等,从电视、网络传递的信息更方便、更快捷。学校体育科研工作者需要进一步学习,尽快掌握新的获取信息的手段和方法,使自己的研究摸准时代的脉搏,紧跟时代的步伐,使科研工作更有成效。

5. 善于利用其他学科的成果

科学成果是人类共同的财富。高校体育科研工作者不要忽视其他学科的学术报告和科研成果,要善于从不同门类的学术研究中汲取共性的东西,如研究方向、研究角度、研究方法、研究对象等,都可能对学校体育科学研究有启迪作用。而最现实的是,现在的研究是建立在前人研究的基础上,同此道理,高校体育科研工作者只有站在科学巨人的肩膀上才能站得高看得远。

在科学技术飞速发展的今天,对体育的综合科研和开发已成为时代的需要,单一学科的闭门造车已跟不上当前的时代步伐,联合起来共同研究才是发展方向。如体育与医学、体育与计算机、体育与数学物理、体育与心理学、体育与社会学等,需要学校体育科研工作者与其他学科科研人员一起,走出一条高校体育科研的新路。高校体育工作者处在人才云集、科研实力雄厚的环境里,有得天独厚的条件,充分利用高校科研资源研究高校体育教学可助学校体育科研驶入快车道。

四、科研有赖于资料的积累

任何事情都讲究原始的积累,高校体育科研也不例外。有目的、有意识地积累一些体育科研资料,是搞好学校体育科研的基础工作。俗话说:"处处留心皆学问""好记忆不如烂笔头"。在日常学习、课堂教学、组织群体活动、业余训练、听报告、上网和看电视,甚至是休闲浏览报刊杂志时,常常会遇到自己感兴趣的资料,随手记下。滴水成河、粒米成萝,资料的积累是一项长期而细致的工作。

勤动笔、勤收集是进行体育科学研究的一种好方法,动笔的过程就是思考的过程,就是筛选的过程。总结是提高的保证,没有总结就没有提高,不及时总结就会丢失机会。在教学中,有心人就会发现问题,找出解决问题的办法。总结可以把工作经验上升到理论的高度,可以在看似零碎的事情中找出有规律性的东西来。

积累资料可从以下几个方面着手。

(一)体育教学工作的资料

(1)每学期学生考试测量数据是最容易收集的资料,在从事课堂教学、群体活动、业余训练竞赛、场地器材管理的过程中要处理很多文件和数据,比如课堂教学测验和考试的成绩。

(2)群体活动的竞赛规程、竞赛组织、裁判培训、操作方法、竞赛过程和结果。

(3)业余训练制订的短、中、长期训练计划、训练方法和手段、测验项目和数据、比赛技术统计与分析、代表队管理的规章制度、招生计划。

(4)场地器材管理中各项规章制度、场地器材对体育课程教学的有效保障、不同季节气候对体育场地器材的影响及对策、不同场地器材的维护保养等。

(二)教师主攻方向的资料积累

每一位教师必须有不少于一个研究的主攻方向,这个方向可以是本人所从事的专业,也可以是自己感悟最深、兴趣最浓的项目。对这些资料的收集也有个日积月累的过程。

(三)从事其他工作的资料

1.从事其他兼职工作的资料

从事与体育课程教学无关的工作也是阅历的一部分,保留这些工作资料,有利于今后丰富自己的教学经验,提高教学水平。

2.从事体育管理工作的资料

这些资料是日后从事体育科研的第一手材料,它们可以帮你解决学校体育科学管理研究中的问题。

(四)长期订阅专业报刊杂志

选定自己的研究方向,订阅专业报刊杂志,从中收集对体育科研有帮助的资料。

(五)利用图书馆、书店收集资料

只要花费一点时间,图书馆和书店是收集资料最好的地方。

(六)上网收集

利用互联网和校园网搜索资料既方便又快捷。有条件的学校一般都定期购买每年的全国一级学术论文电子文集,可以通过校园网调出各学科的科研论文。

（七）利用体育学术报告会和讲座收集

（1）体育学术报告会和专家讲座，通常发放文件资料，这些资料有收集的价值。同时，学术报告和专家讲座备有电子文稿，事先准备优盘及时拷贝收集。

（2）利用参加体育学术论文报告会和专家讲座的机会主动与专家交谈，是获取资料的有效方法。在与专家学者的交谈中，可以进一步深入探讨有关内容，并可收集到报告和讲座内容之外的其他信息。

（八）走出去请进来收集

利用外出开会、考察访问的机会，聘请有关专家学者来讲学等方式走出去请进来。可以用笔记、录音、录像等方式储存有用的信息资料。

（九）试验和实验收集

记录下试验和实验的结果和观测情况，以本人实践所得的第一手材料为最佳资料，同时吸收前人的科研成就和经验教训。对于综合性研究所需资料的范围广、数量多，长期积累很有必要。

（十）设计问卷调查收集

研究某一特定课题，出一套目的明确、问题清晰、设计合理、简单易答的问卷调查试卷，让学生不受干扰地独立完成试卷，对学生完成的问卷调查进行分析研究。

五、科研资料需要科学管理

对资料进行整理，需要有科学的方法。收集资料是个长期、细致的工作，要有持续作战的意志，更要有长期保存资料的科学知识。

（一）资料整理要及时

在收集资料过程中，有时是只言片语，有时是一个灵感，有时记录在随手拿来权当一时应急的材料上，如不及时整理，一个好的灵感和创意就可能稍纵即逝。有的材料需要保存在能长期保存的材料里，防止资料可能的丢失。无论什么资料，及时整理是必要的。

（二）采用不同媒介保存

1. 纸写笔载

将资料记录在纸上是最原始、最简便的方法，也是最常见的方法，优点是保存时间长久，一般采用笔记本、活页卡片的形式保存，用活页卡片收集可以根据需要作各种顺序的组合和排序，便于系统地分类保存和检出应用。

2. 照片、磁带

图像、图表、声音、影像等，都可以用照片和磁带的方式保存。缺点是保管难度大，稍有不善，就可能受损而失去使用价值。

3. 输入电脑

电脑是存放资料的好地方，优点是保存时间长久，占地方不大，调用方便，修改容易，重要资料需要用软盘或优盘备份。

4. 刻录光盘

所有资料都可以采用一定的手段存入电脑,如制作 word 文档、扫描、数码相机拍照、数码摄像机拍摄等,都可以刻录成光盘。数码光盘的信息量大,不失真,存放方便,保存时间长,其优点非常明显。

(三)分门别类管理

对于不同研究方向和课题的资料需要建立档案进行分类保存,以便于整理、查找和综合研究分析利用。

(四)存放的管理

保存资料的地方必须做到防潮、防霉变、防虫、防火、防盗,便于查找和翻阅。定期检查存放情况是管理的任务之一,资料如有外借,必须有登记的习惯,并及时收回。

六、科研能力的储备

从事体育科研工作除了收集资料外,体育科研工作的知识储备是必不可少的,进行体育科研工作,需要做如下一些必要的前期工作。

(一)跟踪学习本学科的前沿知识,掌握最新的理论知识和实践方法

每一学科都是在不断创新,不断改革中完善、发展自己。俗话说:"逆水行舟,不进则退。"作为一位体育教师,对于自己一生从事的事业,应该倾注毕生的精力去研究它。特别是当前处在知识爆炸的时代,新的知识不断涌现,新生事物层出不穷,必须有继续学习的思想准备和锐意进取的顽强精神,跟踪学习本学科的前沿知识,掌握最新的理论和实践方法,才能搞好体育科研工作。

(二)了解本学科前人的科研成果,避免科研的盲目性,提高科研的成功率

要想站在历史巨人的肩膀上,就必须严肃认真地花时间研究前人的科研成果,牢牢把握科研的正确方向和思路,尽量避免科研的重复性和盲目性,有效地提高科研的成功率。搞科研是一件非常严肃的工作,需要有的放矢地进行研究。

(三)要有创新精神和承受失败的心理准备

研究前人的科研成果是为了创新,而不是被动地跟着走。科研的过程是个创新的过程,有创新就会有失败,俗话说:"失败乃成功之母。"就是这个道理。在科研的道路上,除了艰难跋涉,百折不回,是没有捷径可走的,所以,要创新就必须有承受失败的心理准备,有坚韧不拔、百折不挠的钻研精神。

(四)掌握各种科研方法和途径,拓宽科研领域,提高科研的准确性和实效性

古人云:"工欲善其事,必先利其器。"熟练掌握各种体育科研方法是搞好科研的基础。一把钥匙开一把锁,科研也是如此。科研方法有多种,选择正确与否可以决定科研的成败。

有时,同一课题有多种科研方法都可以实现,则需要选择最佳方案。而且,如果熟悉各种科研方法,在思考问题时,就多了几个思维方式和途径,可以拓宽体育科研的领域,提高科研的准确性和实效性,起到事半功倍的效果。

(五)熟练掌握书写论文的基本要素和基本格式

任何科研成果都要用论文的形式向社会公布,掌握书写论文的基本要素和格式,是科研工作者的必修课。科研论文有两种基本格式,一种是研究报告格式,一种是论文格式,统称为论文格式。这两种格式最大的不同,就是有无实验测验结果。如果采用数理统计法进行定量研究,就会产生实验测验结果,必须使用研究报告的格式,如果没有实验测验结果,只是进行定性研究,采用一般论文格式就可以了。

七、选择科研课题

选择科研课题的过程,是一个提升体育教师自身科研素质的过程。选题要结合本校、本地区的实际,立足本职工作和本专业业务,提升体育教师自身的科研能力,做到有的放矢。

(一)选择科研方向和科研课题

体育科研方向可依其范围广狭分为大、中、小多级,最大的方向是我国体育科学研究的总方向,其次是各级单位的主攻方向,第三才是研究者个人的主攻方向。在进行方向选择的时候,切忌急功近利,盲目赶时髦。选择的科研方向一定要具有代表性和针对性。研究方向最初只能是一个很大的方向,在研究实践中逐渐地把研究的范围缩小,即确定小的方向,最后落实到课题的选择上来。选择课题的时候,首先是观察研究课题中的主要矛盾与次要矛盾,只有把主要矛盾抓住了,你才能够有效地进行研究。

体育教师寻找科研课题可以从以下几个方面入手。

1. 从历史文献中找

研究前人的科研成果,帮助了解本学科的科研动态和进展情况,结合自己的实践找到适合本人的科研课题。

2. 从学术交流中找

学术报告会的研究报告一般都能展现本学科最前沿的研究成果,认真领会其精神,可以找到学科前沿的科研课题。

3. 从新生事物中找

当一个新生事物刚一露头,思维要敏捷,下手要早,动作要快,理解要深,方法要准,研究要透,结论要新,这是科研工作者综合素质的体现。

4. 从理论学习中找

学习体育理论知识和体育科研知识,研究上级有关文件和科研课题。

5. 从教学实践中找

带着问题去实践,在实践中发现问题,是寻找科研课题最直接的方法。

6. 从边缘科学中找

体育与其他任一学科的结合都可以成为一个新的科研亮点。在两个成熟学科的结合部找出不成熟的区域作为研究方向,就是一个全新的课题。

7. 从闲聊中找

在同行之间的闲聊中不时会表现出先进的观点和思想,要善于捕捉这些稍纵即逝的闪光点,从中找到科研课题。

8. 从学科很少涉及的领域中找

如果找到一个本学科前人从来没研究过的区域,可以填补研究的空白,为人类做出贡献。这是一条走"冷门"的路线,成功率很高。与其在别人门下分一杯羹,不如另辟蹊径独树一帜,走出一条崭新的路来。

9. 从感兴趣的课题中找

在本人有兴趣的课题上进行研究工作,有利于集中精力和持之以恒,非常容易取得成功。因为他的动力来自内因,外界的负面影响对他作用不大,正面影响可起到催化剂的作用。

10. 从自己的专业中找

自己的专业也就是自己最熟悉的领域,俗话说是"掉到自己饭碗里来了",研究起来应该是轻车熟路,有所作为。

11. 从地方特色中找

南方有游泳,北方有滑冰;山区有登山,平原有赛车。这都是地方的特点。搞科研就像种花一样,需要有一方沃土,本地的自然人文环境就是搞科研的土壤。民族的就是国际的,地方特色就是搞科研的有利条件之一。

12. 从大胆创新中找

时刻走在时代的前沿,做时代的"弄潮儿",创造新生事物是科研的最高境界,是科研工作者存在的价值所在。

(二)科研题目要适中

科研工作者,特别是从事科研工作的新手,所选定的课题一定要具体化、界限清、范围明,宜小不宜大。那种大而空、笼统模糊、针对性不强的课题往往科学性差,而且不易操作。

1. 课题的科学性

需从选题的理论性和实践性两个方面论证。科研课题在理论上要以体育教育的基本科学为依据;在实践上要有一定的事实依据,立论根据充实,论证合理。

2. 课题的独创性和前瞻性

在选题时要广泛深入地查阅文献资料,弄清该课题目前在国内外已达到的水平和已取得的成果,这样才会使选题具有独创性和前瞻性。

3.课题的可操作性

对科研课题中需要采用的研究手段和步骤有个清醒的认识,制订出切实可行的研究方案和分析计划,避免研究过程中不可操作的事情发生。

4.课题的可拓宽性

在科研活动中,单一的研究出成果快,失败也快,所以,课题的可拓宽性非常重要。有很多课题涉及到多学科综合研究,往往一个科研成果的产生,会带来多学科的连锁反应。所以,在科研中,思路要宽,在进行一项科学研究时,要有同时进行多个学科的探讨和研究的多角度双向思维模式,拓宽研究的领域。

(三)要善于在失败中发现成功

当一个人实验了几百次也没找到可以用电发光的材料时,他乐观地认为是他发现了几百种不能用电发光的材料。当一个人实验多次想找到一种粘性非常牢固的胶水,却意外地发明了不干胶。当你想要通过某种科研方法找到某一种东西,结果发现这种方法不可行时,从科学眼光来看,这次失败本身就是一个成功,它给后人的研究提供了启示,关闭了一扇门的同时,激起了人们开启另一扇门的强烈欲望。在科研活动中,失败与成功本身就是相互依承的,科研没有绝对的失败。

第二节 科研方法

体育科研有定性研究和定量研究。定性研究在对于事物质的研究方面一直有很大优势,但是,定性研究由于借助于自然语言表述,相对于用数学和图表表述的定量研究,显得有一定的模糊性和多义性,难以精确表达。因此,在体育科研中,运用定性研究方法的同时,配以一定比例的定量研究,有利于研究课题结论的科学、客观,可提高结论的可信度。

任何体育科研课题都需要一种或一种以上适中的研究方法来完成课题的研究,采用什么方法决定了科研课题是否成功。所以,要熟悉一些进行体育科研最常用的研究方法。

一、经验法

在学校体育科研中,经验法虽然只是起辅助作用,但它是体育科研的先行方法,在体育科研中占据了非常重要的位置,不可忽视。如以前在执行《国家体育锻炼标准》的活动中凭经验发现1000米跑比1500米跑容易拿分,立定跳远比跳远容易拿分,实心球比铅球容易拿分等。这些都被后面的科研成果所证实。经验法本身不能作为科研论文的主要手段,必须借助于其他科研方法来应证经验感受的正误。但是,科研的过程,是个把感性认识上升为理性认识的过程。感性认识在前,理性认识在后,这个因果关系就决定了感性认识在科研工作中的重要地位。所以,在体育教学中,要及时记录新的发现、新的感受、新的经验,为今后的科研提供探讨的线索和课题。

二、文献资料法

该研究方法是所有学校体育科研中广泛采用的方法之一，是科研中最常用、最基本的方法，它贯穿科研活动的全过程。文献资料通常是指前人的有文字记载的书籍、报刊、杂志、科研报告，以及与研究课题有关的图表、图片、摄影作品、摄像作品、电影作品等。通过查验与阅读这些文献资料，可以了解前人的研究过程与成果，了解目前科研课题的历史背景与科学依据，寻找解决研究课题的主攻方向、科研方法和研究课题的相关知识，为快速出成果提供可靠的科学依据。

三、调查法

调查法是研究者为了科研课题的需要，采用一定的调查手段，通过直接或间接地了解被研究的主体，获取第一手原始资料，经过筛选整理、研究分析、科学论证，获得研究成果的一种科研方法。这是一种快捷、简便、省时、省力、省钱而可靠的科研方法，在体育教学科研中被广泛地运用。该研究方法的具体操作有如下几种。

（一）问卷调查

该法一般是按照研究的目的，事先设计好问卷，选定一批研究对象，让他们在不受干扰的情况下，独立自由地完成答卷。

（二）专家调查

对专家进行专访或利用会议对专家进行调查，在调查之前，拟定调查内容和提问方式，便于了解到专家的意见和观点。

（三）专项调查

在专项调查前拟定调查方案和人员，在正常情况下，对特定的人与物进行专题调查研究，解剖麻雀，研究出解决办法。

（四）综合调查

综合调查是一项比较复杂的系统工程。需要事先拟定详细的调查方案，调查人员按各自调查内容进行分工和把关，准备必要的测量仪器和设备。调查获得的第一手资料，需要进行科学的统计分析和研究，才能得出客观、正确的结果。

四、观察法

观察法是通过人的感觉器官和测量仪器，对特定的研究对象进行有目的、有计划的观察研究。观察法是人类认知世界最原始，也是最有效的研究法，是学校体育科研中常用的方法之一。人们可以运用直接和间接、普通和典型、指定和抽样等方式对研究对象进行观察研究,获得的第一手资料,经过筛选、甄别、统计、归纳,得出正确的结论。

五、实验法

实验法完全是在研究者的主观意识支配下进行的一项研究方法,是在经验法、文献资料法和观察法的基础上进一步作定性研究的最主要研究方法。在研究者的事先设计下,选择特定的研究科目、研究对象、研究环境,采用特定的仪器设备,对受试者进行客观的观察、测量,获得第一手资料,经过科学的统计分析方法,找出事物内在的关联和异同,检验研究者事先设计的教学方法、项目选择、环境因素等对从事体育活动人的影响,研究出最佳的教学方法和锻炼手段。

用实验法进行研究,通常是不同的课题采用不同的方法。

(1)研究同一科目使用不同的教学方法和项目,需要在同一群体中分成两个统计证明来源于同一整体的"实验组"和"对照组",经过一段时间的教学活动,再进行测量、统计,比较两种教学方法和项目的异同,找出最佳的方案。

(2)研究几个同类项目哪个对人体影响最大,需要对同一群体进行几个项目的测量,经过统计分析,找出它们的差异。

(3)研究几个同类项目之间评分标准是否处于同一水平,则需要对同一群体进行几个同类项目的测量,经过统计分析,找出它们之间的差异,修正评分标准。

(4)研究两个项目之间的相关系数,只要在同一段时间对同一群体进行两个项目的测量,找出两个项目之间的相互关系。

(5)研究一组测验项目与项目之间的关系,在同一段时间对同一群体进行各项测量,经过统计分析,找出它们之间的类别关系。

第三节　数理统计法

数理统计法是在科研中采用的一种定量研究的方法,是在实验法中普遍采用的研究手段。它的特点是形象、直观,用数据说明问题,在学校体育教学科研中被越来越广泛地使用。运用数学计算原理研究学校体育教学,由定性研究转变为定量研究,在体育教学科研中是一个质的飞跃。一篇论文,如适当地采用数理统计方法来支撑研究的成果,将极大地提高论文的可信度和研究价值。

在选用数理统计方法时,也有一个科学选择的问题。不同的研究使用不同的数理统计,不同的数理统计需要配套的研究手段,这个在学校体育教学科研中非常重要。作为体育教师,有必要研究各种体育数理统计方法,了解数理统计法的作用,知道研究什么课题采用什么研究方法,把数理统计法作为一个科研的工具,熟练掌握它。

一、对测量成绩的评定

在学校体育考试中,有很多项目是用数据来表示成绩的,如田径、游泳、健康素质等,这些项目的评分标准来自以下三种基本的数理统计法。

（一）方差法

凡测量数据呈正态分布均可以使用方差法来计算评分标准。由于方差法来源于正态分布统计,所以,只有呈正态分布的数据才能使用方差法去评定。对数据进行正态性检验是使用方差法的前提,常用的正态性检验有"x^2检验法"和"柯尔莫哥洛夫检验法"两种,常用的数据是平均数与标准差。

（二）百分位法

测量数据呈正态分布或不呈正态分布,都可以用百分位法来计算评分标准。

（三）累进计分法

在学校体育教学中有许多项目成绩的提高,低水平比较容易,高水平比较难,在评定成绩时需要考虑这一特殊性,累进计分法提供了解决的办法。如百米跑成绩的评分,不同水平每提高 0.1 秒增加的分数是不同的,按累进计分法,高水平比低水平提高的分数要多。

二、符号检验

符号检验是对同一群体、同一项目教学和训练前后比较的一种简单的统计方法。它是在试验前对同一群体进行某一项目的测量,经过一段时间的教学和训练后,再对同一项目进行测量,把两次测量数据一一比照,提高的记为"＋"号,降低的记为"－"号,最后对这些"＋""－"号进行数理统计,检验新的教学和训练方法的效果。该方法不需要数据呈正态分布,条件不高,优点是简单、直观,但它要求数据必须一一对应。

三、秩和检验

秩和检验也是对同一群体同一项目教学和训练前后比较的一种数理统计方法。它和符号检验相似,但比符号检验更方便,采集的数据不一一对应也可以进行数理统计。和符号检验一样,可以检验新的教学和训练方法的效果。

四、相关分析

相关分析是研究两项目数据间呈线性关系密切程度和相关方向最简单的方法,给研究者提供具有参考价值的成果。分析结果为：

（1）正相关表示两项可相互取代。

（2）负相关表示两项不可取代。

(3)高度正相关表示两项可完全取代。

(4)低度正相关表示不可完全取代。

在前人的研究成果中,身高与体重、100 米与立定跳远、1500 米与 1000 米均呈现高度正相关,对后人的研究有启示意义。

进行相关分析前的必做工作:为了保证相关分析的可信度,必须对样本数据进行相关系数的显著性检验。

五、单因素方差分析

在科研中,如起作用的因素只有一个,其他因素不变,可以用单因素方差分析法进行研究。如对学生体质健康标准中同类项二选一和三选一的研究,就可以用单因素方差分析法。首先用随机抽样法找出一批学生,测量有关项目的数据,用健康标准的评分标准把所测数据计算成分数,消除不同项目数据之间的差异,再对这些分数进行单因素方差分析,找出二选一和三选一中得分最高的项目,作为今后测量学生体质健康标准的优选项。

在三选一的单因素分析中如三组分数的平均数之间整体的差异有很显著的意义,还得再用 Keul 法作三项两两间的差异显著性检验。

进行单因素方差分析前的必做工作:为了保证方差分析的可信度,必须做方差的齐性检验。

六、多重比较

当用单因素分析法检验出呈显著性差异时,还需要对各个水平作显著性检验,进行多重比较。该研究方法比较常见的是"T 法检验"。

必做工作:为了保证方差分析的可信度,必须做方差的齐性检验。

七、一元线性回归分析

一元线性回归分析是对两项高度相关的测量数据进行研究的方法。它的研究成果是一个回归方程,该方程对同一类项目具有预测和控制的作用。如研究某一运动员一段时间训练水平与竞赛水平的关系,得出的回归方程可以根据训练水平的提高程度预测出竞赛成绩。

为了保证该回归方程的可信度,必须进行显著性检验。检验方法有"F 检验法"和"相关系数检验法"两种。

八、二元线性回归分析

二元线性回归分析是对三项高度相关的测量数据进行研究的方法。它的研究成果是一个二元回归方程,该二元回归方程对同一类项目具有普遍的指导意义。如研究某一运动员跳远成绩与半程跳远和最后四步速度之间的关系,计算出的回归方程对于指导该运动员的训练和预测竞赛成绩有非常积极的作用。

必做工作:为了保证该回归方程的可信度,必须进行方差分析。

九、多元线性回归分析

多元线性回归分析是对三项以上高度相关的测量数据进行研究的方法。它的研究成果是一个回归方程。由于测量项目的数量多,各项指标对竞赛成绩的密切关系不一,为了保证回归方程的预测效果,多采用逐步回归的研究方法。

逐步回归方程是考虑到不同指标对竞赛成绩的贡献率,在计算过程中由大到小逐步引入回归方程,每引入一个作一次显著性检验,决定是否剔除,最后完成最优回归方程的计算。

十、多元数理统计方法

在对有多个因素起作用的研究中,有很多方法可以使用,如多元回归分析、判别分析、聚类分析、主成分分析、因子分析和正交实验等。采用什么研究方法,要根据研究者的需要和研究者对各分析方法的熟悉程度来定。作为一个学校体育科研工作者,必须对各种数理统计方法有所研究和了解,在需要时充分发挥作用。

第四节 撰写论文

撰写论文是把研究的成果用论文或研究报告的形式向社会公告。论文的书写好坏,决定了论文的质量,体育教师应该熟悉论文的书写格式和规范要求。在评审科研论文时,评委一般是一看标题,二看摘要与结论,三看全文。所以,一篇好的论文,写好标题、摘要与结论,会给论文增色不少。

一、论文标题

论文标题一定要紧扣研究主题,准确反映论文的内容,突出与众不同的地方,不宜太长,如标题不能完全表达研究主题,可以写副标题补充。

二、论文摘要

论文摘要是论文的缩影。它需要将论文的精髓用300至500的文字进行缩写,其文笔言简意赅、高度概括,阅读摘要如见全文。

三、论文关键词

每篇论文需要有3~5个关键词,方便别人检索和研究。

四、研究目的与研究对象

研究的目的一定要明确,要开门见山地提出问题,研究的对象一定要准确,与研究的课题要有直接的关系。

五、研究方法

研究的方法关系到论文的质量,研究方法的选用要满足研究课题的需要,书写时一定要准确表达出它的本来面貌,研究过程一定要清晰明了。

六、实验测试结果

在定量研究的论文中,实验测试结果必不可少,实验测试结果是论文的重点,是研究的主要部分,书写实验测试结果一定要客观、真实。

七、分析与讨论

分析与讨论是在实验测试结果的基础上进行的,它是表现研究者科研思想的部分,是研究者充分发挥自己才能的段落,研究者要充分发挥自己的学识水平对实验测试结果进行客观、坦诚的分析与讨论。

八、结论与建议

结论部分是论文中最精彩的地方,它要求忠实于实验测试的结果,对研究成果进行最贴切的描述。而建议部分是发挥研究成果产生效益的地方,建议一定要准确和富有创新精神,是进行体育教学改革的依据,应该及时地向社会公布。

九、参考文献

参考文献是学校体育科研工作者必须写进论文的部分,不可或缺。通过对参考文献的研究,让读者了解作者本人的指导思想和思维推理方式,对进一步理解论文的精神实质,起到很好的作用。

十、在论文中产生论文

在一篇论文中往往包含了多个论点,在一篇论文发表之后,作者可以对论文中的各个论点再进一步深入研究,从中研究出新的成果,撰写出新的论文。这些论文是科研工作者沿着本人的研究方向,进行艰苦卓绝地探索的成果,是锲而不舍、勇往直前的钻研精神的体现,值得提倡和学习。

第五节　发表论文

科研工作者的研究一旦有了成果,怎么向社会公布是科研工作者必须严肃对待的一件事,也是科研工作的一个非常重要的环节。

一、尽快向社会公布

科研成果尽快地向社会公布,对社会和个人都有好处。

（一）可提高社会的劳动效率

"科学是第一生产力"。科学技术的发展直接推动人类的进步,尽快地把科研成果转化为生产力是科研工作者的责任和义务,所以,一旦有了科研成果,第一时间要做的就是向社会公布。

（二）可降低社会的科研成本

对于同一课题,可能有多人或多个小组在从事研究。向社会公布研究成果,可以有效地终止其他研究人员对该课题的研究,或给其他科研人员完善该课题的研究和对该课题的研究进一步深化指出了一条捷径,少走弯路,从而降低了社会的科研成本。

（三）可奠定该课题科研工作者的社会地位

按照先来后到的自然法则,谁最先出成果,谁就有优先发言权,谁就有了一定社会地位。社会地位是一种无形资产,它会对该课题科研工作者今后的发展产生深远的影响。科研人员要及时把握这样的机会,拓展自己的发展空间,为社会做出更大的贡献。

二、论文发表的办法

一篇好的论文,为了产生最大的影响力,首先要敢于向国家一级刊物投稿,其次才是向其他刊物投稿,在投稿前,信息的收集非常重要。

第一,收集投稿地址、联系电话和电子邮箱。可以从报刊杂志、学报和网上查到这些信息,信息一定要准确,不可出错。

第二,收集各报刊杂志和学报预期的研究方向和征集文章类型。很多报刊杂志和学报都有自己的网站,会定期从报刊杂志本身和网站上向社会公布本刊物后几期的文章栏目,要及时从这此渠道查到有关信息,有针对性地投稿。

第三,投稿后的注意事项在向某刊物投稿后,要经常与所投刊物保持联系,看是否收到,能否出版等,对方一旦决定不采用,就得马上向其他刊物投稿。

第十一章　高校体育场馆器材管理

体育场馆和器材管理是保证体育课堂教学、群体活动和训练竞赛的正常进行，充分利用现有资源让学生从事体育锻炼，减少人为的损害，避免伤害事故，做到可持续发展的重要环节。

第一节　体育场馆建设

体育场馆是体育教学的课堂，体育场馆建设能否到位，能否满足学校体育教学的需要，关系到能否圆满完成学校体育课程教学任务。

一、体育场馆设施和器材的规模

（一）按在校学生人数配置的原则

高校体育场馆配置按在校学生人数（含研究生）分三个级别，每个级别有两个类别。三个级别分别为：10000人及以下规模、10000~20000人规模、20000人及以上规模。两个类别为：基本配备类和发展配备类。基本配备类中又分必配类和选配类，必配类和选配类共同组成基本配备类。各校应对号入座，对照《普通高等学校体育场馆设施、器材配备目录》严肃认真地搞好本校体育场馆器材的建设。

（二）四季都能上课的原则

南方夏季可以开游泳课，应该配备游泳池；北方冬季可以开设冰上、雪上运动，应该配备滑冰场和滑雪场；配备旱冰场，四季都可以开设溜冰课。

春季南方雨水多，最多的一年有7周是雨天。一学期体育理论课只能解决2周的问题，其他时间如何保证正常上课是南方学校必须考虑的问题。

（三）满足开设课程的原则

以前的体育普修课，局限于少数几个传统体育项目，随着体育教学改革的深入，"以人为本""健康第一"的新教学理念促使体育课程开设的项目急剧增多，有的学校已开设了40多项。同时开设多个体育项目，室内教室少是难以完成教学任务的。所以，体育场馆建设要向多元化、综合型发展，尽量满足学生日益增加的兴趣需求，丰富体育选项课的内涵。

二、体育场馆的位置

体育场馆建设既要满足体育课堂教学的需要，又要满足学生群体活动的需求，还要考虑方便、实用和安全。要做好这几点,需遵照以下原则。

(一)布局合理,相对集中的原则

(1)体育运动场地应选择靠近学生宿舍或学生比较集中的地方,这样有利于学生业余体育活动和学校群体活动的开展。

(2)体育运动场地应相对集中,除以体育馆为中心形成体育场地群外,分布在其他地方的体育场地也要相应成团,有利于上课和管理。

(二)地势选择较高的原则

体育运动场地建在地势高的地方有利于排水。体育场地最忌讳的是积水成灾,停雨后不能立即使用。特别是在南方地区,体育场地应建在地势高、排水效果好的地方,使用方便。

(三)运动场弛纵轴线南北向放置的原则

太阳早上从东边升起,晚上向西边落下,体育场地的主要运动方向应该避开东西朝向,改为南北向设置,减少太阳光对运动员的影响,有利于充分发挥运动技术水平。

(四)远离其他教学场所的原则

由于体育运动热闹的特点,体育场地的设置应该远离其他教学场所,自成一体,尽量避免干扰其他文化课的教学,这有利于体育课和其他文化课同步进行。

(五)安全的原则

1. 体育场地平整

这是体育场地的基本条件之一。场地不平整在学生活动时会直接造成伤害事故。体育运动具有激烈性、竞争性、对抗性的特点,本身就存在不安全隐患,场地不平整会增加发生伤害事故的概率。

2. 周围近距离无障碍

在体育各项运动的规则中,大都有周围近距离无障碍的规定,这主要是为了从事体育活动人员的人身安全着想,修建体育场地时,这点应优先考虑。

3. 不能作为交通通道

体育场地最好修在僻静的地方,不能修在交通要道上,要尽量避免人们从体育场地中间穿过。如避免不了,应考虑修建护栏,让行人改道。

4. 不能作为停车场

运动场成为停车场是最大的安全隐患。一方面学生活动时精力集中在运动上,不可能意识到危险就在眼前;另一方面球场上停车会压坏地面,影响球场的使用寿命,不平整的场地会造成伤害事故。

三、体育场馆的功能

(一)体育课程教学的功能

学校体育场馆主要任务是保证学校的课堂教学、群体活动和训练竞赛,这是体育场馆的功能之一,也是最主要的功能。在正常上班时间里,它服务的对象主要是学校的学生,业余时间对全校的师生员工开放。

(二)对外搞活的功能

除了为学校师生服务之外,为周边社区公民服务也是责无旁贷。一个庞大的体育场馆群应该充分发挥它的社会效益和经济效益。

(1)对外开放可以充分发挥学校体育场馆的作用,吸引周围的人来从事体育锻炼,把校园体育场馆当成当地社区的体育活动中心,给社会做贡献。

(2)以俱乐部的形式招商引资,可增加投入,共同开发,扩大经营,以馆养馆。

(3)充分利用现有的场馆资源,办各种类型的体育健身班,可以扩大学校的社会影响,增加经济效益。

(三)社交的功能

体育牵线,场馆搭桥,利用学校体育场馆的优势,广泛开展校际之间的体育文化交流活动,可以增加友谊,加深了解,扩大影响,提高学校知名度。同时,吸引社会有经济实力、有智慧头脑的成功人士参加体育俱乐部的活动,可以开设论坛,使他们关注体育,关心教育,为学校的发展出谋划策。

(四)美化环境的功能

学校体育场馆在学校占地面积最大,最引人注目,也是学生使用率最高的地方,它的环境很重要,要符合环保的要求。

(1)体育场馆规划有序、布局合理、整齐划一,是学校的一项"形象工程"。搞好体育场馆建设不光是满足师生体育活动的需要,也会使校园错落有致、井然有序。

(2)体育场地周围植树种草,可使运动场锦上添花,让人感觉到进入运动场似走进了公园,平添了几分惬意,几分舒适。也使校园绿树成荫、鸟语花香,为师生创造了良好的学习环境,为学校建成"园林式单位"做出了一份贡献。

(五)环保的功能

(1)将炉渣跑道改为塑胶跑道,把水泥球场改为塑胶球场,主要是为了减少空气中的粉尘,起到了环保的效果。

(2)体育运动场地周围植树造林,体育活动就有了避阴休息的地方。体育课可以充分利用树阴,上午在树的西边上,下午到树的东边上,避免了太阳爆晒,保证了学生的健康,提高了教学质量。

(3)体育运动场地周围种草绿化,还可以净化空气,减少空气中的粉尘。体育活动时吸入清洁的新鲜空气,有利于师生的身心健康。

四、体育场馆的标准

体育场馆的建设标准应该符合体育运动和竞赛的基本要求、满足学校体育教学、群体和业余训练的需要,同时,还能举行大型文化娱乐活动。

(一)能承办省级以上大型比赛

对体育场馆(特别是田径场和体育馆)的技术要求有规格、器材、超高、地板(跑道)、照明、音响、成绩显示、裁判台、安全距离等多项指标,特别是主赛场必须符合省级以上比赛的技术要求。这有利于学校承办省级以上单项比赛和综合运动会。

(二)能兼顾多项比赛需要

(1)田径场必须是标准的 400 米塑胶跑道,直道有 10 道,弯道不少于 8 道,能进行所有田径项目的比赛。

(2)体育馆主赛场的面积应不小于 43×32 米,地面必须是实木地板,可以进行包括手球、竞技体操在内的大部分竞赛项目。

(三)能承接大型文艺演出

有安装文艺演出专业灯光和专业音响的基础配置,有良好的吸音设计,能在体育场馆内进行大型文艺表演。

(四)能举行大型集会

在体育场馆内可以进行大型集会,有充足的座位容纳观众,有良好的音响传递声音,有巨大的显示屏展示报告人的电子文稿和音像材料。

(五)有能进行电视直播的基础配置

由于电视直播的特殊需要,体育场馆内应预设电视直播的专用房间、专用(干净)电源、摄像头连线预埋等基础设施,以利于电视媒体进行直播。

第二节 体育场馆管理

体育场馆的管理是整个学校体育管理的一项基本工作。学校体育课程教学有三大块:课堂教学、群体活动、训练对外竞赛。为了保障这三大块工作的正常有序地进行,体育场馆的有效管理突显出非常重要的作用。

一、功能齐全,搭配合理

学校体育场馆因为要保障课堂教学、群体活动和业余训练竞赛等多项工作,它的功能应该比较齐全,且搭配合理,专馆专用,能满足学校体育课程教学活动的基本需要。如篮球、排球、乒乓球、足球、羽毛球、健美操、武术、游泳、田径、体操等,是优先保证的体育项目。

二、器材摆放,秩序井然

体育场馆内体育器材的摆放应该做到按类存放,秩序井然。需要经常使用的大型器材固定位置摆放,小型器材定点存放,方便教学活动的进行。不需要经常使用的器材一律不许在场馆内随意堆放,必须收进保管室妥善处理。

三、卫生整洁,环境优雅

学校体育场馆是师生从事体育活动的地方,为了大家的身心健康,必须做到整洁、安全、环境优雅。在体育场地周围2米以内不能有障碍物,长期使用的大型器材应相对固定摆放,经常检查维护,保证安全使用。体育器材和场馆地面经常保持卫生,尽量减少体育活动时空气中的粉尘,保证师生的身体健康。

体育场馆的优美环境是体育文化的组成部分。体育场地周围和体育馆内的环境尽量保持优雅舒适,使师生在体育锻炼时心情愉快,在闲暇时间也能到此散步、休闲,陶冶情操。

四、制度健全,责任分明

体育场馆的管理是一项长期、细致、艰巨的工作,需要制度化,施行责任制。因为很多工作是周而复始的,一位场馆工作人员每天的工作有很多是重复前一天的事情,比如每天打扫同一个地方,收拾同一件物品,巡视同一块场地,检查同一批器材。简单工作的单调重复很容易产生视觉疲劳、精神疲惫,使人对工作失去激情,久而久之会情绪下降,热情降低,工作质量缩水,有些工作就可能逐渐被淡化。所以,非常必要把所做的工作制度化、常规化,施行岗位责任制。

可以一周或一月为一周期安排工作。把需要做的事情分轻重缓急列出来,均匀安排在一个周期内,这样,每天的工作就会有变化,需要做的事情不会被遗漏。

把工作的质量以制度的形式规定下来,一切照章办事,就可有效地保证工作的正常进行,有利于工作人员操作和管理人员检查。

施行岗位责任制,把工作情况与经济效益挂钩,利用经济的杠杆作用促使有关人员提高工作的责任感,使他们经常保持旺盛的工作激情,保质保量地完成工作任务。

第三节 体育器材管理

体育器材是体育课程教学经常使用的设备和教具,它们能否随时做到设施齐备、安全卫生、使用方便?这都需要通过有效的管理来实现。

一、体育器材的数量和质量

体育器材的配备需要执行教育部办公厅下发的《普通高等学校体育场馆设施、器材配备目录》的附件三,保质保量地完成,同时需要遵循如下原则。

（一）满足体育课程教学的原则

保证体育课程教学的正常进行，是配备体育器材的首要条件。随着体育选项课的开设，学生可选的体育课程在逐渐增多，课堂教学、群体活动和业余训练对体育器材的种类和需求也逐渐多元化，但无论怎么变化，保证体育课程教学始终是第一位的。

（二）满足大型比赛的原则

体育的特点之一是竞赛多、规则多。无论什么体育竞赛，在竞赛规则上都有针对该项目器材的规定。所以，购买体育器材首要的是符合竞赛规则，而且为了承接大型比赛，体育器材的档次要相应的高。

二、体育器材的位置

（一）体育器材的朝向

体育器材摆放的朝向应遵循体育活动的规律。一般情况下，室外体育器材应南北放置，使从事体育活动的人尽量避免面对太阳做动作。室外游泳的出发台和跳台应尽量由南向北，避免眼睛受太阳光的直射。

（二）体育器材的间隔

每一件体育器材的摆放，都要在周围留有足够的活动区域，以免造成不必要的伤害事故。

(1)双杠与双杠之间必须留有双方在同一区间下杠而不受干扰的区间。

(2)单杠下的沙坑，前后要留有足够的下杠区域，特别是高杠的背后区域要大于前面区域，以防练习者正握杠后摆时意外脱杠掉下。

(3)练习乒乓球台左右应有不少于2米的活动区间，前后应有不少于4米的活动区间。

(4)健身器材如练习杠铃周围2米内不能有其他人活动。

(5)室外联合器械如秋千和浪桥，摆动的方向前后不能有障碍，而且周围需安放警告标志或安装护栏。

三、采购体育设备器材

体育器材的采购是学校体育部门的经常性工作。除新建体育场馆一次性增添设备外，很多体育器材属于消耗品，每年都要购买。为了保证学校体育器材经费每一分钱都用在学生身上，有必要了解体育器材的基本配备和质量要求，熟悉体育器材消耗状况，寻求进货的可靠渠道，规范采购的操作程序。

（一）采购计划的制订

体育器材的采购是学校的一件大事，它关系到学校体育课堂教学、群体活动和训练竞赛的正常进行，关系到学校投入的钱能否充分发挥经济效益，关系到一分钱能不能买到一分货。

每年的体育采购必须在前一年末制订出采购计划的预算,采购预算要从以下几个方面着手制订。

1. 采购大型体育器材

大型体育器材是随着学校体育场馆建设来添置的,增加场地就要添置器材设备。但采购什么样的器材要事先计划好。一般情况下,大型体育器材属于笨重、移动困难、使用时间长、更换周期长的类型,所以,采购大型体育器材应该优先考虑品牌好、信誉高、质量优、性能稳定、安全可靠、售后服务及时到位的产品。大型体育器材的数量很容易计算,建设一个篮球场就应添置一付篮架,增加一个足球场就应添置一付足球门。

2. 采购小型体育器材

小型体育器材属于体积小、重量轻、移动方便的类型,要根据体育场地的数量、功能来添置。如一个羽毛球场配一付羽毛球网架,一个乒乓球室配几张乒乓球台,一个游泳池配多少个救生圈、多少块练习扶板等。

3. 采购消耗性体育器材

体育器材的添置有一定规律,一个学校每年消耗多少乒乓球,消耗多少羽毛球,损坏多少篮球、足球、排球等,要随着器材的使用逐步添置。

4. 采购需要考虑体育课程开课班级和竞赛项目的增减

来年如体育课程、开课班级和竞赛项目有变化,体育器材也要相应地随着改变,特别是在增加部分上,一定要有新的采购计划。

(二)采购计划的实施

1. 实行集体采购的操作机制

商家为了推销自己的产品,有各种各样的促销手段。这些办法对于商家来说属于商业行为,无可厚非,但对于学校来讲,可能就会"富了和尚穷了庙"。为了保证学校的采购真正做到一分钱一分货,实行集体采购是必不可少的。它有效地堵塞了漏洞,使学校的采购工作廉洁、高效。

2. 充分了解市场

体育器材市场随着使用材料、工艺的不同和进货渠道的不同等市场本身的规律,价格呈波动趋势。加上商家在卖产品时存在黑箱操作,你很难知道商品的底价。所以,要买回货真价实的产品,采购之前一定要进行市场调查。"不怕不识货,就怕货比货",商家之间的货比较,以前使用的货与现在的货比较等,货比三家是最基本的操作方法。

3. 挑选体育器材

怎么挑选体育器材需要理性思维。选用体育器材存在着理性取舍的问题,对于任何一种产品,"物美价廉"只是相对而言,你只能在购买商品时根据实际情况来取舍。

(1)固定资产与消耗品的区别。体育器材中,使用寿命长、更换周期长的为固定资产。它要求质量优、性能稳定、安全可靠。它可能是大型器材,也可能是小型设备,在采购时应优先考虑它的品牌、信誉和高效的售后服务,价格只能放在次要的位置。使用寿命短、更换周期快的体育器材为消耗品。它要求好用、经济、实惠。它不一定要用好品牌,价格适中就可,经济实惠应放在首位。

(2)室内器材与室外器材的区别。室外比室内工作条件恶劣,选用器材应具有防水、防晒、抗磨损、经久耐用的功能。室内器材应选择比室外器材质量更好的产品。

(3)练习器材与比赛器材的区别。练习器材由于练习次数多、损耗大,一般选用质量可靠价格适中的产品。比赛器材对产品的质量和稳定性要求较高,一般选择品牌好、外观美、质量优、使用顺手、符合规则的器材。

(4)产品的性价比。体育器材不是越便宜越好,也不是越昂贵质量就越高。俗话说:"一分钱一分货",便宜自有便宜的道理,价位高自有价位高的理由。挑选体育器材,一定要计算价格与正常使用的关系,行话叫"性价比"。

4.设备器材注册入库

器材采购的最后一个环节是验收、注册、入库。任何设备器材,采购回来后都应该及时验收、登记、入库,做到帐物相符。这是器材管理必不可少的一个程序,也是堵塞漏洞的关键环节。

入库之前,由器材管理人员对照采购清单,品名、品牌、型号、价格、数量一一查验,准确无误后签字认可,并将器材一一登记。

(1)器材登记簿。在器材登记账簿上利用活页账簿的特点,一张纸记录一种设备器材,把器材采购的时间、品牌、型号、价格、数量一一登记。它的优点是直观、好操作。

(2)电脑管理。利用器材专用管理软件登记设备器材是目前比较实用的一种管理方法。它的优点是账表齐全,可以根据需要随时检查和调用相关资料,便于管理和决策。

四、设备器材管理

体育器材的管理是一项繁杂、细致的工作,因为器材需要分门别类和经常的保养和维护。所以,管理工作在操作上要程序化、制度化,必须做到以下几点。

(一)体育器材要分门别类放置

常用的和不常用的分开放,金属的和非金属的分开放,大型器材和小型器材分开放。标枪、横竿、铅球、篮球、排球、足球等要上架,服装、小件器材要入柜,羽毛球拍、网球拍等要悬挂整齐。

(二)外借体育器材要手续齐全

体育器材管理人员没有私自外借器材的权力,器材管理人员一定要根据教学规律按时、按项目、按量把器材提供给任课教师；或是体育教师根据教学的需要填写器材申请单，学生凭体育教师签名的申请单到器材室领取器材；或是由课外活动时间使用体育器材的部门提出申请，经体育部负责人批准，才能借出，要在使用完后立即归还。

器材管理人员发放、外借器材时，一定要当面点数检验器材，做到如数、完整、完好；回收器材，也要当面检验，同样要做到如数、完整、完好，而后一次性地放回原来的位置，严禁随意堆放。

（三）金属体育器材的管理

金属器材需要保养与维护以保证长期保持正常状态，随时可以使用。防锈是金属器材必不可少的工作环节。

(1)金属活动器材收回后，第一项工作就是清洁和防锈处理。有很多体育器材一年中使用的次数不多，随意摆放，不作任何处理，下次使用就可能已经锈坏。如发令枪、高级跳高架、高级排球架、跨栏架、室内双杠等，使用后应及时做防锈处理，妥善保管。

(2)金属固定器材，特别是室外金属固定器材，每两年要喷刷油漆一次，以保证金属器材不生锈，能长期使用。

（四）电器设备的管理

电器设备要有固定的地方存放，经常保持正常的状态，保证随时可以使用。

1.防尘

电器不用时，要及时断电、入库或覆盖，以防止灰尘的侵入。

2.防霉，防电路不畅

电子产品有个特点，长期闲置不用对电器设备极为不利。所以，对闲置的电器设备每个月通电30分钟以上非常必要，一是防止霉变，二是防止电路不畅。

3.防腐蚀

电器设备应该放置在干燥、无污染的地方，防止腐蚀；带干电池的电器设备在不用时，必须及时拆卸干电池，以防电池穿孔漏液，腐蚀损坏电器。

（五）秒表的管理

在体育器材中，秒表是昂贵的，又属于精密仪器的范畴。怎么使用秒表，怎么保管秒表是体育教师和体育器材管理者应该清楚的。

1.使用电子秒表，淘汰机械秒表

机械表的缺点是维修费用高，能走的表还不一定走得准。电子表的优点是只要能走，肯定是准确的，而且几乎不用维修。实践证明，使用电子秒表比使用机械秒表要好得多。

2.电子秒表的使用

(1)配备足够长的表带。电子秒表在使用前，必须给每块表配上表带。表带的长度一定要使表挂在脖子上正好垂在肝脐的高度，以方便使用。

(2)电子表的电池要经常保持有电。电子设置的缺点就是如长期不使用,电路可能会出问题,所以,电子表在不使用时,也要让它保持在走的状态,千万不要为了节约电把电子表的电池卸下。

(3)挂在脖子上。把秒表挂地脖子上的目的是防止意外脱手掉在地上摔坏。任何一位秒表的使用者都应做到,使用秒表做的第一件事,就是把秒表挂在脖子上,严禁提在手上甩。

(4)熟悉表的功能和使用方法。对于第一次使用电子秒表的人来说,首先要熟悉秒表的功能,知道怎么开表,怎么停表,怎么回表,在熟悉使用后才能工作。

(5)掌握正确的操作方法。由于用手操作电子秒表可能会产生误差,所以,正确的操作至关重要。在记时时,正确的操作方法是右手握住秒表,用右手大拇指第一指腹压在第一表头上,握表的手要有依靠,靠在胸前或放置在大腿上,在看到发令员举枪时,大拇指应压下第一环,当看到冒烟或冒火光,立即压下第二环开表。停表也是用大拇指按下。回表一般使用食指按表。

(6)使用秒表禁止做的动作。在使用秒表时,有的动作是严禁做的,如表不挂在脖子上,手持表带甩表等,这样特别容易发生意外事故把表摔坏。同时,电子秒表不宜暴露在阳光下,液晶显示屏惧怕阳光直射。

(7)秒表每天都要回收。电子秒表在每天比赛结束后,一定要马上收回,不许让学生带回去当玩具玩,这样很容易把表玩坏。

3. 机械秒表的使用

机械秒表的使用除了与电子秒表有共同之处外,在使用上要注意使用前给秒表拧紧发条。一年送修表行校对一次快慢,三年洗一次油。

4. 电子秒表的保管

(1)节能操作。关闭闹钟功能和发声功能,使表处于静音状态;不用时把其他功能调到起始位置停止工作,调到时钟显示位置。

(2)防潮防霉。秒表在不用时,要及时处理和收藏。首先要搞好表外卫生,去除表带污垢和汗水,晾干,然后把表收到干燥、避光的容器里,放进仪器柜,摆在较高的位置。

(3)定期检查。检查电子表是否正常,是否受潮发霉。必要时拿出来进行短时间的晾晒,而后,立即收藏好。

5. 机械秒表的保管

机械秒表的保管与电子秒表不同的地方,是在收藏前必须让秒表走到发条松懈为止,严禁紧上发条长期存放。其他保管与电子秒表相同。

6. 秒表不能随便外借

电子秒表价格昂贵,对使用人员素质要求高,一般情况下不要随便借给他人使用。在必须外借时,应该履行借用手续,交待使用方法,留下联系方式,约定返还时间,及时收回入库。

（六）被损坏的器材要及时修理

回收的器材及时检查和维护是必要的,特别要用心发现那些被损坏的器材,及时修理,使其保持正常的状态,以便下次使用。

（七）对球的管理每天都要到位

篮球、排球、足球的气压在上课前全部要检查一遍,及时充好气。何时、何地、何人要用什么球,用多少球,事先要了如指掌,及时送到上课场地,或事先准备好,由任课教师或他派来的学生领取。

（八）如何控制球的气压

篮球:充气后,使球从 1.80 米的高度（从球的底部量起）落到硬质地面上,反弹起来的高度（从球的顶部量起）应该不低于 1.20 米,也不得高于 1.40 米。

排球:充气后,气压在 0.40～0.45 千克/平方厘米（392～441 毫巴）,使球从 1.80 米的高度（从球的底部量起）落到硬质地面上,反弹起来的高度（从球的顶部量起）应该在 1.20 米和 1.30 米之间（球的质量不同可能有所区别）。

足球:充气后,气压在 0.6～1.1 千克/平方厘米（8.5～15.6 磅/平方英寸）,使球从 1.80 米的高度（从球的底部量起）落到硬质地面上,反弹起来的高度（从球的顶部量起）应该在 1.10 米和 1.20 米之间（球的质量不同可能有所区别）。

给球充气是很讲究的,一位有经验的管理人员,可以在用电动充气机充气时观察电动充气机上的气压表,同时通过观看、挤压等方法控制充气量。球的气太少可以继续补充,球的气太多必须放掉,不然会缩短球的使用寿命。

夏季、初秋在太阳底下上课时,球内气体会膨胀,给球充气不能太多。有时,还要在中午给球放点气,以避免球内气体膨胀把球胀坏。

给球打气,气针是必不可少的工具。有经验的管理人员一般准备一短一长两个气针,一个用作充气,一个用来放气。为了减少球嘴使用气针过多而损坏,厂家一般建议气针蘸水再插入气嘴,其实还有一个更好的办法。可以把气针剪短,只留 2～3 毫米长,插入气嘴后,压住气嘴,利用气压的功能将气注入球体。这样的气针对气嘴没有什么损伤,但要注意压气嘴时力量要适中,不然会把气嘴顶入球胆。

放气的气针应该是完整的,由于球的气嘴是橡胶材料做的,放气前一定要先将气针蘸点水,再插入气嘴,尽量减少气针对气嘴的损伤,避免气嘴过早漏气,延长球的使用寿命。

为了减少气针对球嘴的磨擦,最好的办法是不要给球打气过多,尽量不使用气针放气。

（九）保持体育器材室的清洁

体育器材室内应该随时保持整洁的状态。卫生工作要每天一小扫,每周一中扫,每月一大扫。卫生工作不光是地面卫生,器材的卫生、器材架的卫生、器材柜和桌椅卫生,也需要定期打扫。经常保持一个优美舒适的工作环境,同时减少细菌的传播,保证师生的身体健康。

（十）器材管理员在上课期间不得随意远离岗位

器材管理员要有计划按部就班地完成一天的工作任务,很多工作如卫生、整理场地器材、给球充气等必须在上课之前完成。上课期间,器材管理员的工作就是随时准备应付如任课教师改变计划、天气变化、器材损坏等随机事件,保证教学秩序正常、有序地进行,不得擅离职守。

第四节 场地器材管理队伍建设

学校体育场地器材管理的时效性强、责任心强,有点与面的结合、程序与临时结合、长期与短期结合、全面巡视与定点维护结合、普遍与重点结合、分工与合作结合等工作特点。所以,这个管理队伍要求人员稳定、业务熟练,能承担起全校体育场地器材管理的重任。为此,需要加强体育场地器材管理队伍的建设。

一、管理人员应具备的条件

(1)身体健康的中年以上男性,思想成熟,性情稳定,体力充沛,工作拿得起,坐得住。

(2)具备初中以上文化程度,能完全胜任体育场馆管理的复杂性、场地器材保障的时效性和工作时间的不确定性。

(3)管理人员的儿女已基本长大成人,无家庭负担,可以长驻学校,随叫随到。由于体育运动的特点,体育场馆使用时间长,要求管理人员在工作时间上能灵活控制,以保证学校体育活动的正常开展。

二、对管理人员的培训

（一）熟悉工作环境

向管理人员介绍他所要完成的工作任务及工作、生活环境,让他尽快熟悉周围的情况,进入角色,投入工作。

（二）思想培训

向管理人员介绍工作的特点、性质、工作范围、注意事项和场地器材管理各岗位的职责。在具体工作上,主要是卫生、场地器材保障、器材的保养与维护,时效性强是它的工作特点等。介绍并学习体育场馆各项管理制度,加强工作责任心,做好上岗前思想准备。

（三）岗位培训

培训的内容有:各种体育器材的特点与用途;场地器材的保修维护;各种体育场地的划法;体育课程教学的各项保障工作;每周周期性工作计划;每天的工作程序及工作内容;防火、防盗、节水、节电;遇到紧急情况的应对办法等。

三、对管理人员的跟踪管理

体育场地器材管理人员也是人,也会出现各种情况,对体育场地器材管理人员也有个长期跟踪管理的任务。要他们能安心工作,必须在待遇、思想、生活、工作,甚至在他们的家庭问题上真心实意地关心他们。出现问题要实事求是地解决,照章办事。

第五节 建立健全各项管理制度

在体育场馆管理方面,制度建设是一项长期而现实的工作。有了健全的规章制度,管理人员有章可循,有规可依,执法有理,违章可纠,让人们感到管理人员只是执行者,他们的管理不是为自己,是为了保证正常的体育课程教学秩序,这样,有利于场馆器材管理者照章办事,也有利于体育管理者监督检查,使学校体育场馆器材高效、低耗、安全、方便地投入使用。

一、体育馆管理制度

体育馆是学校进行课堂教学、群体活动和训练竞赛的专用场所,为了充分利用体育馆为学生服务,并保证体育馆能安全、健康、高效地使用,特定体育馆管理制度。

(一)体育馆开放时间

(1)体育馆上课时间:上午 8:00～12:00,下午 2:30～4:00。

(2)体育馆课外活动时间:下午 4:30～晚上 9:30。

(二)体育馆使用的规定

(1)必须遵守体育馆开放时间安排,上课时间,不是上体育课的学生不得擅自进馆活动,不是开放时间,请自觉离开体育馆。

(2)在课外活动时间,体育馆优先为校代表队提供训练比赛场所,其他场地对外开放。

(3)体育馆是体育课的课堂和课外体育活动场所,未经许可不得挪为他用。

(4)体育馆各教室有专门用途,未经许可不得随意变更。

(5)体育馆内器材未经许可不得随意拆卸和挪用。

(6)进体育馆必须按规定着装,不得穿皮鞋或不适合体育运动的鞋在馆内运动。

(7)体育馆内严禁用脚踢球。

(8)体育馆内严禁随地吐痰,乱扔果皮纸屑,自己带来的东西自己带走。

(9)随身携带的物品应放在适当的地方,不得悬挂在体育器械上。

(10)有活动后要求打扫的规定,必须履行义务,认真搞好自己活动区域的卫生。

(11)在馆内上体育课时严禁大声喧哗,以免影响其他学生上课。

(12)随身携带的贵重物品请自己妥善保管,丢失概不负责。

(13)外单位使用学校体育运动场地,要事先向学校提出申请,经批准履行手续后才能使用。

(14)违反以上任何一条,对有关人员作罚款处理。

二、室外运动场地管理制度

学校室外体育运动场,是体育课堂教学、群体活动和校代表队训练的活动场所,它首先要满足学校体育活动的需要。特定以下管理制度:

(1)体育运动场地是用作体育课和课外体育活动的专用场地,未经批准任何人不得挪为他用。

(2)上体育课时间,与体育课无关的人员不得占用体育场地,不许影响体育课的正常教学秩序。

(3)体育运动场地不得用来晾晒衣、物、被、褥,影响体育课的教学。

(4)运动场地的体育器材不得随意挪动和拆卸。

(5)爱护学校公共财产,不得破坏体育运动场地和体育器材,损坏照价赔偿。

(6)外单位需使用学校体育运动场地,要事先向学校提出申请,经批准履行手续后才能使用。

(7)在运动场活动的人员需保持体育运动场地的平整和整洁,一旦出现问题立即解决,不得影响上课。

(8)在运动场活动的人员需爱护体育运动器材,保证器材的安全、可靠和完整,一旦出现问题应马上解决,不得影响上课。

(9)违反以上任何一条,对有关人员作罚款处理。

三、田径场管理制度

田径场是进行体育课堂教学、群体活动、校代表队训练、举行大型运动会和体育休闲的场所,为做好田径场的管理,特制定以下制度:

(1)田径场实行封闭式管理,进入田径场的人员,必须服从场地管理人员的管理。

(2)上体育课时间,无关人员不得入内。

(3)课外活动时间,非本校师生未经许可不得入内。

(4)严禁在田径场内吸烟、严禁乱扔果皮纸屑。

(5)严禁不适合田径场跑道和足球场草皮的鞋进场活动。

(6)足球场每年四月至六月施行封坪育草,封坪育草期间任何人不得进入草地。

(7)需要使用田径场、足球场,应事先向学校提出申请,经批准并履行租用手续,交纳场租费,才能进入。

(8)严禁一切车辆进入田径场,不听劝告违反规定者,作罚款处理。

四、多媒体教室使用制度

多媒体教室是从事体育理论和体育欣赏课的室内教学场所,特定以下制度,请遵照执行:

(1)使用多媒体教室必须事先申请使用时间,使用器材,经批准后才能使用。

(2)多媒体教室由专人管理,其他人员不得随意进入。

(3)进多媒体教室上课的人员,不得随意动用电教设备。

(4)进多媒体教室上课不得随地吐痰,乱扔果皮纸屑。

(5)请爱护多媒体教室内公共设施,损坏照价赔偿。

(6)在多媒体教室上课不得大声喧哗,以免影响其他班上课。

(7)违反以上任何一条,对有关人员斟情处理。

五、乒乓球室管理制度

乒乓球室是从事乒乓球运动的专用场地,为了保证乒乓球课和业余乒乓活动的正常使用,请遵守如下制度:

(1)进乒乓球室必须按规定着装,不许穿皮鞋、拖鞋和不适合乒乓球运动的鞋参加活动。

(2)乒乓球台和网架上不许堆放、悬挂物品。

(3)不许坐或站在球台上。

(4)不许用手和球拍敲打球台。

(5)不许随地吐痰,乱扔果皮纸屑。

(6)不许利用乒乓球进行赌博等非法活动。

(7)遵守体育馆开放时间,到时自觉离馆。

(8)违反以上制度者罚搞卫生30分钟,并罚款10元。

六、健美操教室管理制度

健美操教室是进行健美操活动的专用场所,必须遵守健美操教室的管理制度。

(1)健美操教室是从事健美操活动的地方,不得挪为他用。

(2)进健美操教室活动必须按规定穿鞋,不许穿皮鞋或不适合进行健美操活动的鞋。

(3)不许破坏室内公共设施,损坏照价赔偿。

(4)不许随地吐痰,不许乱扔果皮纸屑。

(5)随身携带的物品请放在适当的地方,不许挂在器械上。

(6)随身携带的贵重物品,请妥善保管好,丢失概不负责。

(7)进健美操教室运动不许大声喧哗,以免影响其他人活动。

(8)请遵守体育馆开放时间,到时自觉离馆。

(9)违反以上任何一条,对有关人员斟情处理。

七、健身教室管理制度

健身教室是从事身体健美的教学场所,设备昂贵,器械繁多,有一定危险,特定以下管理制度,请遵照执行。

(1)必须服从体育教师的指导,不许盲目蛮干。

(2)必须按墙上图纸说明正确使用健身器材,以免损坏器材和造成伤害事故。

(3)器械使用后放回原处,不许乱放乱扔。

(4)不许随地吐痰,不许乱扔果皮纸屑。

(5)随身携带物品请放在适当的地方,不许放在器械上。

(6)随身携带的贵重物品请自己妥善保管好,丢失概不负责。

(7)请遵守体育馆开放时间,到时自觉离馆。

(8)违反以上任何一条,对有关人员斟情处理。

八、武术(散打、跆拳道、拳击)教室管理制度

武术教室是从事武术运动的专用场所,进教室活动的人必须遵守如下制度:

(1)武术教室未经许可,不得挪为他用。

(2)武术教室内的器材设备,未经同意不得随意动用。

(3)进武术教室活动必须按规定穿鞋,不许穿皮鞋和不适合武术运动的鞋。

(4)不许随地吐痰,不许乱扔果皮纸屑。

(5)随身携带的东西请放到适合的地方,不许挂在器械上。

(6)随身携带的贵重物品,请本人妥善保管好,丢失概不负责。

(7)请遵守体育馆开放时间,到时自觉离馆。

(8)违反以上有关条款,对相关人员作罚款处理。

参考文献

[1]曹可强.体育产业经营管理[M].北京:高等教育出版社,2017.

[2]许赛赛.体育产业经营管理理论与实践探索[M].北京:中国经济出版社,2020.

[3]高文景.体育赛事属性及供给方式分析[J].体育文化导刊,2015(11):75-78.

[4]高晓光,季磊,张燕,等.体育管理[M].北京:经济科学出版社,2015.

[5]韩开成.体育管理学[M].重庆:重庆大学出版社,2019.

[6]韩思音.体育管理信息系统[M].上海:复旦大学出版社,2013.

[7]黄海燕,骆雷.近年来我国体育赛事管理研究进展[J].体育科研,2012(3):40-45.

[8]黄海燕,张林.体育赛事的基本理论研究——论体育赛事的历史沿革、定义、分类及特征[J].武汉体育学院学报,2011(2):22-27.

[9]黄海燕,张林.体育赛事综合影响框架体系研究[J].体育科学,2011(1):75-84.

[10]黄海燕.体育赛事管理[M].北京:人民体育出版社,2012.

[11]黄海燕.体育赛事经济影响评价的实证研究[J].上海体育学院学报,2011(3):1-6,13.

[12]霍德利,仇慧,仇军.大型体育赛事风险预警模型与应对策略研究[J].沈阳体育学院学报,2014(5):6-11.

[13]李浩.现代化进程中社会体育的发展及组织管理研究[M].北京:九州出版社,2015.

[14]李林,周登嵩.中国学校体育发展研究报告[M].北京:化学工业出版社,2013.

[15]刘青.体育场馆的经营与管理[M].北京:人民体育出版社,2012.

[16]马逸云.现代体育管理核心原理的剖析[M].北京:九州出版社,2015.

[17]毛振明,左庆生.体育管理学[M].北京:北京师范大学出版社,2010.

[18]彭圣致.现代体育经济的多维度发展探析[M].北京:中国经济出版社,2020.

[19]祁社生.体育管理学[M].上海:上海科学技术文献出版社,2017.

[20]盛冀萍.实用体育管理学[M].昆明:云南科技出版社,2017.

[21]史红强.体育管理学[M].成都:成都时代出版社,2020.

[22]史悦红.我国大型体育赛事风险管理的研究[J].广州体育学院学报,2016(1):30-33.

[23]孙二娟.高校体育场馆服务质量管理研究:基于学生满意的视角[D].北京:北京体育大学,2013.

[24]谈群林.体育场馆经营管理实务[M].广州:华南理工大学出版社,2011.

[25]谭建湘,等.体育场馆经营与管理导论[M].北京:高等教育出版社,2014.

[26]王德炜.体育场馆运行管理[M].北京:人民体育出版社,2011.

[27]王勇,薛山.体育赛事定价:市场边界与国家干预[J].体育与科学,2016(1):100-105.

[28]魏建军.现代体育产业发展理论与经营管理研究[M].北京:地质出版社,2019.

[29]夏正清.体育产业经营管理[M].西安:西安地图出版社,2011.

[30]许赛赛.体育产业经营管理理论研究与实践探索[M].北京:中国经济出版社,2020.

[31]张春萍.体育赛事管理教程[M].北京:经济管理出版社,2016.

[32]张劲松,张树巍.高校体育管理理论与实践[M].沈阳:东北大学出版社,2016.

[33]张娟,李小涛,商利.体育管理学理论与实践研究[M].北京:现代教育出版社,2013.

[34]张瑞林.学校体育管理学[M].北京:高等教育出版社,2014.

[35]张振华,毛振明.学校体育教材教法[M].北京:北京师范大学出版社,2016.

[36]赵广,黄宏远.体育场馆智能化[M].武汉:中国地质大学出版社,2018.

[37]朱洪军.我国大型体育赛事筹委会组织协调机制研究[J].首都体育学院学报,2014(4):349-353,379.

[38]朱华桂,吴超.大型体育赛事风险评估研究——以南京青奥会为例[J].体育与科学,2013(5):22-26,30.